19,80

SV

Band 916 der Bibliothek Suhrkamp

Bohumil Hrabal
Sanfte Barbaren

Aus dem Tschechischen
von Peter Sacher

Suhrkamp Verlag

Titel der Originalausgabe:
Příliš hlučná samota / Něžný barbar

Erste Auflage 1987
© Suhrkamp Verlag Frankfurt am Main 1987
Alle Rechte vorbehalten
Druck: Nomos Verlagsgesellschaft, Baden-Baden
Printed in Germany

Allzu laute Einsamkeit

> Nur die Sonne hat ein Recht
> auf ihre Flecken
> *J. W. Goethe*

I

Fünfunddreißig Jahre arbeite ich in Altpapier, und das ist meine Love story. Fünfunddreißig Jahre presse ich Altpapier und Bücher, fünfunddreißig Jahre beschmutze ich mich mit Lettern und bin fast schon wie die Enzyklopädien, von denen ich während dieser Zeit an die dreißig Tonnen zerpreßt habe, ich bin ein Krug voller Lebenselixier und Gift, es genügt, daß ich mich nur ein wenig neige, und schon fließen lauter schöne Gedanken aus mir, ich bin gebildet gegen meinen Willen, und so weiß ich nicht einmal, welche Gedanken von mir sind, welche aus mir kommen und welche ich nur herausgelesen habe, und so habe ich mich in den fünfunddreißig Jahren mit mir selbst und mit der Welt ringsum verstrickt, denn wenn ich lese, so lese ich ja eigentlich gar nicht, ich picke mir bloß eine schöne Sentenz heraus und lutsche daran wie an einem Bonbon, ich schlürfe daran wie an einem Gläschen Likör, bis der Gedanke in mich übergeht wie Alkohol, er sickert in mich hinein, bis er mir nicht nur im Gehirn und Herzen steckt, sondern auch noch alle meine Adern durchbraust bis ins kleinste Blutgefäß. So presse ich in einem einzigen Monat im Schnitt zwanzig Zentner Bücher, um aber Kraft zu haben für diese gottgefällige Arbeit, habe ich in den fünfunddreißig Jahren ein ganzes Fünfzigmeterbecken Bier, einen ganzen Weihnachtskarpfenteich Lagerbier trinken müssen. So bin ich gegen meinen Willen weise und stelle nun fest, mein Gehirn, das sind mechanisch gepreßte Gedanken, ganze Ideenpakete, mein kahlgebrannter Kopf ist eine Aschenputtelnuß, und ich weiß, um wieviel schöner es zu jener Zeit gewesen sein muß, als das Denken nur im Gedächtnis geschrieben stand, hätte damals einer Bücher pressen wollen, er hätte Menschenköpfe pressen müssen, aber auch das hätte nichts genützt, denn die wahren Gedanken kommen von auswärts, sind außerhalb und dann innerhalb des Menschen wie Nudeln in einem Nudeltopf, die Inquisitoren auf der ganzen Welt verbrennen die Bücher vergebens, und wenn die Bücher Gültiges enthalten, hört man sie im Feuer leise lachen, denn jedes ordentliche Buch zeigt immer woandershin und über sich selbst hinaus. Ich habe mir so einen winzigen Addierer und Multiplizierer und Radizierer gekauft, dieses kleine Minigerät, nicht größer als 'ne Brieftasche, und ich faßte mir ein Herz und brach mit einem Schraubenzieher die Rückwand auf und fuhr vor Freude zusammen, denn zu meiner Genugtuung fand ich innen im Rechner ein winziges Plättchen, nicht größer als 'ne Briefmarke, nicht dicker als zehn Blatt in einem Buch, und weiter nichts außer Luft, mit mathematischen Variationen geladene Luft. Wenn ich mit den Augen in ein gutes Buch dringe, wenn ich die gedruckten Worte verschwinden lasse, bleibt von dem Text auch nicht mehr zurück als körperlose Gedanken, die in der Luft herumschwirren und als Luft von Luft ernährt werden, um wieder Luft zu werden, denn letztlich ist alles Luft, so wie auch das Blut in der heiligen Hostie zugleich ist und nicht ist. Fünfunddreißig Jahre packe ich Altpapier und Bücher und lebe in einem Land, das seit fünfzehn Generationen lesen und schreiben kann, wohne in einem ehemaligen Königreich, wo es seit jeher Sitte, ja Besessenheit war und ist, Gedanken und Bilder, die eine unbeschreibliche Lust und ein noch größeres Leid bewirken, in den eigenen Kopf zu pressen, ich lebe unter Menschen, die für einen

Packen gepreßter Gedanken ihr Leben lassen würden. Und jetzt wiederholt sich das Ganze in mir selbst, fünfunddreißig Jahre drücke ich den grünen und den roten Knopf an meiner Presse und trinke fünfunddreißig Jahre krügeweise Bier, nicht etwa des Trinkens wegen, ich habe einen Horror vor dem Suff, ich trinke, um dem Denken auf die Sprünge zu helfen, um den wahren Kern der Texte besser zu erfassen, denn das, was ich lese, geschieht ja weder zum Spaß, noch um mir die Langeweile zu vertreiben oder gar, damit ich besser einschlafe, ich, der ich in einem Land lebe, wo seit fünfzehn Generationen gelesen und geschrieben wird, ich trinke, um vor lauter Lesen keinen Schlaf zu finden, um vom Lesen das Zipperlein zu kriegen, denn ich teile Hegels Ansicht, daß ein edler Mensch etwas von einem Adligen hat und ein Verbrecher etwas von einem Mörder. Wenn ich schreiben könnte, ich würde ein Buch schreiben über das größere Glück und das größere Unglück des Menschen. Durch Bücher und aus Büchern habe ich gelernt, daß der Himmel überhaupt nicht human ist, und ein Mensch, der etwas auf dem Kasten hat, so einer ist auch nicht human, nicht weil er es nicht wollte, sondern weil das dem richtigen Denken zuwider ist. Durch mich und meine mechanische Presse sterben wertvolle Bücher aus, und diesen Strom und diese Flut kann ich nicht aufhalten. Ich bin nichts als ein einfacher Schlächter. Die Bücher haben mich Lust und Freude an der Zerstörung gelehrt, ich liebe Wolkenbrüche und Abbruchkommandos, stundenlang vermag ich auszuharren, um mit anzusehen, wie die Pyrotechniker in koordinierter Bewegung, so als pumpten sie gigantische Fahrradschläuche auf, ganze Häuserreihen, ganze Straßen in die Luft jagen, bis zur Neige genieße ich den Augenblick der ersten Sekunde, da alle Ziegel und Steine und Balken abheben, um dann, ein herrlicher Anblick, wie ein Kleid, wie ein Überseedampfer nach einer Kesselexplosion auf den Meeresgrund zu sinken. So stehe ich dann umwölkt von Staub und berstender Musik und denke nach über meine Arbeit in dem tiefen Keller und denke an die Preßmaschine dort, an der ich seit fünfunddreißig Jahren im Glühbirnenlicht schufte, auf dem Hof über mir höre ich andauernd Schritte, und durch das Loch in der Kellerdecke ergießen sich ganze Füllhörner über mich, Inhalte von Säcken und Kisten und Kartons, durch das Loch mitten im Hof schütten sie Altpapier, verdorrtes Blumenladengestrüpp, Schmuddelpapier aus Großmarkthallen, verfallene Programme und Fahrkarten, Hülsen von Speiseeis und leere Eisbecher, farbbekleckerte Malerbögen, matschiges Blutpapier aus Fleischereien, scharfkantigen Schnittabfall aus Photolabors, Inhalte von Bürokörben mit Farbbändern von Schreibmaschinen, verwelkte Geburtstags- und Namentagssträuße, gelegentlich fliegt mir ein Pflasterstein in den Keller, fein in Zeitungspapier gewickelt, damit die Ladung schwerer wiegt, und auch irrtümlich weggelegte Scheren und Kartoniermesser, Hämmer und Nagelheber, Fleischermesser zum Faschieren und Tassen mit angetrocknetem Kaffeesatz, ab und zu auch trockenes Hochzeitsdekor und immergrüne Totenkränze und Kunstgebinde. Und das alles presse ich seit fünfunddreißig Jahren in meiner mechanischen Presse, dreimal in der Woche fahren die Laster meine Pakete zum Bahnhof und zu den Waggons und dann weiter in die Papiermühlen, dort schneiden die Arbeiter die Drähte durch und kippen mein Werk in Laugen und Säuren, wo selbst die Rasierklingen, an denen ich mir immer die Hände zerschneide, sich wie in Nichts auflösen. Doch so wie in einem verdreckten Fluß, der durch Fabriken fließt, auch mal ein silbriger Fisch aufblitzt, leuchtet in dem Strom von Altpapier auch mal ein wertvolles Buch auf, geblendet sehe ich kurz weg und dann fische ich's mir heraus, wische es ab an meiner Schürze, öffne es und schnuppere am Text, und in homerischer Prophetie lese ich dann den erstbesten Satz, den ich sehe, und dann erst lege ich das Buch zu den übrigen herrlichen Fundstücken, lege es in die Kiste mit Heiligenbildern, die hatte jemand versehentlich mitsamt der Gebetbücher in den Keller geschüttet. Das ist dann meine Messe, mein Ritual, daß ich all die Bücher nicht bloß lese, sondern nach dem Lesen in eines der Pakete lege, denn jedes Paket will ausstaffiert sein, muß etwas von meinem Charakter haben, meine Unterschrift tragen. Das ist dann meine Qual, damit jedes Paket anders wird, muß ich täglich zwei Überstunden machen, ich muß eine Stunde früher kommen, muß auch an Samstagen arbeiten, um dieses endlosen Berges von Altpapier Herr zu werden. Vorigen Monat brachte man und schüttete mir in den Keller sechs Zentner alte Meister, sechs Zentner durchnäßte Repros von Rembrandt und Hals und Monet und Manet und Klimt und Cézanne und anderen Schwerenötern der europäischen Malerei, und so rahme ich jetzt jedes Paket seitlich mit Reproduktionen ein, und abends, wenn die Pakete reihenweise vor dem Fahrstuhl stehen, kann ich mich an dieser Schönheit nicht satt sehen, an den Seiten mal von der Nachtwache geziert, mal von Saskia, mal vom Frühstück im Freien, mal vom Haus des Gehängten, mal von Guernica. Und nur ich allein auf der ganzen Welt weiß auch, daß jedes Paket ein Buch im Herzen trägt, da einen aufgeschlagenen Faust, dort einen Don Carlos, hier mitten im abscheulichen Wust blutiger Pappdeckel Hyperion, und hier in dem Paket aus Zementsäcken Also sprach Zarathustra. Ich als einziger auf der Welt weiß, in welchem der Pakete wie in einer Gruft Goethe und Schiller und Hölderlin und Nietzsche ruhen. So bin einzig und allein ich mir selbst gewissermaßen Künstler und Zuschauer zugleich und bin deshalb alle Tage so elend und zu Tode erschöpft und zerrissen und schockiert, und um diesen enormen Kräfteverschleiß zu verringern und zu mindern, trinke ich krügeweise Bier, und unterwegs zu den Husenskýs, wo ich mein Bier immer hole, habe ich Zeit genug, um zu meditieren und davon zu träumen, wie mein nächstes Paket aussehen wird. Ich trinke diese Unmengen Bier nur, um besser vorauszublicken, denn in jedes Paket begrabe ich eine wertvolle Reliquie, einen offenen Kindersarg, bestreut mit welken Blumen, Lametta und Engelshaar, damit sie es bequem haben, die Bücher, die in meinem Keller genauso überraschend aufgetaucht sind wie ich selbst. Darum bin ich dauernd in Verzug mit meiner Arbeit, darum türmt sich das Altpapier im Hof genauso zum Dach hoch, wie sich der ganze Papierberg aus meinem Keller oben durch das verstopfte Loch bis zur Hofüberdachung zwängt. Darum wühlt sich ab und zu der Boß durch das Altpapier und ruft mir mit einem wutentbrannten Gesicht durch die Öffnung zu ... Haňťa, wo bist du? Himmelherrgott, gaff nicht dauernd in die Bücher und mach was! Der ganze Hof ist voll, und du träumst da unten bloß und hast nur Raupen im Kopp! Und ich am Fuße des Papierbergs ducke mich wie Adam im Gebüsch, öffne, das Buch noch in der Hand, meine verängstigten Augen und sehe eine ganz andere Welt als jene, in der ich mich gerade befunden habe, denn wenn ich einmal richtig reinkomme ins Lesen, bin ich ganz woanders, bin drinnen im Text, ich bin erstaunt darüber und muß zerknirscht bekennen, daß ich wirklich in einer Traumwelt, in einer schöneren Welt, daß ich mitten im

Herzen der Wahrheit war. Zehnmal am Tag bin ich dann ganz baff, wenn ich sehe, wie weit weg ich von mir selbst bin. So entfremdet und entfernt gehe ich dann auch von der Arbeit nach Hause, schweigend und gedankenversunken gehe ich dann durch die Straßen, gehe vorbei an Straßenbahnen und Autos und Passanten, in einer Wolke von Büchern, die ich heute gefunden habe und in der Mappe nach Hause trage, träumend und ohne es zu wissen, gehe ich bei Grün über die Straße, renne nicht gegen Laternenmasten oder Menschen, gehe nur so vor mich hin und stinke nach Bier und Dreck, aber lächelnd, denn in der Mappe, da habe ich Bücher, von denen ich am Abend etwas über mich selbst, etwas, das ich noch nicht weiß, zu erfahren erhoffe. So gehe ich also durch lärmende Straßen, gehe nie bei Rot rüber, ich komme auch noch in unterbewußter Bewußtlosigkeit und im Halbschlaf sicher voran, im Zustand der unterschwelligen Inspiration, jedes Paket, das ich an diesem Tag gepreßt habe, klingt in mir still und leise nach, und ich fühle es, als wäre auch ich so ein zusammengepreßtes Bücherpaket, als würde auch in mir ein kleines Flämmchen flackern, so ein kleines Kontrollflämmchen wie in einem Boiler, so ein kleines Flämmchen wie in einem Gaskühlschrank, ein winziges ewiges Licht, dem ich täglich das Öl jener Gedanken zugieße, die ich beim Arbeiten und wider Willen aus Büchern, wie ich sie jetzt in meiner Mappe nach Hause trage, herausgelesen habe. So gehe ich heim wie ein brennendes Haus, wie ein brennender Stall, das Lebenslicht kommt aus dem Feuer, und das Feuer wieder kommt vom Holztod, feindseliges Leid unter der Asche, und seit fünfunddreißig Jahren presse ich an der mechanischen Presse Altpapier, noch fünf Jahre und dann geh ich in Pension, und meine Maschine hier, die geht mit mir, nie würde ich sie verlassen, ich spare, habe ein extra Sparbuch, und in Pension gehen wir beide gemeinsam, denn ich kaufe die Maschine der Firma ab, nehme sie mit nach Hause, stelle sie im Garten meines Onkels auf, irgendwo zwischen die Bäume, und erst dort, in dem Garten, da mache ich am Tag ein einziges Paket, das wird aber ein Paket sein, ein Paket in Potenz, wie eine Skulptur, wie ein Artefakt, in so ein Paket kommen alle Illusionen meiner Jugend, alles was ich kann, was ich in und durch meine Arbeit geworden bin während dieser fünfunddreißig Jahre, so werde ich erst in der Pension aus der augenblicklichen Regung und Inspiration heraus arbeiten, ein einziges Paket pro Tag, aus Büchern, von denen ich mehr als drei Tonnen zu Hause habe, ein Paket wird das sein, für das ich mich nicht zu schämen brauche, ein Paket wird das sein, im voraus erträumt und ersonnen, und wenn ich die Bücher und das Altpapier in den Preßtrog lege, noch während dieser Arbeit, die ein Schöpfungsakt im Schönen sein wird, da werde ich, bis zum letzten atü, Konfetti und Flitterzeug hinzuschütten, jeden Tag ein gepreßtes Paket und einmal pro Jahr eine Ausstellung im Garten, eine Ausstellung, bei der jeder Besucher eigenhändig, wenn auch unter meiner Aufsicht, sein eigenes Paket kreieren darf, bei Druck auf den grünen Knopf schiebt die Preßwand das Altpapier mit den Büchern und Blumen und ähnlichem Abfall, je nachdem, was sich wer mitgebracht hat, vor sich her und zermalmt es mit Riesenkraft, so daß ein sensibler Betrachter das Gefühl haben kann, er selbst werde in meiner mechanischen Presse gequetscht. Jetzt bin ich schon zu Hause und sitze im Dämmerlicht, sitze auf einem Schemel, der Kopf nickt mir nach unten, bis ich mit den feuchten Lippen mein Knie berühre, und nur so ruhe ich mich aus. Manchmal, da schlafe ich in der Position eines

Thonetstuhls bis Mitternacht, und wenn ich aufwache, hebe ich den Kopf und habe das Hosenbein am Knie durchnäßt vom Speichel, so war ich in mich zusammengekuschelt und zusammengekauert, wie ein Kätzchen im Winter, wie das Holz eines Schaukelstuhls, denn ich kann's mir leisten, einsam zu sein, auch wenn ich eigentlich nie einsam bin, ich bin nur allein, damit ich in einer von Gedanken bevölkerten Einsamkeit leben kann, denn irgendwie bin ich ein Freak der Unendlichkeit und Ewigkeit, und es scheint, als hätten das Unendliche und Ewige Gefallen an Menschen wie mir . . .

2

Fünfunddreißig Jahre presse ich Altpapier, und in dieser Zeit haben die Sammler mir so viele schöne Bücher in den Keller geworfen, daß ich damit drei Scheunen füllen könnte. Als der Zweite Weltkrieg zu Ende war, kippte mir jemand einen Korb Bücher vor meine mechanische Presse, und als ich mich beruhigt hatte und eines der Büchlein aufschlug, sah ich dort den Stempel der Königlich Preussischen Bibliothek, und als dann am nächsten Tag die ledergebundenen Bücher wieder von der Kellerdecke herabflatterten und die Luft vor lauter Goldschnitt und Goldprägung zu funkeln begann, rannte ich hoch, und dort standen zwei Jungen, und denen entlockte ich, daß irgendwo bei Nové Strašecí eine Scheune stünde, und dort lägen im Heu so viele Bücher, daß einem die Augen übergingen. Ich also ging zum Militärbibliothekar, und wir machten uns auf nach Strašecí, und dort fanden wir in den Feldern nicht nur eine, sondern gleich drei Scheunen voll Königlich Preussischer Bibliothek, und als wir uns sattgesehen hatten, begannen wir zu organisieren, und Militärfahrzeuge fuhren dann eins nach dem anderen und eine ganze Woche lang die Bücher in einen Seitenflügel des Prager Außenministeriums, damit die Bibliothek, wenn sich die Zeiten wieder beruhigt hätten, wieder dahin käme, von wo man sie hergebracht hatte, doch dann verriet jemand das sichere Versteck und die Königlich Preussische Bibliothek wurde zur Kriegsbeute erklärt, und so fuhren die LKWs die ledergebundenen Bücher mit Goldschnitt wieder zum Bahnhof, und dort wurden die Bücher in O-Wagen geladen, und es regnete in Strömen und goß eine ganze Woche lang, und als der letzte Laster die letzten Bücher gebracht hatte, fuhr der Zug los und verschwand im Regenguß, und von den O-Wagen tropfte Goldwasser vermischt mit Ruß und Druckerschwärze, und ich stand an einen Kran gelehnt und staunte, wovon ich da Zeuge geworden war, als dann der letzte Wagen in den Regentag verschwand, mischten sich auf meinen Wangen Regen und Tränen, und als ich den Bahnhof verlassen hatte und einen Polizisten in Uniform erblickte, kreuzte ich meine Handgelenke und bat ihn allen Ernstes, er möge mir Fesseln, Handschellen oder, wie man in Lieben sagt, Bijouterie anlegen, er möge mich vorführen, da ich ein Verbrechen begangen hätte, Verbrechen gegen die Menschlichkeit. Und als er mich vorgeführt hatte, lachte man mich am Kommissariat nicht nur aus, man drohte mir auch noch Haft an. Und einige Jahre später hatte ich mich schon daran gewöhnt, ich lud ganze Bibliotheken auf, aus Schlössern, aus Bürgerhäusern, schöne, in Leder und Saffian gebundene Bücher, ganze Waggons lud ich damit voll, und als dann dreißig Waggons geladen waren, brachte der Zug die Bücher in Kastenwagen nach Österreich und in die Schweiz, ein Kilogramm schöner Bücher für eine Tuzex-Krone, und keiner empörte sich und keiner weinte darüber, auch ich hatte keine einzige Träne vergossen, ich stand nur da, lächelte und blickte dem Zug nach, der wundervolle Bücher nach Österreich und in die Schweiz brachte, eine Tuzex-Krone das Kilo. Damals hatte ich bereits die Kraft in mir gefunden, kühl zu bleiben angesichts des Unglücks, meine Ergriffenheit zu zügeln, damals begann ich zu begreifen, daß Verwüstung und Unglück auch schön sein können, ich belud weitere Waggons, und weitere Züge verließen den Bahnhof in Richtung Westen, eine Tuzex-Krone das Kilo, ich blickte der roten Laterne am Haken des letzten Wagens nach, stand an einen Signalmast gelehnt wie weiland Leonardo da Vinci, der, auch an einer Säule lehnend, dagestanden und zugesehen hatte, wie die französischen Soldaten aus seinem Reiterstandbild eine Zielscheibe machten und Stück für Stück Reiter und Pferd zerschossen, und damals stand Leonardo da so wie ich und sah dem Schrecken, dessen Zeuge er geworden war, mit Genugtuung zu, denn Leonardo wußte schon damals, daß der Himmel nicht human ist und daß ein Mensch, der sich auf das Denken einläßt, daß auch der nicht human sein kann. Damals bekam ich Nachricht, daß Mama im Sterben lag, ich fuhr mit dem Fahrrad nach Hause, und da ich, zu Hause angekommen, durstig geworden war, lief ich in den Keller und nahm einen kalten Krug mit Sauermilch vom kühlen Boden, hielt ihn mit beiden Händen hoch und trank gierig, trank, und plötzlich, da schwammen direkt vor meinen Augen zwei Augen auf der Oberfläche, der Durst aber war größer, und so trank ich weiter, und die beiden Augen tauchten so gefährlich nahe vor meinen Augen auf, wie die Lichter einer Lok, die nachts in einen

Tunnel einfährt, und dann waren die Augen weg, und ich hatte etwas Lebendiges im Mund und zog einen zappelnden Frosch am Bein heraus, ich trug ihn in den Garten, und dann ging ich wieder zurück, um, wie Leonardo da Vinci, in aller Ruhe meine Milch auszutrinken. Als Mama dann gestorben war, weinte ich irgendwie in mich hinein, nach außen aber vergoß ich keine Träne. Als ich aus dem Krematorium kam, sah ich aus dem Kamin Rauch zum Himmel steigen, Mama hatte eine wunderbare Himmelfahrt, und ich, der schon seit zehn Jahren in einem Keller einer Altpapiersammelstelle arbeitete, ich stieg in den Keller des Krematoriums hinab, ich stellte mir vor, daß ich ja das gleiche mit den Büchern mache, und dort wartete ich dann, und als die Zeremonie zu Ende war, sah ich, daß vier Leichen auf einmal verbrannt wurden, und meine Mutter lag im dritten Fach, ungerührt sah ich den letzten Dingen des Menschen zu und sah dann, wie ein Angestellter die Knochen herausnahm und in einer Handmühle zermahlte, mit der Handmühle zerschrotete er auch Mama, und erst dann verstaute er die Überreste meiner Mutter in einer Büchse, und ich stand nur da und sah genauso zu wie damals, bei jenem Zug, der die herrlichen Bibliotheken nach Österreich und in die Schweiz brachte, das Kilo für eine Tuzex-Krone. Ich dachte an einige Bruchstücke von Sandburgs Gedicht, daß vom Menschen am Ende nur ein bißchen Phosphor übrigbleibe, gerade genug für eine Schachtel Streichhölzer, und Eisen nur so viel, daß man daraus einen Haken, an dem ein Erwachsener sich erhängen könnte, zu schmieden vermag. Einen Monat später, als man mir die Urne mit Mamas Asche gegen Unterschrift ausgehändigt hatte, brachte ich sie zu meinem Onkel, und als ich mit der Urne in seinen Garten kam und dann in das Stellwerk ging, rief der Onkel: Schwesterlein, was ist aus dir geworden! Und ich übergab ihm die Urne, und der Onkel nahm sie in die Hand und sagte, daß das irgendwie wenig sei von seiner Schwester, wo sie doch lebend fünfundsiebzig Kilo auf die Waage gebracht habe, und er setzte sich hin und rechnete aus, nachdem er die Urne abgewogen hatte, daß Mama fünfzig Gramm mehr haben müßte. Und er stellte die Urne auf den Schrank, und einmal im Sommer, als er die Kohlrabis verzog, da erinnerte sich der Onkel seiner Schwester, meiner Mama, wie schrecklich gern sie Kohlrabi gegessen hatte, und so holte er die Urne und machte sie mit einem Büchsenöffner auf und schüttete Mamas Asche über das Beet, und die Kohlrabis aßen wir dann später. Damals, als ich an dieser mechanischen Presse all die herrlichen Bücher preßte, wenn die Presse in der letzten Phase zu klingeln begann und die Bücher mit der Gewalt von zwanzig atü zermalmte, da hörte ich das Bersten von Menschenknochen, als hätte ich mit einer Handmühle die Schädel und die Knochen der zermalmten Klassiker geschrotet, als hätte ich die Sätze aus dem Talmud gepreßt: Wir sind wie die Oliven, nur wenn man uns preßt, geben wir unser Bestes. Erst dann ziehe ich die Drähte durch und zurre das Paket unter Druck mit dem Spanner fest, drücke dann den roten Rückholknopf, die gepreßten Bücher wollen die Umzurrung sprengen, aber die Stahlfessel ist stärker, ich sehe die Brust eines Jahrmarktathleten, nur noch etwas mehr Luft in die Lunge und die Kette ist geborsten, aber das Paket ist von Drähten fest umklammert, alles wird still in ihm wie in einer Urne, und dann fahre ich das demütige Paket zu den anderen, drehe seine Seiten so, daß ich die Repros sehen kann. Diese Woche hab ich an die hundert Repros von Rembrandt van Rijn gefunden, hundertmal das gleiche Portrait eines alten Künstlers mit einem schwammigen Gesicht, das Konterfei eines Menschen, der durch Kunst und Suff bis an die Schwelle der Ewigkeit vorgestoßen ist, und ich sehe, wie sich die Türklinke bewegt und ein Unbekannter die letzte Tür von außen aufstößt. Langsam bekomm auch ich schon so ein vermodertes Blätterteiggesicht, auch mein Gesicht ähnelt bereits einer abgeblätterten Pißwand, auch ich grinse so dämlich drein, auch ich sehe die Welt von der Kehrseite der Dinge und Ereignisse des Menschen. So trägt heute jedes der Pakete das Portrait des alten Herrn Rembrandt van Rijn, und ich schippe Altpapier und aufgeklappte Bücher in den Trog, heute habe ich zum ersten Mal bemerkt, wie wenig bewußt mir ist, daß ich auch Mäuse schippe und presse, ganze Familien und Nester von Mäusen, wenn ich mal blinde Mäusejungen in die Maschine werfe, springt ihnen die Mäusemama nach und bleibt bei ihnen und teilt somit das Schicksal von Altpapier und klassischen Büchern. Keiner würde glauben wollen, was es in so einem Keller an Mäusen gibt, vielleicht zweihundert, vielleicht fünfhundert, die meisten dieser geselligen Tierchen sind halbblind, aber all diese Mäuse haben mit mir gemeinsam, daß sie von Buchstaben leben, am liebsten naschen sie an Goethe und Schiller in Saffian. Und so ist mein Keller dauernd voller Äugleinzwinkern und Büchleinknabbern, in ihrer Freizeit tollen die Mäuse herum wie junge Katzen, krabbeln über den Trogrand und auf der Horizontalwelle, nur wenn die Preßwand nach Betätigung des grünen Knopfes das ganze Papier samt Mäusen unter unheilvollen Druck setzt und das Quieken in der Presse abflaut, werden die restlichen Mäuse in meinem Keller plötzlich ganz still, stellen sich auf die Hinterpfoten, machen Männchen und lauschen, was das denn für Töne seien, aber weil Mäuse ihr Gedächtnis, kaum ist die Gegenwart vergangen, wieder verlieren, spielen sie weiter und knabbern fort an Büchertexten, je älter, je besser schmeckt ihnen dieses Altpapier, so wie ein gut gereifter Käse, so wie ein gut gelagerter alter Wein. Ich bin durch mein Leben schon so verstrickt mit diesen Mäusen, daß ich allabendlich, wenn ich mit dem Wasserschlauch die Papierhalde bespritze, dann auch ordentlich spritze, so daß die Mäuse jeden Tag bis auf die Haut durchnäßt sind, als hätte ich den ganzen Keller kurz unter Wasser gesetzt, obwohl ich sie also immerzu bespritze und der Wasserstrahl sie umwirft, haben sie immer gute Laune, ja sie warten sogar auf das Bad, denn danach können sie sich stundenlang trockenlecken und gegenseitig wärmen in ihren Papierverstecken. Manchmal, da verliere ich die Kontrolle über sie, gehe tief in Gedanken versunken Bier holen, stehe verträumt vor dem Schanktisch, und während ich gedankenverloren meinen Mantel öffne, um zu bezahlen, springt mir aus dem Hemd ein Mäuschen auf die Theke, manchmal, da springen mir aus der Hose gleich zwei Mäuse heraus, und die Kellnerinnen trifft dann fast der Schlag, sie klettern auf Stühle und halten sich die Ohren zu und kreischen zur Decke hoch wie verrückt. Und ich lächle nur und winke mit der Hand ab und entferne mich, erfüllt von der Vorstellung meines nächstes Pakets. So setze ich seit fünfunddreißig Jahren jedes Paket unter Druck, streiche jedes Jahr die Monate und jeden Monat die Tage durch, bis wir beide, meine Presse und ich, in Pension gehen, jeden Tag nehme ich mir am Abend Bücher mit nach Hause, und meine Wohnung im zweiten Stock in Holešovice steht überall voller Bücher, Keller und Schuppen sind bis an den Rand voll und reichen längst nicht mehr aus, meine Küche ist voll, Toilette und Speisekammer auch, nur die Wege zum Fenster und zum

Herd sind frei, auf dem Klo ist nur so viel Platz, daß ich gerade noch sitzen kann, einen Meter fünfzig über der Kloschüssel liegen bereits die Balken und Bretter, und darauf türmen sich bis zur Decke Bücher, zehn Zentner Bücher, eine einzige unvorsichtige Setzbewegung, ein unbedachtes Hochfahren genügt, um an den Tragbalken zu kommen, und eine halbe Tonne Bücher fällt auf mich nieder und zermalmt mich samt der herabgelassenen Hose. Aber auch hier hätte kein einziges Büchlein mehr Platz, und so habe ich im Schlafzimmer zwei Betten zusammengeschoben, und darüber habe ich aus Balken und Tragplatten ein Gestell bauen lassen, und so habe ich einen Baldachin und ein Himmelbett, und darauf habe ich Bücher bis zur Decke gestapelt, zwei Tonnen Bücher habe ich in den fünfunddreißig Jahren mit nach Hause gebracht, und wenn ich einschlafe, lasten die zwei Tonnen Bücher wie ein vierzig Zentner schwerer Mahr auf meinen Träumen, manchmal, wenn ich mich unvorsichtig drehe oder aufschreie im Schlaf oder jäh zusammenfahre, höre ich mit Schrecken, wie die Bücher rutschen, ein leichtes Antippen mit dem Knie, ein einziger Schrei genügt, und der ganze Himmel bricht wie eine Lawine über mir zusammen, ein Füllhorn seltener Bücher entleert sich über mir und drückt mich platt wie eine Laus, manchmal, da denke ich, daß die Bücher ein Komplott gegen mich schmieden, so wie ich täglich Hunderte von unschuldigen Mäusen zu Paketen presse, so bereiten diese Bücher da oben eine gerechte Vergeltung für mich vor, denn jede Feindseligkeit schlägt auf einen zurück. Ich liege breit auf meinem Rücken unter einem Baldachin aus kilometerlangen Texten, und leicht besäuselt fürchte ich, gewisse Dinge, gewisse schrecklich unangenehme Wahrheiten zu denken, manchmal erscheint mir unser Förster, der unter dem Dachgebälk der Försterei einen Marder fing, und statt ihn zur Strafe, weil er seine Küken gefressen hatte, zu töten, nahm der Förster einen Nagel und schlug ihn dem Tierchen in den Schädel und ließ es dann laufen, und der Marder jammerte und lief im Hof herum, so lange, bis er starb, ein andermal kommt mir wieder in den Sinn, daß ein Jahr nach diesem Vorfall der Sohn des Försters an einem Mischer stand und durch Stromschlag umkam, gestern ist mir unter dem Baldachin ganz unerwartet unser Heger erschienen, der beim Anblick eines eingerollten Igels einen Pflock spitzte und den spitzen Pflock, um sich die Patrone zu sparen, dem Igel in den Bauch jagte, und so liquidierte er alle Igel, bis er dann an Leberkrebs erkrankt war und für all die Igel drei volle Monate lang einen langsamen und qualvollen Tod starb, zusammengerollt wie jene, mit einem Geschwür im Bauch und mit Schrecken im Gehirn ... Solche Gedanken jagen mir Angst ein, jetzt, da ich höre, wie die Bücher über mir Rache schmieden und das Mögliche meinen Seelenfrieden so sehr belastet, daß ich lieber beim Fenster auf dem Schemel sitzend schlafe, völlig verängstigt von der Vorstellung, daß mich die herabstürzenden Bücher zuerst in den Betten zu Brei schlagen und dann durch den Fußboden hindurch in den ersten Stock drücken und dann ins Erdgeschoß und schließlich in den Keller, wie ein Lift. Und dann sehe ich, wie sehr mein Schicksal mit allem verstrickt ist, so wie mir in der Arbeit durch das Loch in der Kellerdecke nicht nur Bücher, sondern auch Flaschen, Tintenfässer und Hefter auf den Kopf und auf den Buckel fallen, so drohen allabendlich die Bücher über mir mich durch ihren Sturz zu töten, im besten Falle schwer zu verletzen. So also wohne ich, und das Damoklesschwert, das ich mir auf der Toilette und im Schlafzimmer an die

Decke band, zwingt mich so wie in der Arbeit auch zu Hause mit dem Krug nach Bier zu rennen, als Abwehr gegen ein so herrliches Unglück. Einmal die Woche geh ich meinen Onkel besuchen, um mir in seinem großen Garten einen Platz für meine Presse auszusuchen, wenn ich mit ihr pensioniert bin. Die Idee mit dem Sparen und mit dem Kauf der mechanischen Presse, diese Idee stammt nicht von mir. Darauf ist mein Onkel gekommen, der vierzig Jahre lang bei der Bahn beschäftigt war, die Schranken hat er dort auf- und abgelassen und hat im Stellwerk die Weichen gestellt, vierzig Jahre hat er als Stellwerker gearbeitet, und vierzig Jahre war es für ihn, so wie für mich heute, das einzige Vergnügen, zur Arbeit zu gehen, und so kam er in Pension ohne sein Stellwerk nicht zurecht, und er kaufte sich auf dem Schrottplatz ein altes Stellwerk von einer stillgelegten Station im Grenzland, brachte es in seinen Garten und baute sich einen Schuppen, und dort stellte er dann genau so ein Stellwerk auf wie das, an dem er sein Leben lang gedient hatte, und weil seine Freunde pensionierte Lokführer waren, kauften sie sich im Schrott auch noch so eine kleine Lokomotive, wie man sie in Hüttenwerken Loren und Pfannen schleppen sieht, eine Minilok der Marke Ohrenstein und Koppel, im selben Schrott kauften sie sich auch noch Schienen und drei Loren und legten die Schienen im Garten zwischen die Bäume, und an jedem Sonnabend und Sonntag heizten sie in der Lok ein und fuhren dann mit dieser Maschine der Marke Ohrenstein und Koppel los, und nachmittags fuhren sie Kinder spazieren, und am Abend dann tranken sie Bier und sangen dabei, und angetrunken fuhren sie sich selber in den Loren spazieren, oder sie standen alle auf der Lokomotive, die Lok sah mit ihnen drauf aus wie das Standbild einer Nilgottheit, wie die liegende Statue eines nackten Schönlings mit Figürchen bestückt ... So war ich also einmal zu meinem Onkel gekommen und suchte nach einer Stelle, wo ich meine Presse aufstellen könnte. Und es wurde langsam dunkel, und die Maschine nahm mit eingeschalteten Scheinwerfern die Kurven zwischen den alten Apfel- und Birnbäumen, mein Onkel saß im Stellwerk und stellte die Weichen, und ich sah seine Begeisterung und daß er, wie die Maschine Ohrenstein und Koppel auch, leicht benebelt war, ab und zu blitzte ein Maßkrug aus Aluminiumblech auf, und ich streifte mitten im Jubel und Geschrei der Kinder und Pensionäre herum, und keiner hieß mich einzutreten, und keiner fragte mich, ob ich nicht Lust hätte mitzutrinken, so hatten sich alle hineingesteigert in ein Spiel, das aber nichts anderes war als fortgesetzte Arbeit, an der sie ihr Leben lang gehangen hatten, und so streifte ich herum, trug wie Kain mein Mal auf der Stirn, nach einem Stündchen wollte ich verduften, ich drehte mich um, ob mir nicht doch einer nachrief, ich solle doch hereinkommen, aber keiner beachtete mich, als ich dann durch das Tor ging, drehte ich mich nochmals um, und im Lichte der Laternen und des hell strahlenden Stellwerks sah ich die huschenden Silhouetten der Pensionäre und der Kinder, ich hörte das Pfeifen der Maschine und dann wieder das Rattern der Loren auf der gequälten Ellipse der Schienen, als hätte da ein Orchestrion immer das gleiche Lied gespielt, ein Lied, und man wollte bis an sein Lebensende kein anderes mehr hören. Und trotzdem hatte ich dort im Tor gesehen, daß mein Onkel mich, obwohl mich doch keiner mehr sehen konnte, immer noch sah, daß er mich die ganze Zeit über schon gesehen hatte, als ich zwischen den Bäumen herumgeirrt war, er hob die Hand vom Schalthebel und zwirbelte mir mit den Fingern irgendein Zeichen zu, nur so, als ondulierte er mit den Fingern die Luft, und ich winkte ihm aus dem Dunkel ebenfalls zu, es war, als hätten wir uns aus zwei einander in entgegengesetzter Richtung passierenden Zügen zugewunken. Als ich dann den Prager Stadtrand erreicht hatte, kaufte ich mir ein Würstchen, und als ich das Würstchen essen wollte, fuhr mir der Schreck in die Glieder, weil ich das Würstchen gar nicht erst zum Mund führen mußte, ich hatte nur das Kinn ein wenig neigen müssen, und schon rührte das Würstchen an meine heißen Lippen, und als ich das Würstchen in Gürtelhöhe hielt, blickte ich entsetzt nach unten und sah, daß die untere Hälfte des Würstchens fast an meine Schuhe reichte. Und als ich das Würstchen in beide Hände nahm, wurde mir klar, daß das Würstchen ja ganz normal war, daß also ich in den letzten zehn Jahren irgendwie eingegangen, eingeschrumpelt sein mußte. Und als ich dann wieder nach Hause kam, schob ich in der Küche Hunderte von Büchern vom Türrahmen weg, und dort fand ich die Tintenstiftmarkierungen und die datierten Striche, wann ich wie groß gewesen war. Ich nahm ein Buch, stellte mich mit dem Rücken an den Rahmen, drückte mir von oben das Buch auf den Scheitel, dann machte ich auf der Stelle kehrt, zog einen Strich, und da sah ich schon mit bloßem Auge, daß ich in den acht Jahren, seit ich mich zum letzten Mal gemessen hatte, um neun Zentimeter geschrumpft war. Ich warf einen Blick auf den Bücherbaldachin über meinem Bett und folgerte, daß ich wohl deshalb so krumm geworden war, weil ich diesen tonnenschweren Bücherhimmel auf dem Buckel hatte.

3

Fünfunddreißig Jahre presse ich Altpapier, und müßte ich wieder wählen, ich würde nichts anderes wählen als eben das, was ich seit fünfunddreißig Jahren tue. Und dennoch, alle Vierteljahr einmal bekam meine Arbeit ein ganz anderes Vorzeichen, plötzlich hatte ich den Keller über, das Meckern und Jammern und Fluchen meines Bosses dröhnten plötzlich wie durch einen Verstärker in mein Ohr, dröhnten mir im Kopf, daß mir der ganze Keller vorkam wie eine stinkende Hölle, dieses Altpapier, das sich vom Kellerboden bis hinauf zur Hofüberdachung türmte, dieser ganze Moder und Morast begannen zu gären, Mist wäre eine wahre Duftwolke dagegen, der reinste Sumpf war das, was da auf dem Grunde meiner Unterwelt faulte und verweste, überall stiegen Bläschen hoch wie Irrlichter von einem Baumstumpf, der mitten in einem häßlichen Pfuhl zu Schlick und Schlamm verrottet. Und da mußte ich an die Luft, mußte weg von der mechanischen Presse, aber ich ging nicht an die frische Luft, ich vertrug keine saubere Luft mehr, draußen bekam ich Atemnot und mußte husten und qualstern, als hätte ich mit einer Havanna-Zigarre einen Lungenzug gemacht. Und während der Boß schrie und die Hände rang und mir drohte, ging ich hinaus aus meinem Keller und durchstreifte aufs Geratewohl die anderen Kellerräume und Unterwelten. Am liebsten ging ich zu den Jungens im Heizkeller, wo Leute mit Universitätsbildung wie Hunde an der Kette der Arbeit hingen, sie schrieben hier im Keller an der Geschichte unserer Zeit, so eine Art soziologische Untersuchung, hier in den Kellern erfuhr ich, wie sich der vierte Stand entvölkert hatte, wie die Arbeiter von unten in den Überbau gewechselt waren und Leute mit

Universitätsbildung ihr Leben als Arbeiter zu führen hatten. Am liebsten aber war ich mit den Kanalputzern zusammen, zwei Akademiker arbeiteten da und schrieben nebenher ein Buch über die Kloaken und Kanäle, die sich unter ganz Prag hinzogen und kreuzten, hier erfuhr ich, daß in die Kläranlagen von Podbaba ganz andere Fäkalien am Sonntag und ganz andere am Montag flossen, jeder Wochentag hatte seinen eigenen Charakter, und so hätte man ein Diagramm der Fäkaliendurchflutung erstellen können, nach dem jeweiligen Aufkommen an Kondomen konnte geschlossen werden, wo in welchem Stadtviertel von Prag mehr und wo weniger gebumst worden war, mich aber hatte vor allem jener akademische Bericht beeindruckt, in dem zu lesen war, daß Ratten und Ratzen ebenso totale Kriege untereinander führten wie die Menschen, daß der letzte Krieg mit einem absoluten Sieg der Ratten geendet hätte, sie aber sofort in zwei Gruppen zerfallen wären, in zwei Rattenklane, in zwei organisierte Mäusegesellschaften, und daß gerade jetzt unter den Straßen Prags, in allen Kanälen, in allen Kloaken, ein Kampf auf Leben und Tod tobte, der große Rattenkrieg um Sieg und somit Anrecht auf die Abfälle und Fäkalien, die durch die Zulaufkanäle nach Podbaba flossen, von diesen Kanalputzern mit Universitätsbildung erfuhr ich, daß die Siegermacht sich, sobald dieser Krieg zu Ende wäre, dialektisch wieder in zwei Lager spalten würde, so wie auch Gase und Metalle und alles Leben sich auf dieser Erde spalten, um das Leben durch Kampf auf Trab zu bringen und dann, durch Streben nach einem Ausgleich der Gegensätze, wieder ein neues Gleichgewicht zu finden, und daß somit die Welt als Ganzes keinen Augenblick lang lahme. Und da hatte ich begriffen, wie exakt jenes Gedicht von Rimbaud war, wonach der geistige

Kampf genauso schrecklich sei wie jeder andere Krieg, ich dachte mir den grausamen Satz Christi zu Ende, ich bin nicht gekommen, Frieden zu bringen, sondern das Schwert. Und immer hatte ich durch diese Besuche in den Gewölben und Kanälen und Kloaken und Kläranlagen von Podbaba meine innere Ruhe wiedergefunden, und weil ich gegen meinen Willen gebildet war, schauderte mir und ich mußte über Hegel staunen, der mir beigebracht hatte, daß als einziges in der Welt die Verkalkung zu fürchten sei, das Erstarrte und Absterbende müsse man fürchten, und der einzige Anlaß zur Freude sei, wenn nicht nur die Individuen, sondern auch ganze Gesellschaften sich durch Kampf verjüngen, wenn sie sich durch neue Formen ein Recht auf Leben erkämpfen würden. Als ich durch die Prager Straßen zurückging in meine Unterwelt, bekam ich Röntgenaugen und sah durch die Gehsteige hindurch, wie in den Kanälen und Kloaken die Rattengeneralstäbe und die Rattenarmeen miteinander kommunizierten, wie die Kommandanten mit drahtlosen Funkgeräten Anweisungen gaben, wo und in welchem Frontabschnitt der Kampf zu verstärken sei, und ich ging weiter, und unter meinen Schritten klirrten scharfe Rattenzähne, ich ging und mußte an die Melancholie der ewigen Erschaffung der Welt denken, ich watete durch die Kloaken, und meine tränenden Augen blickten nach oben, und plötzlich, da sah ich, was ich bis dahin völlig übersehen, was ich gänzlich mißachtet hatte, auf den Fassaden gewöhnlicher Mietskasernen, auf den Fronten öffentlicher Gebäude, überall, wohin mein Auge auch reichte, bis hinauf zu den Regenrinnen, überall sah ich das, was für Hegel und für Goethe Selbstprojektion und Wunschbild in einem gewesen ist, jenes Griechenland in uns, jenes schöne Hellenentum als Vorbild und Ziel, dorische Säulenordnungen

sah ich, sah Triglyphen und griechische Tropfleisten, sah
Blattkranzgesimse und Säulen nach ionischer Art, mit
Schäften und Voluten, sah die korinthische Ordnung mit
Laubzierleisten, sah Tempelvorhallen, sah Karyatiden und
hoch oben auf den Dächern der Häuser, durch deren Schatten ich ging, griechische Balustraden, und ich fand dabei,
daß genau das gleiche Griechenland auch in den Randbezirken Prags zu finden ist, auf den Fassaden der einfachsten
Mietshäuser, die alle ebenfalls um die Eingangsportale und
rund um die Fenster mit nackten Weibern und nackten
Kerlen und Blumen und Zweigen einer fremdartigen Flora
verziert sind. So ging ich also weiter und erinnerte mich,
wie mir einmal ein Heizer mit Universitätsbildung gesagt
hatte, daß Osteuropa nicht etwa hinterm Prager Spitaltor
beginne, sondern erst irgendwo in Galizien, wo der letzte
altösterreichische Bahnhof im Empirestil stehe, dort, wohin es das letzte griechische Tympanon verschlagen habe,
und daß Prag nicht nur auf den Fassaden seiner Häuser vor
griechischer Geistigkeit strotze, sondern auch in den Köpfen seiner Einwohner, allein schon deshalb, weil klassische
Gymnasien und humanistische Universitäten Millionen
tschechischer Köpfe mit Griechenland und Rom bekleckert
hätten. Und während sich in den Kloaken und Kanälen der
Hauptstadt Prag zwei Rattenklane in einem scheinbar sinnlosen Krieg zu vernichten suchen, arbeiten in den Kellern
Scharen von gestürzten Engeln, akademisch gebildeten
Männern, die ihre Schlacht, die sie nie geführt hatten,
verloren haben, und dennoch arbeiten sie weiter an einer
genaueren Abbildung der Welt. Und so kehrte ich zurück in
meine Unterwelt, und als ich dort mein Mausvolk wiedersah, wie es hüpfte und tollte und mir entgegenlief, erinnerte
ich mich an den Fahrstuhl, daß auf dessen Boden ein Deckel

war, der den Eingang zu einem Kanal abschloß. Ich stieg auf einer Leiter in den Schacht und riß, nachdem ich mir ein Herz gefaßt hatte, den Deckel weg, kniete mich nieder und lauschte dem Plätschern und Rauschen der Abwässer, hörte aus den Abflußrohren das Gurgeln der Aborte, vernahm das melodische Abfließen der Waschbecken und das Ablassen von Seifenwasser aus Badewannen, es war, als würde ich einer Brandung von Meereswellen und salzigen Wogen lauschen, aber wenn ich die Ohren spitzte, hörte ich über all den Wassern ganz deutlich das Kriegsgeschrei der Ratten, Fleischgenage, Jammern und Jubeln, Aufklatschen kämpfender Rattenleiber, Töne, die aus ungewissen Fernen herüberklangen, aber ich wußte, daß überall, in jeder Vorstadt, wenn ich da den Deckel oder das Gitter fortreißen und hinabsteigen würde, überall wurde jetzt die letzte Rattenschlacht gekämpft, dieser scheinbar letzte Rattenkrieg, der mit einem großen Jubel enden würde, und dieser Jubel würde so lange dauern, bis ein Grund gefunden wäre, und alles begänne von neuem. Ich machte den Deckel wieder zu, und als ich dann an meiner Presse stand, war ich um die weitere Erfahrung reicher, daß tief unter meinen Füßen in allen Kanälen ein grausamer Krieg tobte und daß auch der Rattenhimmel nicht human war und daß auch ich nicht human sein konnte, ich, der ich hier seit fünfunddreißig Jahren Altpapier packe und irgendwie den Ratten ähnlich bin, fünfunddreißig Jahre lebe ich nur in Kellern, und ich bade nur ungern, auch wenn wir dort ein Badezimmer haben, gleich hinterm Büro vom Boß. Wenn ich mal baden würde, ich würde gleich ganz krank davon, mit der Hygiene, da muß ich sehr vorsichtig und langsam sein, weil ich mit den bloßen Händen arbeite, wasche ich mir meine Hände nur am Abend, das kenn ich, wenn ich mir die

Hände mehrmals am Tag waschen würde, würden sie ganz rissig, aber manchmal, wenn mich die Sehnsucht nach dem griechischen Schönheitsideal packt, da wasche ich mir ein Bein und manchmal auch den Hals, und Wochen später, da wasch ich mir das zweite Bein und einen Arm, wenn aber die hohen christlichen Feiertage kommen, da wasche ich mir auch noch den Brustkorb und die Füße, aber das weiß ich ja alles im voraus und nehm mir deshalb ein Antiallergikum, weil ich, ich bekomme immer Heuschnupfen, selbst wenn draußen der Schnee fällt, das kenn ich. So presse ich also in meiner mechanischen Presse das Altpapier, jedem Paket lege ich das aufgeschlagene Buch eines klassischen Philosophen ins Herz, irgendwie hat mir dieser Spaziergang durch das nachmittägliche Prag gutgetan, irgendwie hat er mich beruhigt, ich habe mir das Gehirn freigefegt, allein schon die Tatsache, daß ich nicht allein bin, daß hier in Prag Tausende von Menschen meiner Sorte in der Unterwelt arbeiten, in den Kellern und Gewölben, und durch ihre Köpfe strömen lebende und lebendige und belebende Gedanken, ich habe mich irgendwie beruhigt, und die Arbeit geht mir heute leichter von der Hand als gestern, ich arbeite jetzt eigentlich ganz automatisch und kann somit zurückgehen in den Schoß der Zeit, als ich noch jung war und jeden Samstag meine Hose bügelte und meine Schuhe samt Sohle wichste, denn wer jung ist, der liebt die Sauberkeit und das Bild, das er sich von sich selbst macht, ein Bild, das man immer noch verbesssern kann, ich wirbele das Bügeleisen mit der glühenden Holzkohle durch die Luft, bis die Funken fliegen, dann lege ich meine Hose aufs Brett, zuerst bügle ich die ausgebeulten Bügelfalten glatt und erst dann werden die Hosenbeine gespannt und die Falten glattgestrichen, und dann lege ich ein nasses Leintuch über die

Hose, das ich zuvor mit einem Mundvoll Wasser besprüht habe, dann bügle ich mit aller Sorgfalt vor allem das rechte Hosenbein, es war immer ein wenig abgewetzt, weil ich beim Kegeln, wenn ich die Kugel warf, mit dem Knie immer die festgestampfte Erde der Kegelbahn berühren mußte, stets war ich ganz aufgeregt, wenn ich mit größter Vorsicht das nasse und dampfende Leintuch abzuheben begann, würde die Bügelfalte überhaupt sitzen? Und erst dann zog ich die Hose an, so wie jeden Samstag, wenn ich zum Dorfplatz ging, immer mußte ich mich, bevor ich zu den Holzblöcken vor der Unteren Schenke kam, umdrehen, ich drehe mich also um, und wie immer sehe ich Mama, wie sie mir nachblickt, ob ich auch alles ordentlich hätte und ob ich gut aussähe darin. Es ist Abend, ich bin beim Tanz, die, auf die ich gewartet habe, kommt, es ist Mančinka, Bänder und Schleifen, die sie ins Haar geflochten trägt, flattern ihr hinterher, die Musik spielt auf, und ich tanze einzig und nur mit Mančinka, und während wir tanzen, dreht sich die Welt rundum wie ein Karussell, ich schiele nach einer Lücke zwischen den Tänzern, um mit Mančinka im Polkaschritt vorpreschen zu können, ich sehe die gebauschten Bänder und Schleifen, wie sie sich um Mančinka und um mich herum im Kreise drehen, wie sie der Tanzwirbel hochreißt und trägt, bis sie fast in der Horizontale liegen, wenn ich den Tanz verlangsamen muß, beginnen die Bänder zu sinken, ich aber drehe wieder voll auf und sehe, wie die Bänder und Schleifen wieder steigen, hier und da berühren sie mich an der Hand, an den Fingern, die Mančinkas Händchen fest umklammern, das sich wiederum fest an ein weißes gesticktes Taschentuch klammert, zum ersten Male habe ich ihr gesagt, daß ich sie liebe, und Mančinka flüstert mir zu, daß sie mich schon seit der

Schulzeit heimlich liebe, und sie drückt sich so fest an mich, und sie schmiegt sich so eng an mich an, und plötzlich sind wir uns so nahe wie niemals zuvor, und dann bat mich Mančinka, ich solle doch bei der Damenwahl ihr erster Tänzer sein, und ich rief Ja! und kaum hatte die Damenwahl begonnen, wurde Mančinka ganz blaß und bat mich, kurz austreten zu dürfen, wirklich nur ganz kurz. Und als sie zurückkam, hatte sie kalte Hände, und wir tanzten weiter, ich wirbelte sie herum, damit alle sahen, wie ich tanzen konnte, wie gut wir zusammenpaßten, was für ein hübsches Paar wir waren, und als die Polka ihr schwindelerregendes Tempo erreicht hatte und Mančinkas Bänder und Schleifen hochgerissen wurden und durch die Luft schwirrten wie ihr strohblonder Zopf, sah ich plötzlich, wie die Tänzer innehielten, wie sie sich angeekelt von uns abwandten, wie am Ende keiner außer mir und Mančinka mehr tanzte, und wie alle anderen Paare einen Kreis um uns gebildet hatten, keinen Kreis der Bewunderung allerdings, sondern einen Kreis, in den sie von etwas Schrecklichem mit zentrifugaler Gewalt gezwungen wurden, etwas, das weder ich noch Mančinka rechtzeitig erkannt hatten, bis ihre Mutter herbeigesprungen war und Mančinka an der Hand packte und voller Entsetzen und Schrecken aus dem Tanzsaal zerrte, um mit ihr nie mehr wiederzukommen, und auch ich sollte Mančinka nie wiedersehen, erst nach Jahren, weil man die Mančinka seit damals Beschissene Manča nannte, weil Mančinka, aufgeregt wie sie war vor der Damenwahl, und weil Mančinka, noch ganz benommen von dem, was ich ihr da gesagt hatte, nämlich daß ich sie lieben würde, weil sie dann aus dem Gasthaus zur Latrine lief, dort türmten sich die Fäkalien bis zu dem Brettloch hinauf, sie tauchte also ihre Bänder und Schleifen in den Inhalt der Latrine und rannte

dann durch das Dunkel in den hell erleuchteten Saal zurück, und dort spritzte und klatschte die Zentrifugalbewegung ihrer Bänder und Schleifen den Tänzern entgegen, allen Tänzern, die in ihre Reichweite kamen . . .
Ich presse das Altpapier, und der grüne Knopf bedeutet für die Preßwand Vorwärts und der rote Knopf wieder Zurück, meine Maschine führt die elementarsten Bewegungen der Welt aus, so wie der Blasebalg eines Akkordeons, so wie eine Kreislinie, die, wo immer sie auch begonnen haben mag, an der gleichen Stelle wieder ankommt. Mančinka mußte, ohne ihre Glorie zu wahren, ihre Schande ertragen, und an der war sie unschuldig, denn das, was ihr zugestoßen war, war menschlich, allzumenschlich, Goethe hätte es seiner Ulrike von Lewetzow verziehen, gewiß auch Schelling seiner Karolina, nur Leibniz, der hätte so einen Vorfall mit Bändern und Schleifen seiner königlichen Geliebten Charlotte Sophie kaum verziehen, ebensowenig der empfindsame Hölderlin der Frau Gontard . . . Als ich fünf Jahre danach Mančinka ausfindig gemacht hatte, die ganze Familie war der Bänder und Schleifen wegen bis irgendwo nach Mähren gezogen, bat sie ich, sie möge mir das alles verzeihen, denn immer fühlte ich mich an allem schuldig, was auch wo passiert sein mochte, was auch je in einer Zeitung zu lesen gewesen war, an allem fühlte ich mich schuldig, also die Mančinka verzieh's mir, und ich lud sie zu einem Ausflug ein, ich hatte gerade in der Klassenlotterie fünftausend Kronen gewonnen, und weil ich Geld nicht ausstehen konnte, wollte ich es schnellstens aus der Welt schaffen und mir die Qual mit einem Sparbuch ersparen. Und so fuhren wir ins Gebirge, Mančinka und ich, nach Zlaté návrší, ins Hotel Renner, ein teures Hotel, und wollten dort Sorgen und Geld schnellstens loswerden, alle Männer benei-

deten mich um Mančinka, alle versuchten sich gegenseitig zu übertreffen und wollten sie mir ausspannen, am meisten lechzte der Fabrikant Jína nach Mančinka, und ich war glücklich, denn das Geld flog nur so dahin, wonach es Mančinka oder mir auch gelüsten mochte, wir hatten es, und Mančinka fuhr täglich Ski, und die Sonne strahlte, und es war spät im Januar, Mančinka war ganz braungebrannt und fuhr wie alle anderen nur so, in einer ärmellosen, weit ausgeschnittenen Bluse, sie fuhr über die gleißenden Hänge, und um sie herum dauernd irgendwelche Herren, während ich nur dasaß und an meinem Kognak schlürfte, aber kurz vor Mittag saßen alle Herren schon auf der Hotelterrasse, sonnten sich in ihren Sesseln und Liegestühlen, fünfzig Liegen und Stühle in einer Reihe, dreißig Tischchen daneben, mit stärkenden Liqueurs und Aperitifs darauf, während Mančinka bis zum letzten Augenblick Ski fuhr und immer erst zum Mittagessen ins Hotel kam. Und so sitze ich den letzten, vorletzten, den fünften Tag, ich hatte nur noch fünfhundert Kronen übrig, da sitze ich also mit den übrigen Hotelgästen gemeinsam in der Reihe, und ich sehe, wie Mančinka, braungebrannt und schön, den Berghang von Zlaté návrší herabgewedelt kommt, ich sitze zusammen mit dem Herrn Fabrikanten Jína, und wir trinken ein Gläschen und prosten uns zu, der Fabrikant Jína meint, weil ich binnen fünf Tagen Viertausend auf den Kopf gehauen hätte, wäre auch ich ein Fabrikant, und ich sehe, daß Mančinka hinter den Kiefern und Krüppelfichten verschwunden ist, aber dann taucht sie wieder auf und wedelt vors Hotel, und wie immer fuhr sie an den Hotelgästen vorbei, weil aber heute ein so schöner Tag war und die Sonne schien, waren alle Sessel, alle Liegestühle belegt, und die Hausdiener mußten weitere Stühle aus dem Hotel tra-

gen, und Mančinka fuhr, defilierte wie an jedem Tag vor den Reihen der sich sonnenden Gäste, und in der Tat, der Fabrikant Jína hatte recht, heute war Mančinka einfach zum Verlieben, kaum war aber Mančinka an den ersten der Sonnenanbeter vorbeigezogen, da sah ich, wie sich die Frauenzimmer nach ihr umgedreht hatten und wie sie ihr Lachen in den Händen verbargen, und je weiter sie herankam, um so deutlicher sah ich, wie die Frauenzimmer hinter Mančinka vor Lachen fast erstickten, während die Männer sich auf den Rücken fallen ließen, die Zeitungen vor ihre Gesichter schlugen und lieber so taten, als wären sie in Ohnmacht gefallen oder als sonnten sie sich mit geschlossenen Augen, und so war Mančinka bis zu mir gekommen, fuhr an mir vorbei, und ich sah, wie an einem ihrer beiden Skier, direkt hinter ihrem Stiefel, ein riesiger Kothaufen klebte, ein Haufen so groß wie ein Gewicht, wie es Jaroslav Vrchlický so schön in einem seiner Gedichte schreibt, und da wußte ich plötzlich, dies war das zweite Kapitel in Mančinkas Leben, der es bestimmt war, die Schande zu behalten, ohne ihre eigene Glorie zu kennen. Und als der Herr Fabrikant Jína sehen mußte, was Mančinka dort hinter einer Latschenkiefer am Fuße vom Zlaté návrší als Notdurft auf den hinteren Teil ihres Skibretts verrichtet hatte, da wurde der Herr Fabrikant Jína ohnmächtig, er war auch am Nachmittag noch ganz benommen, während Mančinka die Röte im Gesicht bis zu den Haarwurzeln stieg ...
Der Himmel ist nicht human, und ein Mensch, der etwas auf dem Kasten hat, der kann auch nicht human sein, ich presse ein Paket nach dem andern, lege jedem ein geöffnetes Buch mit dem schönsten Text ins Herz, ich arbeite an der Presse, und meine Gedanken sind bei Mančinka, mit der ich an jenem Abend das ganze restliche Geld für Sekt ausgab,

aber nicht einmal Kognak hätte uns den Wunsch erfüllt, daß Mančinka, als sie mit ihrem eigenen Kot an der ganzen Gesellschaft vorbeidefiliert war, daß Mančinka, zu einem Bild geworden, sich selbst entronnen wäre. Am nächsten Morgen aber, als ich sie die restliche Nacht über angefleht hatte, sie möge mir das, was passiert war, verzeihen, da verzieh sie mir nicht und ging stolz und aufrecht aus dem Hotel Renner, und so erfüllten sich die Worte Laotses, wer seine Glorie kennt und dennoch in Schande weilt, der ist das Vorbild der Welt . . .

Ich schlug das Buch vom Weg und der Tugend auf, fand die entsprechende Seite heraus und legte das geöffnete Buch, wie ein Priester, auf den Opferaltar, direkt ins Troginnere, mitten in einen scheußlichen Wust von Backwarenpapier und Zementsäcken. Ich bediente den grünen Knopf, der die ganze Makulatur und Papiermasse zusammenschob, und ich tat einen Blick, als drückten und verklammerten zwei Hände ihre Finger zu einem verzweifelten Gebet, die Frontflächen der Presse begannen das Buch vom Weg und der Tugend zu quetschen, ein Buch, aus dem mir durch entfernte Assoziation ein bestimmter Abschnitt im Leben Mančinkas, einer Schönen meiner Jugend, entgegengesprungen war. Und wie ein tiefer Hintersinn flossen tosende Abwässer durch die Tiefen der Kloaken und Kanäle, wo zwei Rattenklane einen Krieg auf Tod und Leben führten. Heute war ein schöner Tag.

4

Eines Nachmittags brachten mir die Fleischer vom Fleischmarkt eine Fuhre blutiges Papier und bluttriefende Kartons, ganze Wannen voll Papier, das ich nicht ausstehen konnte, weil es so süßlich roch und ich davon immer ganz blutig wurde wie ein Fleischerschurz. Zu meinem Schutz legte ich in das erste Paket das aufgeklappte Lob der Narrheit von Erasmus von Rotterdam, in das zweite deponierte ich pietätvoll Don Carlos von Friedrich Schiller und für das dritte, damit das Wort blutiges Fleisch würde, schlug ich Ecce Homo von Friedrich Nietzsche auf. Und dauernd arbeitete ich in einem Schwarm und einer Wolke von Schmeißfliegen, diesen gräßlichen Fliegen, die die Fleischer von der Schlachtbank mitgebracht hatten, und die Schmeißfliegenwolken wirbelten mit Wahnsinnsgesumm und hämmerten gegen mein Gesicht wie Hagelschlag. Und als ich den vierten Krug Bier geleert hatte, erschien mir ein lieblicher Jüngling neben meiner Presse, und ich wußte sofort, das war kein anderer als Jesus persönlich. Und neben ihm stand ein alter Mann mit einem zerknitterten Gesicht, und ich stellte fest, dies war kein anderer als Laotse selber. Und so standen sie beide da, damit ich einen alten Herrn mit einem jungen Mann vergleichen konnte, und Tausende Schmeiß- und Kobaltfliegen kurvten in tausenderlei irrsinnigen Schleifen hin und her, und der metallene Klang ihrer Flügel und Körper stickte ein großes lebendes Gemälde von rastlos bewegten Linien und Spritzern in die Kellerluft, genau wie bei Jackson Pollock, der seine gigantischen Bilder durch Farbgüsse geschaffen hatte. Und ich wunderte mich nicht über die beiden Gestalten, weil auch meine Großväter und Urgroßväter vom Schnapsgenuß Visionen hatten, ihnen waren wiederholt Märchenwesen erschienen, der Großvater traf auf der Walz Nixen und Wassermänner, Urgroßvater wiederum glaubte an Wesen, die ihm auf der Tenne der Littauer Bierbrauerei erschienen, Feuergeister und Kobolde und Feen, und ich, weil ich gegen meinen Willen gebildet war, während ich etwa unter dem Baldachin meines Zweizentnerbettes in den Schlaf versank, mir erschienen auf den Brettern Schelling und Hegel, beide im gleichen Jahr geboren, einmal, da kam sogar Erasmus von Rotterdam auf einem Pferd bis an mein Bett geritten und fragte mich nach dem Weg zum Meer. Also wunderte ich mich nicht, als heute zwei Männer, die ich gern hatte, zu mir in den Keller kamen, und wie sie so nebeneinanderstanden, wurde mir zum ersten Male klar, wie schrecklich wichtig ihr Altersunterschied für das Verständnis ihres Denkens war. Und während die Fliegen ihr wahnwitziges Tanzen und Summen trieben und mein Arbeitskittel von dem feuchten Blut ganz durchtränkt war, drückte ich abwechselnd auf den grünen und auf den roten Knopf und sah Jesus unentwegt bergauf gehen, während Laotse schon oben stand, ich sah einen zornigen jungen Mann, der die Welt verändern wollte, während der alte Herr resigniert in die Gegend blickte und die Rückseite der eigenen Ewigkeit mit der Rückkehr zum Ursprung benähte. Ich sah Jesus, wie er die Wirklichkeit mit einem Gebet bannte, und sie wurde zu einem Wunder, während Laotse auf seinem Weg des Himmels den Naturgesetzen folgte, und nur so erlangte er gelehrte Unwissenheit. Und ich lud ganze blutige Armvoll feuchtrotes Papier auf, das Gesicht hatte ich voller Blutflecken, und als ich auf den grünen Knopf drückte, zerquetschte die Preßwand dieses gräßliche Papier zusammen mit den Fliegen, die sich von den Fleischresten nicht trennen wollten, Schmeißfliegen, die ganz von Sinnen waren von dem Duft, brünstig wurden und sich paarten, um dann, mit einer noch größeren Leidenschaft, in zuckenden Pirouetten rund um den Trog ein dichtes Gestrüpp von

Sinnentaumel zu erzeugen, wie wirbelnde Elektronen in einem Atom. Ich trank das Bier aus meinem Krug und konnte meine Augen nicht losreißen vom jungen Jesus, der voller Entrüstung immer nur unter jungen Männern und hübschen Damen weilte, während Laotse, völlig vereinsamt, ein würdiges Grab für sich suchte. Und als die Presse das blutige Papier am Ende so zusammengedrückt hatte, daß das Blut, gemeinsam mit den Fliegen gepreßt, umherspritzte und floß, sah ich Jesus wiederum in einer verzückten Dauerekstase, während Laotse in tiefster Melancholie an der Trogkante lehnte und nur noch Verachtung und Desinteresse zeigte, dann wieder sah ich Jesus, wie er standhaft in seinem Glauben seine Befehle gab und der Berg ein Stück seitwärts schwebte, während Laotse ein Netz aus ungreifbarem Intellekt über meinen Keller warf, ich sah Jesus als optimistische Spirale, sah Laotse als ausweglosen Kreis, Jesus voller Konflikte und dramatischer Situationen, während Laotse in stiller Meditation über die moralische Unauflöslichkeit von Gegensätzen nachsann. Und bei Rot kam die blutige Preßwand zurück, und ich warf in den leeren Trogram weitere und immer weitere blutbefleckte Kartons und Kisten und von Blut und Fleischdunst völlig aufgeweichtes Packmaterial und fand in mir noch soviel Kraft, daß ich in einem Buch von Friedrich Nietzsche jene Seiten aufblätterte, wo beschrieben war, wie er mit Richard Wagner seine Sternen-Freundschaft geschlossen hatte, um das Buch dann in den Trog zu tauchen wie ein Kind in eine Badewanne, und verscheuchte dabei heftig mit den Armen fuchtelnd ganze Schwärme von blauen und grünen Fliegen, die mir ins Gesicht peitschten wie die Zweige von Trauerweiden im herbstlichen Sturm. Und als ich auf Grün gedrückt hatte, trippelten zwei Röcke die Kellertreppe herab, der türkisgrüne und der atlasrote Rock zweier Zigeunerinnen, die mich heimzusuchen pflegten wie eine Vision, immer ganz plötzlich, wenn ich sie nicht mehr erwartet hatte, wenn ich schon gedacht hatte, sie wären gestorben, ihre Freier hätten ihnen irgendwo die Kehle mit einem Paschermesser aufgeschlitzt, da tauchten die beiden Zigeunerinnen, die beiden Sammlerinnen von Altpapier wieder auf, sie trugen das Papier in Lakentüchern, in solchen riesigen Hucken auf dem Rücken, wie in alten Zeiten, als die Weiber das Gras noch aus den Wäldern zu holen pflegten, so schwankten die beiden Zigeunerinnen durch belebte Straßen, und die Passanten mußten in Torwege und Einbuchtungen springen, damit die Zigeunerinnen, die mit ihrer Papierfracht in unsere Einfahrt abgebogen waren und diese nun völlig verstopften, damit sie also dann, an der Waage angekommen, vornübergebeugt kehrtmachten und sich rücklings auf die Papierhalde fallen ließen, und als sie sich die Gurte losgebunden hatten, befreiten sie sich von diesem riesigen Kummet und schleppten ihre Bündel auf die Waage und wischten sich völlig verschwitzt und erhitzt die Stirn ab und starrten auf den Zeiger, der immer dreißig, vierzig Kilo, und manchmal sogar einen Zentner an Kisten und Pappendeckeln und Abfallpapier aus Markt- und Großmarkthallen anzeigte. Und wenn sie mal Lust hatten oder viel zu erledigt waren von der Schlepperei, diese Zigeunerinnen hatten soviel Saft und Kraft, daß sie von weitem mit ihren Lakentüchern aussahen, als trügen sie einen ganzen Waggon oder eine ganze Straßenbahn auf ihrem Rücken, wenn sie also mal die Nase voll hatten davon, so kamen sie zu mir nach unten, warfen ihre riesigen Planen ab und ließen sich in den Papierhaufen fallen, schürzten sich die Röcke hoch bis an den Nabel, angelten irgendwoher Zigaretten und Streichhölzer heraus und rauchten dann in der Rückenlage, sie machten Züge, als bissen sie Schokolade von den Zigaretten ab. Und ich, von Fliegen umwölkt, ich schrie ihnen irgendeinen Gruß entgegen, die türkise Zigeunerin mit ihrem hochgeschürzten Rock lag auf dem Rücken und hatte schöne Beine und einen herrlichen nackten Bauch, und wie eine Flamme züngelte ein hübsches Haarbüschel den Unterbauch empor, und sie nahm, den einen Arm hinter das Kopftuch gewinkelt, das ihr in den schwarzen und fettigen Haarnacken gerutscht war, mit der freien Hand mächtige Züge, so arglos lag sie da, die türkise Zigeunerin, während die atlasrote dalag wie ein hingeworfenes Handtuch, einfach so wie sie war, erledigt und erschöpft von den tyrannischen Papierlasten. Und ich zeigte mit dem Ellbogen auf meine Mappe, ich kaufte mir immer Wurst und Brot, aber hatte ich mal die ganzen Bierkrüge leergetrunken, schleppte ich die mitgebrachte Jause in der Regel wieder heim, ich konnte gar nichts essen, so fahrig und tatterig und zittrig war ich bei der Arbeit und am Ende auch noch volltrunken von dem Bier, und die Zigeunerinnen schwangen sich vom Papier hoch wie zwei Schaukelstühle und drängten sich, die Zigaretten zwischen die Lippen geklemmt, mit Händen und Füßen in die Mappe und holten die Wurst heraus und teilten sie gerecht auf und zertraten dann theatralisch die Kippen, sorgfältig, mit den Schuhabsätzen, als gälte es, den Kopf einer Viper zu zermalmen, so löschten sie die Zigarettenstumpen aus und setzten sich und aßen zuerst die Wurst und dann erst das Brot, ich sah ihnen gerne zu dabei, wie sie das Brot aßen, sie bissen es nie ab, sondern sie brachen das Brot mit den Fingern und wurden irgendwie ganz ernst dabei, schoben sich die Bissen mit den Fingern gegenseitig in den Mund, nickten einander zu, berührten sich mit den Schultern wie zwei Pferde, die verurteilt waren, solange gemeinsam an einem Karren zu ziehen, bis man sie ins Schlachthaus führen würde, immer, wenn ich die beiden Zigeunerinnen auf der Straße sah, wie sie mit ihren geschulterten Planen die Lager der Geschäftshäuser abklapperten, hielten sie einander um die Taille gefaßt, rauchten und gingen im Polkaschritt. Und diese Zigeunerinnen hatten es überhaupt nicht leicht, sie ernährten durch das Sammeln von Altpapier nicht nur sich selbst und ihre beiden Kinder, sondern auch noch ihren Zuhälter, einen Zigeuner, der am Nachmittag immer die Einnahmen kassierte, die desto größer waren, je größere Bündel die Zigeunerinnen zu schleppen hatten. War dieser Zigeuner aber ein komischer Mensch, er trug eine goldgefaßte Brille, einen Schnurrbart und das Haar in der Mitte gescheitelt, und immer hatte er einen Photoapparat um die Schulter gehängt. Jeden Tag machte er Bilder von den Zigeunerinnen, die guten Seelen blickten immer ganz freundlich in das Gerät, der Zigeuner richtete ihnen noch die Gesichter her und trat erst zurück, wenn er sie ablichten wollte, aber er hatte nie einen Film dabei, und keine der Zigeunerinnen bekam je ein Photo, aber sie ließen sich alle Tage wieder photographieren und freuten sich auf ihre Lichtbilder wie die Christen auf den Himmel oder auf das Paradies. Einmal traf ich meine Zigeunerinnen dort, wo die Liebener Brücke von Holešovice zum anderen Moldauufer hinüberschwingt, dort an der Kurve bei den Šollers, dort dirigierte ein Milizionär zigeunerischer Herkunft den Verkehr, er hatte weiße Armstulpen an und hielt einen gestreiften Stock und tänzelte in die jeweils freigegebene Fahrtrichtung so herrlich und so erhaben im Polkaschritt, daß sogar ich stehengeblieben war und zusehen mußte, mit welch einem Stolz dieser Zigeuner sein halbes Stündchen bis zur Ablösung hinter sich brachte, und plötzlich, da wurde mein Auge von einem Türkis und einem Atlasrot abgelenkt, und dort, auf der gegenüberliegenden Straßenseite, standen, wie ich an ein Geländer gelehnt, meine beiden Zigeunerinnen und konnten die Augen nicht von dem Zigeuner mitten auf der Kreuzung lassen, und rund um die Zigeunerinnen drängten sich Zigeunerkinder und einige ältere Zigeunermänner und Zigeunerfrauen, und alle staunten sie, und die Augen gingen ihnen über, und allen Zigeunern sah man den Stolz an, wie weit es ein Zigeuner bringen konnte. Und als dann der Augenblick gekommen war und der Zigeuner seinen Dienst einem anderen Milizionär übergeben hatte, stand der Zigeuner mitten unter den Seinen und nahm ihre Gratulationen und Ehrungen entgegen, und meine beiden Zigeunerinnen fielen plötzlich auf die Knie, und ich sah den türkisen und den atlasroten Rock zu Boden sinken, und die Zigeunerinnen polierten mit ihren Röcken die staubigen Dienststiefel des Zigeuners, und der Zigeuner lächelte und konnte am Ende seine Freude über sich selbst nicht mehr zurückhalten und lachte aus vollem Halse und konnte sich nicht mehr beherrschen und gab allen Zigeunerinnen einen feierlichen Kuß, während der türkise und der atlasrote Rock weiter an seinen Dienststiefeln fummelten. Jetzt hatten die Zigeunerinnen fertiggegessen und klaubten die Krümel von den Röcken und aßen auch diese auf, der türkise Rock legte sich aufs Papier und schürzte sich hoch bis an den Nebel, so arglos hielt mir die Zigeunerin ihren Bauch hin, und fragte mich ganz ernst ... Na, Alter, machen wir? Ich zeigte ihr meine blutigen Hände und machte mit dem Arm eine Bewegung, als zöge ich an einer Jalousie, und sagte ... Nee, mir tut das Knie weh. Und die Zigeunerin zuckte mit der Schulter, zog ihren türkisen Rock wieder nach unten, sah mich aber unentwegt an mit ihren reglosen Augen, genau wie die atlasrote Zigeunerin, die bereits vor der Treppe saß und wartete. Dann erhoben sich beide und nahmen, als wären sie irgendwie gestärkt und erfrischt, die Zipfel ihrer Planen und liefen die Treppe hoch, um dort, bevor sie verschwanden, kurz, so wie man einen Zollstock zusammenklappt, in die Hocke zu gehen und ihre Köpfe zwischen die Knie zu nehmen und mir mit ihren Altstimmen irgend etwas zuzurufen und irgendeinen Gruß zu wiehern, und schwebten dann direkt in den Flur, und dann hörte ich sie barfuß über den Hof tappen, hörte ihren unnachahmlichen Polkaschritt, unterwegs auf ihrer Suche nach Altpapier, irgendwohin, wo ihr Zigeuner sie hingeschickt hatte, nachdem er zuvor, mit geschultertem Photoapparat, gestriegeltem Bärtchen, Mittelscheitel und Brille, das Geschäft ausgehandelt hatte. Und ich arbeitete weiter, setzte den Haken an und zog daran, und von der Decke stürzten blutgetränkte Kisten und Kartons und Deckel und aufgeweichtes Papier neben den Trog herab, und kaum hatte sich das Loch mitten im Hof geöffnet, hörte ich alle Geräusche und alle Stimmen plötzlich wie durch ein Megaphon, einige Sammler waren zu der Öffnung gekommen, ich starrte sie von unten an, als seien das Statuen auf einem Kirchenportal, so tief unter dem Hof lag meine Maschine, meine Presse, die einem Katafalk glich oder dem Grabmal des Böhmenvaters Karl der Vierte, und plötzlich tauchte der Boß dort auf, und wieder war seine Stimme, die von oben über mich herfiel, voller Haß und Bosheit, und mein Boß plärrte mich an und rang dabei verzweifelt die Hände ... Haňťa, was haben die beiden Hexen, diese zwei Schicksen da unten wieder gemacht? Und ich war wie immer erschrocken, fiel auf die Knie und hielt mich mit einer Hand am Trog fest und starrte nach oben, und nie konnte ich begreifen, warum mein Boß mich so gar nicht leiden mochte, warum er für mich immer nur das schrecklichste Gesicht übrig hatte, als hätte er mir lange aufgelauert, so ungerecht spiegelte sich in seinem Gesicht die Entrüstung, so voller Qual, die ich ihm bereitet hatte, ich mußte immer wieder einsehen, wie eben jetzt auch, was für ein Scheusal und unmöglicher Arbeiter ich war, welch einen schrecklichen Kummer ich einem so edlen Chef bereitete. Ich richtete mich wieder auf, so wie sich auch die erschrockenen Soldaten aufgerichtet hatten, als die Grabplatte in die Luft geflogen war und Christus aus dem Grabe stieg, ich richtete mich auf, staubte meine Knie ab und arbeitete weiter, wenn auch nicht mehr mit der gleichen Sicherheit wie vorher, die Schmeißfliegen aber hatten jetzt ihre ganzen Kräfte zusammengenommen und drehten voll auf, sie waren wohl deshalb in Rage geraten, weil ich ihnen fast schon das ganze blutige Papier weggepackt hatte, vielleicht hatte sie auch der Luftzug verrückt gemacht, der entstanden war, als ich den Haufen, der mit seiner Spitze und seinem Gipfel bis in den Hof aufragte, untergraben hatte, sie bildeten jetzt um mich und meine Hände und das Papier im Trog ein dichtes Gestrüpp, dicht wie ein Himbeerstrauch, wie die Ruten einer Brombeerhecke, bis ich, als ich sie mit den Armen fortzujagen versuchte, das Gefühl bekam, auf Drähte aus Stahl und auf lange Eisenspäne einzudreschen. Und so schuftete ich, vom blutigen Schweiß durchnäßt, und die ganze Zeit, während die Zigeunerinnen im Keller verschnauften, standen Jesus und Laotse neben meiner mechanischen Presse und sahen mich an, und ich, wieder allein und in meiner Verlassenheit nur noch eingespannt in diesen

Arbeitsmechanismus, umflossen und gepeitscht von dicken Schmeißfliegenstricken, ich sah jetzt, daß Jesus ein Tennischampion war, der gerade Wimbledon gewonnen hatte, während Laotse, völlig heruntergekommen, einem Händler glich, der trotz reicher Vorräte aussah, als hätte er rein gar nichts, ich sah die blutvolle Körperlichkeit der Chiffren und Symbole Jesu, während Laotse in einem Totenhemd dastand und auf ein grobes Holzbrett wies, ich sah Jesus als Playboy, während Laotse ein von seinen Drüsen im Stich gelassener alter Junggeselle war, ich sah, wie Jesus gebieterisch seine Hand hob und mit einer kraftvollen Geste seine Feinde verdammte, während Laotse resigniert die Arme hängen ließ wie gebrochene Fittiche, ich sah Jesus als Romantiker und Laotse als Klassiker, Jesus als Flut, Laotse als Ebbe, Jesus als Frühling, Laotse als Winter, Jesus als aktive Nächstenliebe, Laotse als absolute Leere, Jesus als Progressus ad futurum, Laotse als Regressus ad originem ... Und ich drückte abwechselnd den grünen und den roten Knopf und warf den letzten abscheulichen Armvoll Blutpapier in den Trog, Papier, das mir die Fleischer gebracht und womit sie mir den ganzen Keller zugeschüttet hatten, zugleich aber hatten sie Jesus und Laotse zu mir gebracht. So hatte ich also Kants Metaphysik der Sitten in das letzte Paket gelegt, und die Schmeißfliegen, die leer ausgegangen waren bei dem blutigen Papier, gerieten nun derart von Sinnen, daß sie sich über die blutigen Reste stürzten, und sie saugten an diesem geronnenen und gerinnenden Blut mit solcher Gier, daß sie gar nicht bemerkten, wie die Seitenwand sie preßte und quetschte und zu Häutchen und Tröpfchen zerdrückte. Als ich diesen zusammengepreßten Quader an Scheußlichkeiten festgezurrt und mit Drähten umwickelt hatte und das Paket zu den fünfzehn übrigen fuhr, fuhr ich auch den Restschwarm der verrückten Fliegen mit, jedes Paket war von Schmeißfliegen übersät, auf jedem aus dem Paket hervorquellenden Tropfen funkelte mitten in einem schwärzlichen Rot eine grüne oder eine metallisch blaue Fliege, als wäre jedes der Pakete eine riesige, an einem heißen Sommertag in einer ländlichen Fleischerei hängende Rindskeule. Als ich wieder aufblickte, sah ich, wie Jesus und Laotse die weißgetünchte Treppe hochstiegen, so wie vorhin der türkise und der atlasrote Rock meiner Zigeunerinnen, und der Krug war leer. So torkelte auch ich die Treppe hoch, schleppte mich zeitweise auf allen vieren, irgendwie war mir ganz schwindlig geworden von dieser allzu lauten Einsamkeit, erst an der frischen Luft der Hintergasse hatte ich mich wieder aufgerafft und packte den leeren Krug mit noch festerem Griff. Die Luft war hell, und ich kniff meine Augen zu, als wären die Sonnenstrahlen aus Salz, ich ging an der Pfarrhausmauer der Dreifaltigkeitskirche entlang, Erdarbeiter hatten das Pflaster aufgerissen, und hier traf ich meine Zigeunerinnen wieder, der türkise und der rote Rock saßen auf einem Brett, und sie rauchten und unterhielten sich mit den Zigeunern, hier bei den Erdarbeiten tummeln sich Zigeuner immer scharenweise, sie arbeiten im Akkord und haben ihren Spaß daran, denn ein gestecktes Ziel läßt keine Müdigkeit aufkommen, ich schaue ihnen gerne zu, wenn sie sich den Oberkörper freimachen und mit ihren Breit- und Spitzhacken die harte Erde und die Pflasterdecke aufreißen, ich sehe es gern, wenn sie bis zum Gürtel in der Erde stecken, als wollten sie sich selbst ein Grab schaufeln, ich mag sie deshalb so gern, die Zigeuner, weil sie immer wieder plötzlich von Sehnsucht ergriffen werden und weil deshalb ihre Frauen und Kinder immer in ihrer Nähe sein müssen, so sieht man etwa oft, wie eine Zigeunerin, die Röcke hochgeschürzt, mit der aufblitzenden Spitzhacke einen Graben aushebt, und der junge Zigeuner hält ein kleines Kind auf dem Schoß und spielt mit ihm, herzt es in einer recht eigenen Weise, eigentlich, als würde er durch das Spiel mit dem Kind wieder Kraft gewinnen, keine Kraft für die Muskeln, nein, Kraft für die Seele. Sie sind sehr sensibel, diese Zigeuner, sie sind wie eine schöne südböhmische Madonna mit dem Christkind, manchmal, da blicken sie einen an, daß einem das Blut in den Adern gefriert, diese Zigeuner haben Augen, so große und kluge Augen, Augen irgendeiner längst vergessenen Kultur, ich habe gehört, daß die Zigeuner, als wir noch mit Äxten umherliefen und uns mit Tierhäuten schürzten, da hatten die Zigeuner irgendwo schon einen Staat und eine Gesellschaftsordnung, und ihre Gesellschaft war schon damals im zweiten Niedergang begriffen, während diese Zigeuner hier erst seit der zweiten Generation in Prag sind, und wo sie auch arbeiten, zünden sie sich ein kleines Ritualfeuer an, ein lustiges, knisterndes Nomandenfeuer, nur so zum Spaß, ein Feuer, genährt mit den von einer Hacke gespaltenen Brettern, ein Feuer, das einem Kinderlachen gleicht, ein Symbol der Ewigkeit, Feuer, das früher da war als ein Menschengedanke, Feuer, kostenlos wie ein Geschenk des Himmels, lebendige Chiffre eines Elements, die Passanten eilen achtlos daran vorbei, Feuer, das auf den Aushubstellen in den Prager Straßen vom Tod der zerhackten Bretter lebt und so die Augen wärmt und die Nomadenseele, bei kalter Witterung auch Hände, das alles sage ich zu mir, und bei den Husenskýs schenkt mir die Kellnerin vier Halbe ein und läßt das Bier über die Krugwand laufen, und ein Glas mit dem Rest schiebt sie mir in einem Rutsch über den Zinntresen unter die Hand, zum Austrinken, denn der Krug war bereits voll und der Schaum floß über den Rand. Und dann wandte sich die Kellnerin von mir ab, denn gestern war mir beim Zahlen eine Maus aus dem Ärmel gesprungen. So trank ich also aus, vielleicht hatte sich die Kellnerin von mir abgewandt, weil ich so blutige Hände hatte, Hände, an denen das Blut angetrocknet war, und als ich mir dann mit der hohlen Hand übers Gesicht fuhr, ich wische mir immer das Gesicht mit der ganzen Handfläche ab, da merkte ich, daß meine Stirn voller angetrockneter Schmeißfliegen war, so hatte ich sie in der Abwehr mit kräftigen Handhieben plattgeschlagen. So ging ich also gedankenverloren durch die aufgerissene Gasse zurück, der türkise und der rote Rock standen im vollen Sonnenlicht vor der Mauer der Dreifaltigkeitskirche, und der Zigeuner mit dem Photoapparat in der Hand richtete ihnen das Kinn gerade, trat zurück und blickte durch den Sucher und korrigierte noch einmal die beiden Farbdruckgesichter ins selig Lächelnde, und dann führte er den Sucher ans Auge und gab ein Handzeichen und drückte ab, und den nicht existierenden Film transportierte er wieder ein Stück weiter, und die Zigeunerinnen klatschten und freuten sich wie die kleinen Kinder und hatten nur Sorge, ob sie auf den Photos auch gut aussehen würden. Ich zog mir den Hut tiefer in die Stirn, und als ich von rechts nach links gegangen war, stand der völlig verwirrte Philosophieprofessor vor mir, die dicke Brille auf mich gerichtet wie die Mündung eines Jagdgewehrs, Brillengläser wie zwei Aschenbecher, eine Weile durchsuchte er seine Taschen und zog dann wie immer einen Zehnkronenschein heraus, und den drückte er mir in die Hand und fragte ... Ist der Junge da? Ich sagte ja. Und dann flüsterte er mir, wie immer, ins Ohr ... Seien

Sie doch nett zu dem Jungen, ja? Und ich sagte, daß ja, daß ich's sein wolle. Und dann sah ich, wie der Redakteur durch den Innenhof in die Spálenágasse lief, und so nahm ich schnell den Weg durch die Hintergasse und stieg durch den Hintereingang in den Keller, nahm meinen Hut ab, und derart barhäuptig lauschte ich, wie der Professor bedächtig durch den Hof schlich und wie er leise in den Keller stieg, und als unser beider Augen sich begegneten, atmete der Professor auf und sagte ... Wo ist denn der Alte? Ich sagte, wie immer, irgendwo auf ein Bier. Und der Professor fragte mich weiter ... daß der immer so eklig zu Ihnen ist? Ich sagte, wie immer, der ist neidisch, weil ich jünger bin als er. Und der Philosophieprofessor reichte mir einen zerknüllten Zehnkronenschein und schob ihn mir in die Hand, und seine Stimme zitterte, als er mir zuflüsterte ... Da haben Sie was, damit Sie besser suchen können, haben Sie was gefunden? Und ich ging zu der Kiste und holte die alten Zeitungen heraus, Národní politika und Národní listy, so wie immer mit Theaterrezensionen und Artikeln, geschrieben von Miroslav Rutte und Karel Engelmueller, und gab sie dem Professor, der beim Theaterblatt Divadelní noviny gearbeitet hatte, und obwohl er schon seit fünf Jahren entlassen war, interessierte er sich immer noch wahnsinnig für Theaterrezensionen der dreißiger Jahre. Er blätterte die Zeitungen genüßlich durch, legte sie dann in seine Aktentasche und verabschiedete sich von mir, nicht ohne mir vorher, wie immer, einen weiteren Zehnkronenschein zugesteckt zu haben. Auf der Treppe drehte er sich um und sagte ... Suchen Sie fleißig weiter, jetzt hoffentlich treff ich nicht den Alten. Und er trat auf den Hof hinaus, und ich setzte mir schnell den Hut auf, lief hinten in die Gasse hinaus und durchquerte den Hof der Pfarrei, und dann blieb ich, den Hut tief in die Stirn gezogen, vor der Statue des hl. Thaddäus stehen, grimmig und überrascht sah ich dem Professor entgegen, wie er an der Wand entlang geschlichen kam, und als er mich erblickt hatte, sah ich, wie immer, daß er erschrocken war, doch schnell hatte er sich erholt und schon stand er bei mir und so wie immer gab er mir einen Zehnkronenschein und sagte schmerzvoll ... Seien Sie doch nicht immer so streng zu dem Jungen, wieso mögen Sie ihn nicht? Seien Sie doch nett zu ihm, ja? Und ich nickte wie immer mit dem Kopf, der Kritiker der Theaterzeitung ging davon, ich wußte, daß er direkt zum Karlsplatz gehen müßte, er aber bog wie immer lieber in den Hof ab, irgendwie war er um die Ecke wie weggekippt, ich sah noch, wie die Aktentasche von seiner Hand gezerrt in den Hof hineinflog, wie er verschwand, um diese seltsame Begegnung mit mir, dem alten Packer, der den jüngeren Packer piesackte wie einen Hund, endlich zu einem Ende zu bringen. Ich sah, wie ein Lastwagen in unseren Hof zurückstieß, ging hintenherum wieder in meinen Keller, und als ich dann so mit der Karre vor dem Fahrstuhl stand und die fünfzehn Pakete, die ich heute gemacht hatte, betrachtete, sah ich, daß ich die Seiten der Pakete mit den klatschnassen Reproduktionen von Paul Gauguins Bonjour, Monsieur Gauguin! verziert hatte, und irgendwie begannen alle Pakete zu glänzen und waren schön, ich bedauerte, daß man sie schon so bald holen kam, so gerne hätte ich den Anblick dieser Bilder noch genossen, die sich wie Kulissen gegenseitig halb verdeckten und so einen herrlich betörenden Eindruck erweckten, und Schwärme von bereits mattgewordenen Schmeißfliegen donnerten dagegen ... Und in den Fahrstuhl beugte sich oben das Gesicht vom Boß, und so fuhr ich mit der Karre ein Paket nach dem anderen, ich hatte mich satt gesehen an jenem Guten Tag, bedauerte nur, daß meine Pakete aus dem Keller mußten, ach was, sagte ich mir, wenn ich in Pension bin und mir diese Presse kaufe, werde ich alle Pakete, die ich gemacht habe, die werde ich dann behalten, Ausstellungen mache ich keine, da könnte ja jemand so ein von mir signiertes Paket kaufen, vielleicht ein Ausländer, und bei meinem Pech zahlt dieser Ausländer dann die tausend Mark und nimmt das Paket mit, und ich weiß dann nicht, wo es ist und wohin ich fahren müßte, um es noch einmal zu sehen ... So stieg also ein Paket nach dem andern mit dem Fahrstuhl nach oben in den Hof, ich hörte den Träger der Pakete fluchen, was da um die und auf den Paketen für Schmeißfliegen wären, und als das letzte Paket nach oben gefahren war, waren auch alle Schmeißfliegen mit ihm nach oben gefahren, und der Keller war jetzt ohne diese Wahnsinnsfliegen plötzlich ganz traurig und verlassen, so wie auch ich immer ganz traurig und verlassen bin. Wieder taumelte ich auf allen vieren hoch, wenn ich mal fünf Krüge Bier getrunken habe, muß ich auf der Treppe wie auf einer Leiter hoch, auf allen vieren eben, und als ich sah, wie der Träger das letzte Paket schleppte und der Fahrer das Paket mit Handschuhen entgegennahm und mit dem Knie auf die anderen Pakete hievte, sah ich auch, wie der Overall des Trägers am Rücken voller Blut war, so eine Art Blut-Batik, ich sah, wie der Fahrer angeekelt seine blutigen Handschuhe abstreifte und wegwarf, und dann setzte sich der Träger neben den Fahrer, und die Pakete verließen den Hof, und ich war froh, daß über den Planken lauter Paketflächen glänzten, lauter Bonjour, Monsieur Gauguin, jeder, der vorübergehen würde an dem fahrenden Laster, sollte an den Bildern seine Freude haben, alle, an denen dieser herausgeputzte Laster vorüberziehen wird, sollen ihre Freude daran haben, und mit den Paketen zusammen hatten auch die wahnsinnigen Schmeißfliegen den Hof verlassen, ich sah sie im Sonnenlicht der Spálenágasse munter werden, sah sie den ganzen Lastkraftwagen umschwirren, diese blauen und grünen und goldenen tollen Fliegen, die sich ganz bestimmt zusammen mit Paul Gaugins Bonjour, Monsieur Gauguin auf die Kastenwagen würden laden lassen, und schließlich würden sie sich auch in die Säuren und Laugen irgendeiner Papiermühle schütten lassen, denn eine verrückte Schmeißfliege, die wird nie die Vorstellung los, daß es kein schöneres Leben gibt als mitten in der herrlichen Fäulnis und Verwesung von Blut. Als ich wieder in den Keller gehen wollte, fiel plötzlich mein Boß vor mir auf die Knie, machte einen gequälten Gesichtsausdruck und beschwor und flehte mich händeringend an . . . Haňťa, um Christi Erbarmen, ich bitte dich, auf den Knien flehe ich dich an, besinne dich, so lang's noch Zeit ist, und sauf nicht mehr diese Unmengen Bier und tu endlich was und quäl mich nicht, denn wenn das so weitergeht, hast du noch meinen Tod auf dem Gewissen . . . Ich erschrak, beugte mich vor und nahm meinen knienden Boß sanft an den Ellbogen und bat ihn . . . Nehmen Sie sich doch zusammen, guter Mann, das ist doch unter Ihrer Würde, hier so rumzuknien . . . und ich hob den Boß hoch, ich fühlte, wie er am ganzen Körper zitterte, und da begann ich ihn anzuflehen, er möge mir doch verzeihen, ich wußte gar nicht, was er mir hätte verzeihen sollen, aber das war schon so meine Art, dauernd jemanden um Verzeihung zu bitten, ich bat ja sogar immer wieder mich selbst, mir selbst all das zu verzeihen, was ich selber war, was in meiner ureigensten Natur begründet war . . . So völlig am Boden zerstört kehrte ich dann in den Keller zurück, jetzt auch noch geplagt von Schuldgefühlen gegenüber meinem Boß, ich ließ mich auf den Rücken in die Kuhle fallen, in die noch warme Kuhle von der Zigeunerin mit dem türkisen Rock, so lag ich da und lauschte den Straßengeräuschen, dieser herrlichen konkreten Musik, ich lauschte, wie durch die ganze Mietskaserne, in der auch unsere Altpapiersammelstelle untergebracht ist, wie durch die ganzen fünf Etagen dauernd irgendwelche Abwässer flossen und glucksten, ich hörte das Ziehen an den Klosettketten, und als ich mich in die Tiefen der Erde hineingehört hatte, hörte ich, leise zwar, aber doch klar und deutlich, wie die Abwässer und Fäkalien dort irgendwo die Kanäle und Kloaken durchströmten, und während die Legionen von Schmeißfliegen längst abgerückt waren, hörte ich unter dem Beton das melancholische Pfeifen und Quieken der Ratten, hörte, wie in den Kanälen der Hauptstadt Prag immer noch die Schlachten zweier Rattenklane um die Herrschaft über alle Abwässer und Abflüsse in der Stadt tobten. Der Himmel ist nicht human und das Leben über mir und unter mir und in mir auch nicht. Bonjour, Monsieur Gauguin!

5

Und so geht alles, was ich gesehen habe auf dieser Welt, alles geht zugleich vor und wieder zurück, wie ein Schmiedegebläse, wie diese meine Presse auf Befehl des grünen und roten Knopfes, alles springt über in sein Gegenteil, und nur so lahmt auf dieser Welt gar nichts, und seit fünfunddreißig Jahren schon packe ich Altpapier, und für diese Arbeit, die ich hier tue, da brauchte ich nicht bloß eine

Universitätsbildung oder ein klassisches Gymnasium, nein, ich brauchte auch noch ein theologisches Seminar. So entsprechen sich in meinem Beruf Spirale und Kreis, und der Progressus ad futurum verbindet sich mit dem Regressus ad originem, und ich erlebe das alles auch noch als Berührung, und ich, da ich gebildet bin gegen meinen Willen und somit glücklos glücklich, ich beginne daran zu glauben, daß der Progressus ad futurum dem Regressus ad originem völlig gleicht. Das ist jetzt meine Art von Zeitvertreib, so wie ein anderer beim Abendessen das Abendblatt Večerní Praha liest. Gestern haben wir meinen Onkel begraben, diesen Barden, der mir den richtigen Weg wies, weil er in seinem Garten in Chabry sein eigenes Ministellwerk errichtet hatte, und zwischen die Bäume hatte er Schienen gelegt, und mit seinen Freunden hatte er eine Minilok der Marke Ohrenstein und Koppel instand gesetzt, und am Wochenende waren dann alle mit den drei Loren herumgefahren, und am Nachmittag fuhren sie Kinder spazieren und am Abend sich selbst und konsumierten dabei literweise Bier. Gestern begruben wir meinen Onkel, ihn hatte in seinem Stellwerk der Schlag getroffen, es war gerade Ferienzeit und seine Freunde waren in die Wälder und ans Wasser gefahren, und so war keiner vorbeigekommen bei dieser Julihitze, und der Onkel lag fünfzehn Tage lang auf dem Boden seines Stellwerks, bis ihn der Lokführer inmitten von Fliegen und Maden fand und der Körper meines Onkels auf dem Linoleum zerflossen war wie ein Camembert. Als die Leute vom Bestattungsinstitut kamen, nahmen sie vom Onkel nur das mit, was in den Kleidern hing, und dann waren sie zu mir gerannt, und ich war es ja von meinem Keller her gewöhnt, und so mußte ich mit einer Schaufel und dann mit einer Kelle die in den Fußboden eingebackenen Reste meines Onkels vom Linoleum kratzen, man gab mir eine Flasche Rum, und ich kratzte schweigend und bedächtig all das Leibliche, was vom Onkel übriggeblieben war, das alles kratzte ich weg, die meiste Mühe machten mir seine rotblonden Haare, sie steckten in dem Linoleum so tief, wie wenn auf der Autobahn ein Laster über einen Igel gefahren wäre, ich mußte zu einem Meißel greifen, und als ich dann fertig war, stopfte ich die Reste meinem Onkel in den Sarg, unter die Kleider, auf den Kopf setzte ich ihm seine Eisenbahnermütze, die ich im Stellwerk gefunden hatte, und ich brachte auch noch einen Immanuel Kant mit und drückte ihm diesen schönen Text, der es mir angetan hatte, zwischen die Finger . . . Zwei Dinge erfüllen das Gemüt mit immer neuer und zunehmender Bewunderung . . . der bestirnte Himmel über mir und das moralische Gesetz in mir . . . Dann aber hatte ich's mir anders überlegt und blätterte die noch schöneren Sätze des jungen Kant auf . . . wenn das zitternde Licht eines Sommerabends voller zitternder Sterne ist und der Vollmond leuchtet, werde ich in eine hohe Empfindsamkeit hineingezogen, voller Freundschaft und Verachtung für die Welt und Ewigkeit . . . Und als ich den Wandschrank geöffnet hatte, jawoll, da war sie, diese Sammlung, die mir der Onkel so oft gezeigt hatte, aber dafür hatte ich nie ein Verständnis gehabt, eine Sammlung von Metallplättchen in allen Farben, ganze Kisten voll davon waren's gewesen, und mein Onkel hatte sich noch im Dienst die Zeit auch damit vertrieben, daß er Stücke von Kupfer und Messing und Zinn und Eisen und anderem Metall auf die Schienen legte, und wenn der Zug vorbeigefahren war, sammelte er die bizarr verformten Stückchen wieder auf, jeden Abend stellte sie der Onkel dann zu ganzen Zyklen zusammen, und jedes dieser Blechstücke bekam auch seinen Namen, je nach Assoziation, die es hervorrief, wie Schaukästen mit asiatischen Schmetterlingen sahen all diese Kisten und Kassetten aus, sie sahen aus wie leere Bonbonnieren voller bunter und zerknüllter Nougatpackungen aus Stanniol. Und so schüttete ich also eine Kiste nach der andern in den Sarg, über den Onkel, deckte ihn mit diesen ungewöhnlichen Blechstücken zu, und dann erst taten die Bestattungsleute den Sargdeckel drauf, und der Onkel lag da von all diesen Orden und Auszeichnungen zugeschüttet wie ein hoher Würdenträger, so feierlich wirkte mein Onkel in seinem Sarg, weil ich, ich hatte den Onkel in diesem Sarg so ausstaffiert, als hätte ich mein schönstes Paket gemacht und gepreßt. Und dann ging ich wieder zurück in meinen Keller, auf der Treppe mußte ich auf allen vieren zurückstoßen, als stiege ich von einem Speicher auf irgendwelcher Leiter nach unten, schweigend trank ich meine Flasche Rum leer und spülte das Zeug mit Bier hinunter und riß dabei mit der Spitzhacke das verschlackte und von der Feuchtigkeit vermoderte Papier auf, es hatte bereits Ähnlichkeit mit einem Emmentaler, in dessen Löchern Mäuse hausten, ich trank das Bier und riß dabei das wie Asbest verschlackte Altpapier auf und lud diesen Ekel mit der Mistgabel in den Trog, ich riß dabei Mäusegänge auf und vernichtete ganze Mäusestädte, ganze Mäusenester mußte ich aufladen, denn man hatte unsere Sammelstelle für zwei Tage zugemacht, und ich hatte Zeit, alles in dem Keller wegen Inventur zu liquidieren. Nie hätte ich gedacht, als ich diese Halde Altpapier Abend für Abend besprüht hatte, wie sehr da unten alles verschmelzen, ja richtig verschweißt würde, Blumen und Bücher und Abfallpapier, alles hatte der Druck zusammengepreßt, so sehr war der Papierberg da unten und zuunterst zusammengequetscht, mehr fast noch als jedes meiner Pakete, die meine mechanische Presse zusammendrückte. Wirklich, für diese Art von Arbeit hätte ich Theologe sein müssen, hier in der Tiefe und auf dem Grunde dieses Haufens, wohin ich in dem halben Jahr seit der letzten Inventur nie vorgedrungen war, moderte das Papier wie altes Wurzelwerk in einem Sumpf und gab den süßlichen Duft von hausgemachtem Käse ab, den man seit einem halben Jahr in einem Topf hatte liegen lassen, das durchnäßte und durch Druck von oben zusammengepreßte Papier hatte auch seine Farbe verloren und war jetzt gräulich und hellbeige und kompakt wie altbackenes Brot. Ich arbeitete bis in die Nacht hinein und erfrischte mich immer wieder, indem ich in den Lichthof trat und durch den Fünf-Etagen-Schacht hindurch auf ein kleines Stück Sternenhimmel blickte, ganz wie der junge Kant, dann nahm ich den leeren Krug am Henkel und torkelte auf allen vieren zum Hinterausgang hinaus für Bier, um dann wieder auf dreien die Treppe hinabzustoßen, als stiege ich auf irgendeiner Leiter in den Keller hinab, und im Glühbirnenlicht lag auf dem Tisch die aufgeschlagene Theorie des Himmels, vor dem Fahrstuhl standen die Pakete stramm, und heute hatte ich eine Hunderterpackung der nassen und durchnäßten großen Reproduktionen von Vincent van Goghs Sonnenblumen angebrochen, und so strahlten nun alle Paketseiten in dem Gold und Orange der Sonnenblumen vor dem Blau des Hintergrunds, und damit wurde auch der Gestank von den gepreßten Mäusen und ihren Nestern und dem verwesenden Papier geringer, die Preßwand bewegte sich hin und her, je nachdem, ob ich den grünen oder den roten Knopf drückte, in den Pausen trank ich Bier und las dazu in der Theorie des Himmels von Immanuel Kant, davon, wie bei der Stille, der allgemeinen

Stille der Natur und der Ruhe der Sinne der unsterbliche Geist in einer unnennbaren Sprache spräche, von unausgewickelten Begriffen, die sich wohl empfinden, aber nicht beschreiben ließen ... Und die Sätze schockierten mich derart, daß ich immer wieder in den Lichthof laufen und dort zum bestirnten Himmel hinaufblicken mußte, und dann lud ich weiter mit der Mistgabel das abscheuliche Papier samt den wie in Watte gebetteten und in Baumwolle gewickelten Mäusefamilien in den Trog, aber wer Altpapier packen muß, der ist genauso wenig human wie der Himmel, und eigentlich war das, was ich hier tat, und irgendwer mußte ja diese Arbeit tun, diese Arbeit also war nichts anderes als der Bethlehemitische Kindermord, wie Pieter Breughel ihn gemalt hat, erst vorige Woche hatte ich meine Pakete in diese Reproduktionen gepackt, aber heute, da strahlten mich goldene und gelbe Scheiben und Ringe an, van Goghs Sonnenblumen, die das tragische Gefühl nur verstärkten. Und so schuftete ich und schmückte meine Mäusegräber, und dabei lief ich immer wieder auf einen Sprung weg, um in der Theorie des Himmels zu lesen, nahm immer nur eine einzige Sentenz in den Mund, wie einen Eukalyptusbonbon, und so war ich bei der Arbeit voll von unermeßlicher Größe und endloser Vielfalt und Schönheit, die von allen Seiten über mich herfielen, der bestirnte Himmel im löchrigen Lichthof über mir, der Krieg und die Schlachten zweier Rattenklane in den Kanälen und Kloaken der Hauptstadt Prag unter mir, zwanzig Pakete, ausgerichtet wie ein Zug von zwanzig Waggons in Richtung Fahrstuhl, und auf allen mir zugewandten Seiten der Pakete brannten die Lampen der Sonnenblumen, im vollen Preßtrog zermalmte der Druck der Horizontalspindel das stumme Mäusevolk, das genauso wenig einen Ton von sich gab, wie wenn ein grausamer Kater mit einem winzigen Mäuslein sein Spiel triebe, deshalb hat ja die barmherzige Natur das Grauen erfunden, da brennt auf einmal die Sicherung durch, und das Grauen, stärker als aller Schmerz, umnebelt alle, die es im Augenblick der Wahrheit heimgesucht hat. Das alles versetzte mich in Staunen, heiligte mich plötzlich, und ich kam mir selber viel schöner vor, weil ich den Mut hatte, nicht verrückt zu werden von all dem, was ich in dieser meiner allzu lauten Einsamkeit gesehen, was ich mit Leib und Seele an mir selbst erfahren und erlebt hatte, eine erstaunte Erkenntnis hatte sich meiner bemächtigt und warf mich durch eben diese Arbeit in das unendliche Kraftfeld der Allmacht. Und über mir brannte eine Glühbirne, die roten und grünen Knöpfe bewegten die Stirnwand der Presse hin und zurück, endlich war ich auf Kellergrund gestoßen, und wie ein Erdarbeiter mit der Schaufel, der aus einem Erdloch Erde buddelt, genauso mußte auch ich mit dem Knie nachhelfen, um mit dem Schaufelstiel das Papier zu bezwingen, das längst schon zu Mergel und Schiefer geworden war. Und so lud ich die letzte Schaufel der feuchten und viskosen Materie auf, als wäre ich Kanalputzer und hätte den Grund einer leeren Kloake irgendwo in der Unterwelt der Prager Gossen zu säubern. In das letzte Paket legte ich die geöffnete Theorie des Himmels, und als ich das Paket umdrahtet hatte, und der rote Knopf hatte den Druck gelockert, und ich hatte das Paket auf die Karre gerollt und zu den zwanzig übrigen gefahren, da setzte ich mich auf eine Treppe und ließ die Arme über die Knie hängen, bis sie den kalten Zementboden berührten. Einundzwanzig Sonnenblumen loderten in meinem finsteren Kellerunterstand, und dann waren da noch ein paar Mäuse, die hier vor Kälte zitterten, sie sahen mich vorwurfsvoll an, denn es gab hier nirgends mehr Papier, eine Maus war dicht herangekommen und attackierte mich, es stand aufrecht, das kleine Mäuslein, auf seinen Hinterpfoten und sprang mich an und wollte mir vielleicht die Kehle durchbeißen oder mich vielleicht zu Boden werfen, vielleicht wollte es mich auch nur verletzen, es sprang mit der ganzen Wucht seines winzigen Mäusekörpers und biß mich in die nasse Sohle, ich schob es immer wieder sanft zur Seite, aber das Mäuschen stürzte sich wieder auf meine Sohle, um am Ende dann außer Atem in der Ecke zu hocken und mich zu beäugen, es äugte mir in die Augen, und ein Schauer überkam mich, ich sah, daß in diesen Mäuseaugen in diesem Moment etwas mehr war als der bestirnte Himmel über mir, mehr als das moralische Gesetz in mir. Wie ein Blitz erschien mir Arthur Schopenhauer, das höchste Gesetz sei die Liebe, und diese Liebe sei Mitleid, jetzt begriff ich auch, warum Arthur den protzigen Hegel so gehaßt hatte, aber ich war auch froh, daß Hegel und Schopenhauer nie den Befehl über zwei gegnerische Armeen hatten, denn sie hätten genau den gleichen Krieg geführt, wie ihn die beiden Rattenklane in den Kanälen und Kloaken der Prager Unterwelt führen. Heute nacht war ich so erledigt, ich lag quer auf meinem Bett unter dem Baldachin, und über mir trugen die Bretter zwei Tonnen Bücher, ich starrte in die Dämmerung, die aus der spärlich beleuchteten Straße kam, und durch die Fugen zwischen den Balken sah ich die Buchrücken, und als es still geworden war, da hörte ich plötzlich das Nagen der Mäusezähne, ich hörte sie am Himmel über meinem Bett arbeiten, und von einigen Büchern kam ein Ton herüber, der mich in Angst und Schrecken versetzte, als würde dort ein Sekundenzeiger ticken, und wo Mäuse sind, da wird es irgendwo hoch über mir auch ein Mäusenest geben, und wo ein Nest ist, da entstehen innerhalb weniger Monate eine Mäusekolonie und nach einem halben Jahr auch ganze Mäusedörfer, sie wachsen bis zur Jahresfrist in geometrischer Reihe zu einer großen Stadt an, und die ist dann in der Lage, die Balken und die Bretter so raffiniert zu zernagen, daß einmal, und das wird gar nicht mal so lange dauern, ich nur mit der Stimme, nur mit einer unvorsichtigen Handbewegung hinzutippen brauche, und die vierzig Zentner Bücher fallen auf mich nieder, und so üben die Mäuse Vergeltung an mir für all die Pakete, in die ich sie je gepreßt habe. So lag ich also da im Halbschlaf versunken, von dem Genage an den Büchern irgendwo da oben über mir völlig kirre gemacht, und so wie immer in dieser schaukelnden Verträumtheit kam wie eine Milchstraße die kleine Zigeunerin zu mir, meine Jugendliebe, eine Zigeunerin, still und ohne Falsch, jene, die vor dem Gasthaus, als sie auf mich gewartet hatte, ein Bein, wie zu einem Schritt ausholend, seitwärts gestreckt hielt, als stünde da eine Ballerina in Grundposition, eine wunderbare Schönheit meiner Jugend, die ich längst vergessen hatte. Ihr Körper war von einer Schweiß- und Fettschicht überzogen, sie duftete nach Moschus und Pomade, immer wenn ich sie berührte, hatte ich die Finger voll von frischer Butter, sie duftete nach Hirschtalg, ging immer in ein und demselben Konfektionskleid, überall von Soßen- und Suppenflecken bedeckt, am Rücken war dieses Kleid voller Flecken von Kalk und morschem Holz, das alles, weil sie mir von jedem Abriß vermoderte Bretter und Balken brachte, ich weiß noch, wie ich der Zigeunerin zum ersten Mal begegnet war, das war gegen Kriegsende, ich kam gerade von der Kneipe, da hatte sie sich mir angeschlossen und ging dauernd hinter mir her, ich sprach über die Schulter mit ihr, sie hielt sich immerzu hinter meinem Rücken und ließ nie auf sich warten oder daß sie mich überholt hätte, sie tippelte auf unhörbaren Sohlen hinter mir her, ja, genau, kaum war ich bei den Horkýs herausgekommen, da sagte ich an der Kreuzung, also mach's gut, ich muß jetzt gehn, und sie sagte, sie habe den gleichen Weg wie ich, und so ging ich weiter in die Ludmila-Straße, und am Ende sagte ich, also mach's gut, ich muß jetzt nach Hause, und sie sagte, sie habe den gleichen Weg, und so ging ich absichtlich bis zur Brandopferstraße und gab ihr dort die Hand, daß ich schon nach Hause müsse, und sie sagte, sie habe den gleichen Weg wie ich, und so gingen wir weiter, und unten dann, am Damm zur Ewigkeit, da sagte ich, daß dies schon meine Straße sei und daß ich Abschied nehmen müsse, und sie sagte, sie habe den gleichen Weg wie ich, und so ging ich also bis zur Gaslaterne vor unserer Mietsbaracke und sagte, also mach's gut, hier ist mein Haus, und sie sagte, auch sie wohne hier, und so sperrte ich also auf und ließ ihr den Vortritt, aber sie wollte nicht, ich sollte als erster gehen in den dunklen Gang, und so trat ich ein, und es wohnten noch drei Parteien da, und so stieg ich über die Treppe in den Hof und ging zu meiner Tür, und als ich aufgeschlossen hatte, drehte ich mich um und sagte, also mach's gut, ich bin jetzt zu Hause, und sie sagte zu mir, daß jetzt auch sie zu Hause sei, und kam zu mir herein und schlief mit mir in einem Bett, und als ich aufgewacht war, war sie schon wieder weg, nur das Bett neben der Leiste war noch warm. Und so kam ich also absichtlich immer erst in der Nacht nach Hause, aber kaum hatte ich die Treppe betreten, da sah ich sie schon, wie sie auf dem Treppenabsatz vor der Tür saß, unter dem Fenster sah ich weiße Bretter und zersägte Balken liegen, aufgelesen von allen möglichen Abrißstel-

len, und kaum hatte ich aufgesperrt, fuhr sie hoch wie eine
Katze und glitt in mein Kämmerlein, und dann schwiegen
wir nur noch, ich nahm den großen Krug und ging Bier
holen und kam mit fünf Liter Bier wieder zurück, und die
Zigeunerin hatte inzwischen den Herd aufgeheizt, so einen
Gußeisenherd, in dem das Feuer dröhnte, selbst wenn das
Schürloch offenstand, denn in jener Kammer dort war ein
großer Rauchfang, einst war eine Schmiede mit Wohnraum
da gewesen, die Zigeunerin kochte, es war immer dasselbe,
Kartoffelgulasch mit Pferdewurst, danach saß sie bei der
offenen Feuertür, legte nach und hatte gelbes Licht im
Schoß, und an ihren Armen und an ihrem Hals und an
ihrem Profil, das immer wieder anders schien, zog sich
golden eine Schweißlinie entlang, so heiß war ihr dabei,
und ich legte mich, bekleidet wie ich war, der Länge nach
aufs Bett, stand wieder auf, um aus dem Krug zu trinken,
und als ich einen Schluck genommen hatte, gab ich den
Krug der Zigeunerin, sie mußte diesen gigantischen Krug
mit beiden Händen halten, und während sie trank, hörte
ich, wie ihr Hals sich bewegte und leise stöhnte wie eine
weit entfernte Pumpe, anfangs, da hatte ich gedacht, daß
sie, nur um mich zu gewinnen, in den Ofen immer nachlegen und feuern würde, aber nein, es stak in ihr, dieses Feuer
hatte sie in sich, sie konnte ohne das Feuer nicht sein.
So lebte ich also mit der Zigeunerin zusammen und wußte
eigentlich gar nicht, wie sie hieß, sie wiederum wußte nicht
und wollte nicht und brauchte nicht zu wissen, wie ich hieß,
so stumm und sprachlos waren unsere allabendlichen Begegnungen, nie hatte ich ihr einen Schlüssel gegeben, sie
mußten immer auf mich warten, manchmal, da wollte ich
sie prüfen und kam erst nach Mitternacht, ich schloß auf,
plötzlich huschte ein Schatten an mir vorbei, und ich

wußte, die Zigeunerin war in meinem Kämmerlein, und bald würde sie das Zündholz anstreichen und das Papier anzünden und im Ofen würde das Feuer auflodern und würde zu dröhnen beginnen und würde immer mehr von dem Holz verzehren, das die Zigeunerin für einen ganzen Monat im voraus angeschleppt und unter dem Fenster verstaut hatte. Und auch da, während wir schweigend aßen und die Glühbirne eingeschaltet war, da sah ich, wie die Zigeunerin das Brot brach, irgendwie so, als würde sie die heilige Eucharistie empfangen, sie brach's und sammelte die Krümel vom Rock und warf sie dann weihevoll ins Feuer. Und dann lagen wir auf dem Rücken und blickten auf zur Decke, wo sich Moirés gedämpfter Schatten und Halblichter bewegten, die Glühbirne hatten wir längst schon ausgemacht, als ich dann den Krug holen ging, der auf dem Tisch stand, da war mir, als schritte ich durch ein Aquarium voller Tang und Algen, als ginge ich in heller Nacht durch einen dichten Wald, so flackerten all diese Schatten, und während ich trank, da drehte ich mich immer um und betrachtete die nackte Zigeunerin, wie sie dalag und zu mir herübersah, in ihren Augen leuchtete das Weiß, wir sahen weit mehr voneinander im Dunkeln als im grellen Licht, und überhaupt, ich liebte die Dämmerung, das war für mich immer die einzige Zeit, in der ich der Meinung war, etwas Großes könnte passieren, bei Einbruch der Dunkelheit, im Dämmerlicht, alle Dinge wären schöner, alle Straßen, alle Plätze, alle Menschen, alle Passanten wären abends schön wie die Stiefmütterchen, ich war sogar der Meinung, daß auch ich ein hübscher junger Mann sei, abends, da betrachtete ich mich gern im Spiegel, ich mochte es am Abend gern, wenn ich mich im Schaufensterglas gehen sah, selbst wenn ich am Abend mein Gesicht berührte, fühlte ich durch meine Finger, daß ich keine Falten mehr hatte, weder um den Mund herum noch auf der Stirn, daß durch den Abend eine Zeit in den Alltag einbrach, die man als Schönheit bezeichnen könnte. Im offenen Schürloch des Ofens loderte die Kohlenglut, jetzt stand wieder die nackte Zigeunerin auf, und während sie ging, sah ich, wie von ihrem goldumrandeten Körper eine Gloriole ausging, genau wie beim Ignatius von Loyola, der an die Fassade der Kirche am Karlsplatz zementiert war. Und als sie nachgelegt hatte, da ging sie wieder und legte sich auf mich, sie drehte ihren Kopf so, daß sie mein Profil sehen konnte, und fuhr dann mit einem ihrer Finger die Konturen von meiner Nase und von meinem Mund nach, und sie hatte mich fast überhaupt nie geküßt, und auch ich hatte sie nie geküßt, wir sagten uns alles mit den Händen, und danach lagen wir einfach da und sahen auf die Lichtblitze und auf die Spiegelungen in dem in der Mitte gespaltenen Gußeisenherd, der aus seinem Inneren einen lockigen Lichtschimmer freigab, ein Licht, daß sich vom Holztod ernährte. Wir wollten nichts anderes mehr als endlos und bis in alle Ewigkeit so leben, als hätten wir uns alles schon längst gesagt, als wären wir gemeinsam geboren worden und hätten uns niemals verlassen. Als der Herbst kam in jenem vorletzten Jahr des zweiten Krieges, kaufte ich blaues Packpapier, Zwirn, Bindfaden, Kleber, und den ganzen Sonntag klebte und konstruierte ich auf dem Fußboden einen Drachen, während die Zigeunerin ständig Bier holen ging, und aus Bindfäden zurrte ich ein Gewicht zurecht, auf daß der Drache präzise zum Himmel stiege, dann fertigten wir noch schnell einen langen Schwanz, die Zigeunerin band, so wie ich's ihr beigebracht hatte, Papiertroddeln auf die Schnur, und dann gingen wir auf den

Okrouhlík, einen Hügel, und als ich den Drachen in den Himmel geworfen und die Fäden gelockert hatte, und als ich sie dann eine Weile mit den Fingern hielt und an ihnen zog, damit sich der Drache aufbäumte und am Himmel reglos stehenblieb und nur sein Schwanz sich schlängelte und den Buchstaben S erzeugte, schlug sich die Zigeunerin die Hände vors Gesicht, und oberhalb der Fingerspitzen hatte sie große und staunende Augen ... Und dann setzten wir uns hin, und ich lockerte die Fäden und ließ die Zigeunerin den Drachen am Himmel halten, und die Zigeunerin schrie, der Drache würde sie in den Himmel ziehen, sie fühle es, daß sie in den Himmel fahren würde, so wie die Jungfrau Maria, ich hielt sie an den Schultern fest, daß wenn, daß wir dann beide gemeinsam fliegen würden, aber die Zigeunerin gab mir das Fadenknäuel zurück, und so saßen wir also da, und die Zigeunerin lehnte ihren Kopf an meine Schulter, und da beschloß ich plötzlich, dem Drachen ein Brieflein hochzuschicken, und da ließ ich die Zigeunerin die Fäden halten, aber die Zigeunerin bekam wieder Angst, vom Drachen in den Himmel gezogen zu werden und mich dann nie wiederzusehen, so schlug ich also den Pflock, auf den der Bindfaden gewickelt war, in die Erde, riß ein Blatt aus dem Notizbuch, steckte es angerissen auf den Faden, und als ich das Knäuel wieder in die Hand nahm, schrie die Zigeunerin, streckte ihre Arme nach dem Brieflein, das in ruckenden Bewegungen auf dem Faden hochglitt, ich spürte in den Fingern, wie der Drache anzog, jeder Windstoß oben drang durch meine Finger in meinen ganzen Körper, und als das Brieflein beim Drachengewicht angekommen war, spürte ich die Berührung, und ein Schauer durchfuhr meine Glieder, und plötzlich war dieser Drache Gott, und ich war Gottes Sohn, und der Faden war der Heilige Geist, über den man mit Gott in Kontakt, intime Berührung und ins Gespräch kommen kann. Und so ließen wir den Drachen noch einige Male zum Himmel steigen, die Zigeunerin nahm sich ein Herz und nahm die Fäden und hielt sie fest und zitterte am ganzen Körper, wie ich übrigens auch, sie zitterte, weil auch der Drache unter dem Ansturm der Winde zu zittern begann, sie hielt den Faden an ihrem kleinen Finger und schrie vor Begeisterung... Einmal kam ich abends nach Hause, und die Zigeunerin wartete nicht auf mich, ich machte Licht, ging bis in den Morgen hinein immer wieder vors Haus, aber die Zigeunerin kam nicht, und sie kam auch am nächsten Tag nicht, sie kam nie wieder. Ich suchte nach ihr, aber ich sollte sie nie wiedersehen, die kleine, kindliche Zigeunerin, die schlicht gewesen war wie ein Stück rohes Holz, eine Zigeunerin, so rein wie der Atem Gottes, meine Zigeunerin, die nur das Holz, das sie auf dem Rücken heranzuschleppen pflegte, in einem Ofen verfeuern wollte, mehr nicht, jene schweren Balken und Bretter, auf den Abrißstellen aufgelesen, Hölzer, gewaltig wie ein Kreuz, sie wollte wirklich nicht mehr, als nur Kartoffelgulasch mit Pferdewurst kochen, den Ofen schüren und im Herbst einen Drachen in den Himmel steigen lassen. Erst später, da erfuhr ich, daß sie zusammen mit anderen Zigeunern von der Gestapo aufgelesen und in ein Konzentrationslager gebracht worden war, von wo sie nie mehr zurückkehren sollte, man hatte sie irgendwo in Majdanek oder in Auschwitz in einem Kremationsofen verbrannt. Der Himmel ist nicht human, ich aber war damals noch human gewesen. Nach dem Krieg, da hatte ich, weil sie nicht gekommen war, den Drachen samt den Fäden und dem langen Schwanz auf dem Hof verbrannt, und auch die Troddeln, die die kleine Zigeunerin, deren Namen ich nicht mehr weiß, angefertigt hatte. Als der Krieg zu Ende war, da hatte ich noch bis tief in die fünfziger Jahre nazistische Schriften im Keller, es war mir eine wahre Freude, im Lichte der süßen Sonate meiner kleinen Zigeunerin diese Broschüren und Bücher gleich zentnerweise zu pressen, ich zerpreßte dieses Thema, ich zerpreßte Hunderttausende von Seiten mit Photographien jubelnder Männer und Frauen und Kinder, jubelnder Greise, jubelnder Arbeiter, jubelnder Bauern, jubelnder SS-Leute, jubelnder Wehrmachtsangehöriger, mit Freuden lud ich in den Trog meiner mechanischen Presse Hitler samt Gefolge beim Einmarsch in das befreite Danzig, Hitler bei seinem Einmarsch in das befreite Warschau, Hitler bei seinem Einmarsch in das befreite Wien, Hitler bei seinem Einmarsch in das befreite Paris, Hitler in seiner Privatwohnung, Hitler beim Erntedankfest, Hitler mit seinem treuen Schäferhund, Hitler bei seinen Frontsoldaten, Hitler auf einer Inspektionsreise, Hitler bei der Besichtigung des Atlantikwalls, Hitler bei seinem Einmarsch in die eroberten Städte in Ost und West, Hitler über die Kriegskarten gebeugt, und je mehr ich vom Hitler und von den jubelnden Frauen und Männern und Kindern preßte, desto mehr mußte ich an meine Zigeunerin denken, die nie gejubelt hatte, die nie etwas anderes wollte als den Ofen schüren und Kartoffelgulasch mit Pferdewurst kochen und mit dem großen Krug Bier holen, sie wollte nie mehr, als das Brot wie eine heilige Hostie brechen und dann durch das offene Schürloch in den Ofen starren, auf die Flammen und auf den Feuerschein, auf das melodische Dröhnen des Feuers, auf diesen Feuergesang, den sie seit ihrer Kindheit kannte und der mit ihrem Stamm sakral verbunden war, ein Feuer, dessen Licht jeden Schmerz überstrahlen und jedem Gesicht ein melancholisches Lächeln zu entlocken vermochte, ein Feuer, das ein Spiegelbild der Vorstellung war, die sich die Zigeunerin vom vollkommenen Glück gemacht hatte . . . Jetzt liege ich hier quer auf meinem Bett, und vom Himmel oben ist mir ein kleines Mäuslein auf die Brust gefallen, es ist hinabgeglitten und unters Bett gelaufen, wahrscheinlich habe ich ein paar Mäuse in der Mappe oder in der Manteltasche mitgebracht, vom Hof steigt der Duft der Latrinen empor, es wird bald regnen, sage ich mir, ich liege auf dem Rücken und kann mich überhaupt nicht mehr rühren, so erledigt bin ich von dem Bier und von der Arbeit, wo ich binnen zwei Tagen den ganzen Keller ausgeräumt habe, auf Kosten von Hunderten von Mäusen, diesen demutsvollen Tieren, die ja doch auch nichts anderes wollten, als an Büchertexten knabbern und im Altpapier in ihren Löchern wohnen, weitere Mäuse gebären und in einem ihrer Schlupfwinkel stillen, zusammengekauerte Mäuslein, wie meine Zigeunerin, die sich zusammengekauert an mich zu schmiegen pflegte in kalter Nacht. Der Himmel ist nicht human, aber vielleicht gibt es etwas Höheres als diesen Himmel, Mitleid und Liebe, die ich längst vergessen hatte und vergessen habe.

6

Fünfunddreißig Jahre lang habe ich Altpapier an einer mechanischen Presse gepreßt, fünfunddreißig Jahre lang hab ich mir gedacht, daß Makulatur und Papierbrei nicht anders zu pressen seien, als ich es tat, aber jetzt erfahre ich, daß man in Bubny eine gewaltige hydraulische Presse errichtet hat, die zwanzig Pressen des Typs, an dem ich arbeite, ersetzen soll. Und als mir Augenzeugen berichteten, daß dieser Gigant Pakete mit einem Gewicht von sechs bis acht Zentnern produziere, und diese Pakete würden mit Hilfe von Gabelstaplern in die Waggons transportiert, sagte ich mir, Haňťa, da mußt du hin, das mußt du dir angucken, mach einen Höflichkeitsbesuch. Und als ich dann in Bubny stand und die verglaste Riesenhalle sah, die fast so groß war wie ein kleiner Wilson-Bahnhof, und als ich die gewaltige Presse donnern hörte, da fing ich an zu zittern und konnte nicht hinsehen zu der Maschine, ich stand eine Weile da und schaute ganz woanders hin, band mir dann die Schuhbänder fest und konnte der Maschine nicht in die Augen blicken. Das war schon immer so bei mir, wenn ich in einem Haufen Altpapier einen Rücken oder einen Deckel eines seltenen Buches erspäht hatte, da ging ich es nicht sofort holen, nein, ich griff lieber nach der Putzwolle und reinigte die Wellenstange meiner Presse, dann erst sah ich mir den Papierhaufen an, und ich prüfte mich, ob ich auch Manns genug sei, das Buch zu nehmen und zu öffnen, und erst dann, nachdem ich mich geprüft hatte, erst dann hob ich auch das Buch auf, und das Buch zitterte in meiner Hand wie der Blumenstrauß einer Braut am Altar. So einer war ich halt gewesen, auch damals, als ich noch Fußball gespielt hatte für unsere Dorfmannschaft, ich wußte, daß die Aufstellung erst am Donnerstag im Schaukasten vor der Unteren Schenke aushängen würde, aber ich fuhr am Mittwoch schon mit klopfendem Herzen hin, stand spreizbeinig mit dem Fahrrad da, und nie hätte ich gleich in den Kasten gesehen, ich besah mir das Schloß und die Leisten darauf, und dann las ich lange den Namen unseres Vereins, und erst dann sah ich mir die Aufstellung an, am Mittwoch aber hing ja noch die Aufstellung der vorigen Woche dort, und so fuhr ich wieder weg, um dann am Donnerstag wieder mit gespreizten Beinen vor dem Schaukasten zu stehen und mir lange alles mögliche anzusehen, nur nicht die Aufstellung, und erst als ich mich beruhigt hatte, erst dann las ich mir langsam und lange die Aufstellung der ersten Mannschaft und dann die Aufstellung der Reserve und zum Schluß die Aufstellung des Nachwuchses durch, und erst als ich meinen Namen unter Ersatzmann fand, erst dann war ich glücklich. So stand ich also genauso vor der gigantischen hydraulischen Presse in Bubny, und als sich meine Verwirrung etwas gelegt hatte, gab ich mir einen Ruck und warf einen Blick auf jene Maschine, die bis zur Glasdecke aufragte, ganz wie der riesige Altar in der Kleinseitner St. Niklaskirche. Diese Presse war noch weit größer, als ich erwartet hatte, das große Band war so breit und so lang wie das Förderband im Holešovicer Elektrizitätswerk, das langsam Kohle unter die Roste schüttet, auf diesem Band hier schoben sich langsam weißes Papier und Bücher voran, die Bücher wurden von jungen Arbeitern und Arbeiterinnen aufgeladen, die waren ganz anders angezogen als ich oder andere Packer von Altpapier es je gewesen sind, sie hatten orange und hellblaue Handschuhe an und trugen gelbe amerikanische Schirmmützen, steckten in so einer Arbeitshose mit Latz, und dann Hosenträger über den Schultern und am Rücken überkreuzt, so eine Art Overall, der die bunten Pullis und Rollis besonders hervorstechen ließ, und nirgends sah ich eine Glühbirne brennen, durch die Wände und die verglaste Decke strömten Licht und Sonne herein, und dicht unter der Decke gab es Ventilatoren, diese bunten Handschuhe verstärkten meine Demütigung, weil ich immer mit bloßen Händen gearbeitet hatte, nur um das Papier mit den Fingern zu kosten, hier aber sehnte sich keiner danach, den unverwechselbaren Reiz von

Altpapier durch Berührung zu erleben, und das Band trug Bücher und weißen Schnittabfall nach oben, so wie eine Rolltreppe, die die Passanten aus der Unterführung am Wenzelsplatz nach oben in die Straßen trägt, und das Papier glitt direkt in den riesigen Kessel, der so groß war wie einer der gigantischen Kessel in der Smíchover Brauerei, in denen Bier gekocht wird, als dieser Kessel hier dann voll war, stoppte das Band, und von der Decke senkte sich ein vertikales Schneckengewinde herab und preßte das Papier mit gewaltiger Kraft und herrlichen Schnaubgeräuschen, um dann wieder hoch zur Hallendecke zu fahren, und das Band setzte sich wieder in Bewegung und transportierte das Papier ruckend vor und schüttete das Material direkt in den ovalen Trog, der groß war wie der Springbrunnen am Karlsplatz. Und jetzt hatte ich mich wieder so weit beruhigt, daß ich auch mitbekam, wie diese Presse ganze Ladungen von Büchern zu packen und zu pressen vermochte, durch die Glaswand hindurch sah ich die LKWs, wie sie ganze Bücherberge, bis über die Seitenplanken aufgeschichtet, herantransportierten, ganze Buchauflagen, die direkt, ohne daß nur eine einzige Seite Augen und Hirn und Herz eines Menschen verunreinigt hätte, zum Einstampfen kamen. Ich sah erst jetzt, wie die Arbeiterinnen und die Arbeiter am Fuße des Förderbandes die Pakete aufrissen und die frischen Bücher herausnahmen und deren Deckel abrissen und nur das Innerste der Bücher auf das Band warfen, sie warfen sie hin, die Bücher, die sich, bevor sie niederfielen, aufblätterten, und keiner warf nur einen Blick auf diese Seiten, konnte es eigentlich gar nicht, denn das Band mußte dauernd in Betrieb sein, es vertrug keine Pause, wie ich sie an meiner Presse immer wieder zu halten pflegte, so unmenschlich war diese Arbeit hier in Bubny, durchaus der

Hochseefischerei vergleichbar, wenn da am Heck die Netze eingeholt werden und die Fischer die Fische und Fischlein herausklauben und auf Bänder sortieren, die zu der Konservenfabrik im Schiffsinneren führen, ein Fisch wie der andere, ein Buch wie das andere. Und so faßte ich mir ein Herz und stieg die Treppe hoch auf das Plateau, das sich rund um den ovalen Kessel zog, wirklich, ich trieb mich auf diesem Plateau herum wie in einem Sudhaus der Smíchover Brauerei rund um einen Kessel, in dem fünfhundert Hektoliter Bier pro Sud gekocht werden, ans Geländer gelehnt blickte ich nach unten, als stünde ich auf einem Baugerüst eines einstöckigen Hauses, auf der Schalttafel blinkten wie in einem Elektrizitätswerk Dutzende von Knöpfen aller Farben, und wieder preßte und quetschte das Schneckengewinde den Troginhalt mit einer solchen Kraft, als zerriebe da einer in Gedanken seine Fahrkarte zwischen den Fingern, und ich blickte völlig entsetzt um mich und blickte nach unten auf die geschäftigen Arbeiter und Arbeiterinnen, die Sonne schien durch die Seitenwand hindurch und strahlte sie an, und die Farben ihrer Kleider und Pullover und Mützen stachen mir in die Augen und schillerten in vielfältiger Buntheit, wie exotische Vögel sahen diese Arbeiter aus, wie Eisvögel, wie norwegische Gimpel, wie Papageien, aber das war nicht der Grund für mein Entsetzen, ich war erschrocken, weil ich plötzlich klar erkannt hatte, daß diese gigantische Presse allen kleinen Pressen den Todesstoß versetzen würde, mit einem Male hatte ich erkannt, daß das, was ich hier sah, eine neue Epoche einleiten würde in meiner Branche, daß das hier schon ganz andere Menschentypen und ganze andere Arbeitsmethoden waren. Mir wurde klar, daß das hier ein Ende war für all die kleinen Freuden, die man in einer kleinen Sammelstelle in Form von gefundenen, versehentlich in Altpapier geworfenen Büchern und Schmökern haben konnte, daß das hier – dieses, was ich sehe, eine ganze andere Art von Denken ist, denn selbst, wenn sich jeder Arbeiter von jeder Lieferung als Deputat ein Buch mit nach Hause nehmen, wenn er's auch lesen würde, es ist aus und vorbei mit uns, mit meinen Kumpeln, den Packern, und auch mit mir ist es aus, denn wir, die alten Packer, wir waren gegen unseren Willen gebildet, wir hatten jeder gegen unseren Willen eine ansehnliche Bibliothek zu Hause stehen, aus Büchern, die wir in der Sammelstelle gefunden hatten, und jeder von uns hatte die Bücher in der törichten Hoffnung gelesen, einmal darin etwas zu finden, was uns qualitativ verändert hätte. Und der größte Schlag für mich war, als ich sah, wie die jungen Arbeiter ganz unbefangen Milch und Obstsaft tranken, breitbeinig und eine Hand in die Hüfte gestemmt, und sie ließen sich's direkt aus der Flasche schmecken, und da wußte ich, daß das Ende der alten Zeiten definitiv angebrochen war, daß es aus war mit der Epoche, als der Arbeiter sich noch auf Knien und mit bloßen Fingern und Händen mit dem Material abzuquälen hatte, als müßte er mit ihm kämpfen, als müßte er es immer wieder aufs Kreuz legen, so wurde der Arbeiter vom alten Typ von seiner Arbeit ausgelaugt und beschmutzt, weil er die Arbeit an sich herankommen ließ. Aber hier, hier brach eine neue Zeit an, mit neuen Menschen und neuen Arbeitsmethoden, eine neue Epoche, die während der Arbeit Milch trank, obwohl doch jeder weiß, daß eine Kuh zum Beispiel lieber vor Durst verrecken würde als auch nur das kleinste bißchen Milch zu trinken. Ich konnte mir das nicht länger mit ansehen, ging herum um die Presse, und dort sah ich dann das Ergebnis ihrer Hydraulik, ein Riesenpaket, das sich direkt auf die Gabeln eines Gabelstaplers setzte, so eines Elektrokarrens, der eine ruckartige Drehung machte und auf die Rampe hinausfuhr und die Pakete dort direkt in einen Waggon lud, Pakete, gewaltig wie die Denkmäler betuchter Familien auf dem Friedhof in Olšany, Pakete, groß wie die feuerfesten Panzerschränke der Marke Wertheim. Ich schlug mir die Hände vors Gesicht, schmutzige Menschenhände, die Finger wie Rebstöcke von Arbeit abgewetzt, ich sah auf meine Hände und warf sie dann verächtlich weg, meine Arme schwangen eine Weile in den Schultern, und in diesem Augenblick war Frühstückspause, das Band hielt an, und ich sah, wie sich die Arbeiter und Arbeiterinnen unter eine große Wandtafel setzten, so ein Wandbrett voller Reißnägel und Nachrichten und Listen und Papierkram, alle hatten sie ein Glas Milch vor sich hingestellt und packten ihre Brotzeit aus, die ihnen die Brotzeitfrau in einem Kasten hergebracht hatte, und sie aßen langsam und spülten Wurst und Käse und Butterbrötchen mit Milch und Obstsaft nach und lachten und unterhielten sich, und ich mußte mich der Gesprächsfetzen wegen am Geländer festhalten, denn ich hatte erfahren, daß diese jungen Leute eine Brigade der sozialistischen Arbeit waren, daß sie jeden Freitag mit dem Betriebsbus in eine betriebseigene Hütte im Riesengebirge fuhren. Als sie dann fertig waren mit dem Essen, zündeten sie sich Zigaretten an, und ich erfuhr, daß sie im vorigen Jahr eine Fahrt nach Italien und Frankreich unternommen hätten und heuer eine Fahrt nach Bulgarien und Griechenland planten, und als ich sah, wie ruhig und gelassen sie die Teilnehmerliste zusammenstellten und wie einer dann den anderen noch überreden mußte, damit auch wirklich alle nach diesem Griechenland mitführen, da wunderte es mich überhaupt nicht mehr, daß sie, als die Sonne höher stieg am Himmel, daß die jungen Leute sich halb auszogen und sich mit freiem Oberkörper sonnten und dabei berieten, ob sie nachmittags lieber ins Gelbe Bad zum Schwimmen gehen oder lieber nach Modřany zum Fußvolleyball fahren sollten. Dieser Urlaub in Griechenland, das war ein Schock für mich, ich hatte mich in das alte Griechenland stets immer nur durch die Lektüre von Herder und Hegel und durch die dionysische Weltsicht Friedrich Nietzsches versetzen müssen, ich war eigentlich noch nie in Urlaub gewesen, ich hatte meinen ganzen Urlaub fast immer mit versäumten Schichten verplempert, weil mir der Boß für einen Tag unentschuldigtes Fernbleiben von einer Schicht zwei Tage abzuziehen pflegte, und war mir mal ein Tag geblieben, ließ ich mir ihn ausbezahlen und malochte weiter, denn ich war immer in Verzug mit meiner Arbeit, unterhalb des Hofes und im Hof selber lag immer so viel Papier, mehr als ich je hätte wegpacken können, so daß ich fünfunddreißig Jahre lang tagaus und tagein meinen eigenen Sisyphoskomplex durchlebt und gelebt hatte, so wie Herr Sartre ihn mir so herrlich beschrieben hatte und noch besser Herr Camus, je mehr Pakete man mir vom Hof geschafft hatte, um so mehr Altpapier fiel in meinen Keller, und so weiter ins Ufernlose, während die Brigade der sozialistischen Arbeit hier in Bubny jeden Tag à jour war, jetzt arbeiteten sie wieder, waren braungebrannt, und die Sonne steigerte noch die Bräune ihrer griechischen Körper bei der Arbeit, sie waren kein bißchen aufgeregt darüber, daß sie im Urlaub nach Hellas fahren würden, ohne daß sie etwas wüßten über Aristoteles und Plato und Goethe, jene verlängerten Arme der griechischen Antike, sie arbeiteten seelenruhig weiter und rissen weiterhin das Innnere der Bücher aus den

Deckeln und warfen weiter die entsetzten und angstgesträubten Seiten auf das laufende Band, so gleichgültig und seelenruhig und nichts ahnend davon, was so ein Buch überhaupt bedeutet, jemand hat doch das Buch schreiben müssen, jemand hat es korrigieren müssen, jemand hat es lesen müssen, jemand hat es illustrieren müssen, jemand hat es setzen müssen, jemand hat es wieder korrigieren müssen, jemand hat es neu setzen müssen, und jemand hat es nachkorrigieren müssen, und jemand hat es endgültig setzen müssen, und jemand hat es in die Maschine geben müssen, und jemand hat es ein letztes Mal im Aushängebogen lesen müssen, und jemand hat es wieder in die Maschine geben, jemand hat einen Aushängebogen nach dem anderen in die nächste Maschine geben müssen, die das Buch dann gebunden hat, und jemand hat die Bücher nehmen und ein Paket daraus machen müssen und jemand hat für das Buch und für alle Arbeiten an diesem Buch eine Rechnung ausstellen müssen, und jemand hat entscheiden müssen, daß dieses Buch nicht zum Lesen bestimmt sei, und jemand hat das Buch verdammen und die Order zum Einstampfen geben müssen, und jemand hat die Bücher im Lager stapeln müssen, und jemand hat die Bücher auf den Laster laden müssen, und jemand hat die Pakete bis hierher bringen müssen, wo die Arbeiter und Arbeiterinnen in roten und blauen und gelben und orangen Handschuhen das Innere der Bücher herausrissen und aufs Fließband warfen, das Band führte die gesträubten Seiten ungerührt, aber in exakten Ruckbewegungen der gigantischen Presse zu, die sie zu Paketen zusammenpreßte, und die Pakete gingen in die Papiermühlen, wo man aus den Büchern unschuldiges, weißes, von Lettern unberührtes Papier machen würde, damit weitere und neue Bücher gedruckt werden konnten ... So blickte ich also am Geländer angelehnt auf die Arbeit des Menschen nieder, ich sah, wie eine Lehrerin ins Sonnenlicht trat und eine Gruppe Schulkinder mitgebracht hatte, ich dachte zunächst, die Lehrerin sei hier auf Exkursion, damit die Kinder sähen, wie man Altpapier preßt, aber dann sah ich, wie die Lehrerin eines der Bücher aufhob, die Kinder zur Aufmerksamkeit aufrief und dann den Prozeß des Reißens vorführte, so, daß es den Kindern einleuchtete, und die Kinder nahmen eins nach dem anderen eines der Bücher in die Hand und griffen, nachdem sie den Umschlag und die Deckel abgezogen hatten, mit den Fingern nach den Seiten und versuchten sie auszureißen und das Buch zu zerreißen, aber das Buch wehrte sich, am Ende war die Kraft der Kinderhände freilich größer, und die Stirn der Kinder glättete sich wieder, und die Arbeit ging ihnen ebenso von der Hand wie den Arbeitern und den Arbeiterinnen, die sie durch ein Kopfnicken zur Arbeit aufgemuntert hatten . . . Irgendwie war das alles hier in Bubny so wie damals, als ich in der Geflügelfarm in Libuš auf Exkursion gewesen war, so wie hier die Kinder das Innere der Bücher herausgerissen hatten, so hatten in Libuš junge Arbeiterinnen den Hähnchen, die noch lebend am Fließband hingen, mit geübten Griffen Leber und Lunge und Herz herausgerissen, und die Innereien warfen sie dann in bereitstehende Wannen, während das Band die Hähnchen in einer Ruckbewegung zur nächsten Operation fortbrachte, und das alles bekam ich mit, und ich sah, wie all die Mädchen in Libuš bei der Arbeit lustig waren und scherzten, während auf den Rampen in Tausenden von Käfigen lebende und halbtote Hähnchen darbten, einige, die sich aus den verdrahteten Käfigen befreit hatten, saßen auf den Seitenplanken der Laster, einige pickten, und es kam diesen Hähnchen gar nicht in den Sinn, fort von den Haken auf dem Fließband zu fliegen, wo die Mädchen die Hähnchen, die zu zehnt in den Käfigen saßen, an den Hälsen aufhängten ... Ich sah den Kindern von oben zu, wie sie das Bücherreißen übten, ich sah, wie ihnen die Arbeit von der Hand ging und wie sie sich deshalb ihre T-Shirts und Pullis ausziehen mußten, aber ich sah auch, daß einige der Bücher ein Komplott geschmiedet hatten und sich derart wehrten, daß ein Bub und ein Mädchen sich die Finger verstauchten, sie stießen sich ihre Finger wund an den harten Deckeln der störrischen Bücher, einige der Arbeiterinnen nahmen sich diese widerspenstigen Bücher vor und rissen mit einem Ruck das Innere heraus und warfen die gesträubten Seiten auf das Fließband, während die Lehrerin die ausgerenkten Kinderfinger mit einer Binde verband. Der Himmel ist nicht human, und ich habe jetzt genug von alledem, mir reicht's. Ich drehte mich um und stieg nach unten, und als ich hinausgehen wollte, rief mir jemand hinterher ... Haňta, du alte Kracke, was sagst du dazu? Ich drehte mich um, und dort am Geländer stand in der Sonne ein junger Mann mit einer orangen Amimütze, hielt theatralisch eine volle Milchflasche hoch, stand da wie die Freiheitsstatue mit der Fackel vor New York, lachte und schüttelte mit der Flasche, und ich sah, wie auch alle anderen Arbeiter und Arbeiterinnen lachten, vielleicht mochten sie mich, vielleicht kannten sie mich, vielleicht hatten sie mich die ganze Zeit, als ich hier herumgestreift und immer wieder zusammengebrochen war, vielleicht hatten sie mich beobachtet, vielleicht hatten sie Spaß daran, wie sehr ich niedergeschmettert war von ihrer gigantischen Presse und auch ihretwegen ... jetzt lachten sie und winkten mit ihren gelben und orangen Handschuhen durch die Luft, ich faßte mich am Kopf und ging durch den Gang

hinaus, das Lachen hallte mir in allen Höhenlagen hinterher, ich floh davor und lief durch einen langen Gang, Tausende von Buchpaketen säumten meinen Fluchtweg, eine ganze Buchauflage defilierte und raste an mir vorbei und nach hinten, während ich durch diesen Gang nach vorne stürzte. Erst am Ende dieses langen Ganges blieb ich stehen, und ich konnte einfach nicht widerstehen, ich riß die Verpackung der Bücher auf, und ich sah, daß jene Bücher, die die Kinder zerrissen und an denen sich zwei davon die Finger wundgestoßen hatten, daß es Kája Mařik war, dieses biedere Erziehungsstück der Vorkriegszeit, dieser sentimentale Held unserer Jugend, ich holte eines der Bücher hervor und sah in dem Impressum auf der letzten Seite nach, und da erfuhr ich, daß die Auflagenhöhe fünfundachtzigtausend betrug und daß der Titel insgesamt drei Teile hatte, und so kämpfte eine Viertelmillion Kája Mařiks einen vergeblichen Kampf, selbst gegen Kinderfinger ...
Und so ging ich also beruhigt durch noch weitere Gänge, Tausende von Büchern in Paketen defilierten an mir vorbei, wehrlos und stumm, wie damals, als ich in Libuš auf Exkursion war in einem Hähnchenschlachthaus, die Hähnchen, die dort aus den Käfigen entkommen waren, trieben sich und pickten so lange um das Fließband herum, bis am Ende eine Mädchenhand sie packte, lebend auf einen der Haken des laufenden Bandes hängte und den Hähnchen die Kehle durchschnitt, kleine Küken, die noch gar nicht zur Entfaltung gekommen waren, die den Kreislauf ihres Schicksals erst begonnen hatten, so wie auch diese Bücher in diesem Magazin, die hier ebenso vorzeitig ihren Tod finden würden. Wenn ich nach Griechenland fahren könnte, sagte ich mir, ich würde nach Stagira fahren, um mich vor dem Ort zu verneigen, wo Aristoteles zur Welt gekommen war,

wenn ich nach Griechenland fahren könnte, ich würde ganz sicher, zur Not auch in der Unterhose, im Stadion zu Olympia eine Runde laufen, in einer langen Unterhose, mit Bändern an den Knöcheln, eine Ehrenrunde würde ich laufen, zu Ehren aller Sieger in allen olympischen Spielen, wenn ich nach Griechenland fahren könnte. Wenn ich mit jener Brigade der sozialistischen Arbeit nach Griechenland fahren würde, ich würde ihnen nicht nur einen Vortrag halten über die Philosophie und über all die Baudenkmäler, ich würde ihnen auch einen Vortrag halten über alle Selbstmorde, über Demosthenes, über Plato, über Sokrates, wenn ich mit der Brigade der sozialistischen Arbeit nur einmal nach Griechenland fahren könnte ... Aber jetzt ist eine neue Zeit angebrochen, eine neue Welt, die jungen Leute bringen das schon auf Zack, es ist wohl jetzt schon alles ganz anders und anderswie auf der Welt. So meditierte ich also und stieg durch den Hintereingang nach unten, in meinen Keller, in das Dämmergrau und in das Glühbirnenlicht und in den Gestank, ich strich mit der Hand über die glattgewetzten Kanten am Trog meiner Presse, über dieses Holz, das seine Jahresringe zeigte, und so stand ich da, und plötzlich hob ein Geschrei an und ein elendes Gejaule, ich drehte mich um, und vor mir stand mit blutunterlaufenen Augen mein Boß, und er schrie und trompetete seinen Kummer bis zur Decke empor, daß ich so lange fort gewesen sei und daß sowohl im Hof als auch im Keller das Altpapier bis an die Decke stehe, ich konnte nicht verstehen, was der Boß da japste, aber ich bekam doch mit, daß ich ein gräßlicher Mensch sei und daß der Boß die Nase voll habe, und er wiederholte einige Male ein Wort, das noch nie jemand zu mir gesagt hatte, daß ich ein Lulli sei, Lulli, Lulli, Lulli. Die gigantische Presse in Bubny und die junge sozialistische Brigade und ich in einer moralischen Situation von Gegensätzen, und ich also ein Lulli, ich, kleiner noch als meine kleine Presse, Sommerfahrten nach Hellas, und ich ein Lulli. Und so arbeitete ich also den ganzen Nachmittag hindurch in einem Zug, ich lud das Altpapier mit der Mistgabel auf, als wäre ich in Bubny, die Buchrücken glänzten und wollten mit mir kokettieren, ich aber widerstand und sagte mir immerzu, du darfst nicht, du darfst in kein einziges Buch reinschauen, du mußt cool bleiben wie ein koreanischer Henker. So schuftete ich also, als hätte ich einen Haufen toter Erde abzuräumen, die Maschine werkte wie wahnsinnig, qualsterte und rüttelte, ihr Motor lief sich heiß, sie war so ein Tempo nicht gewöhnt, sie war von dem Keller hier ganz verschnupft und rheumatisch, als ich Durst bekam, lief ich nach oben und trug eine Literflasche Milch über den Hof, als ich zu trinken begann, da war mir, als hätte ich einen Stacheldraht verschluckt, ich aber gab nicht nach und trank weiter in kleinen Mengen, so wie damals, als ich klein war und löffelweise Lebertran nehmen mußte, so abscheulich war diese Milch, nach zwei Stunden war ich dann soweit, und das Papier stürzte von der Decke und das Loch im Hof stand wieder offen, es war Donnerstag, und so geschah es wie an jedem Donnerstag, auf den ich stets ganz aufgeregt gewartet hatte, weil der Bibliothekar der Universitätsbibliothek einen Korb von ausgesonderten Büchern zu bringen pflegte, er stand also über der Kelleröffnung und schüttete mir von oben einen ganzen Korb philosophischer Bücher zu Füßen, ich aber lud diese Bücher in den Trog, sah nur ganz kurz, es zerriß mir fast das Herz, die Metaphysik der Sitten aufblitzen, aber auch die warf ich mit der Gabel in den Trog, als wäre auch sie nur Abfall von einem Abfallkorb an einem Laternenmast, und immer weiter und weiter arbeitete ich, Paket für Paket, ohne eine einzige Reproduktion eines alten oder neuen Meisters, ein Paket wie das andere, nur diese Arbeit, für die ich bezahlt war, führte ich aus, keine Kunst und Schöpfung und Zeugung in Schönheit, ich verrichtete nur meine Arbeit, und dabei begann ich zu begreifen, wenn ich so arbeiten würde, könnte ich mit mir allein schon eine Brigade der sozialistischen Arbeit gründen, ich könnte mich vor mir selbst verpflichten, die Produktivität um fünfzig Prozent zu steigern, und dafür dürfte ich sicher nicht nur in eine betriebseigene Hütte, sondern auch nach dem schönen Griechenland in Urlaub fahren, wo ich dann im Stadion zu Olympia in langer Unterhose eine Runde laufen und der Geburtsstätte von Aristoteles in Stagira meine Aufwartung machen würde. So schlabberte ich also die Milch direkt aus der Flasche und arbeitete in der unbewußten Überzeugung, doch noch kein Lulli zu sein, ungerührt und unmenschlich arbeitete ich, wie an der gigantischen Presse in Bubny, und abends, als ich dann fertig war damit und als ich bewiesen hatte, daß ich kein Lulli war, da sagte mir der Boß, der in der sanitären Anlage hinter dem Büro duschte, unter dem rieselnden Wasserstrom sagte er zu mir, daß er sich nicht weiter mit mir rumärgern wolle, daß er bei der Leitung über mich Bericht erstattet hätte und daß er mich zur Disposition stellen würde, und ich könnte Altpapier woanders packen. So saß ich also eine Weile da und hörte mir an, wie sich der Boß mit einem Frotteehandtuch trockenrieb, hörte seine grauen Körperhaare knistern, und plötzlich bekam ich Sehnsucht nach Mančinka, die mir schon öfters geschrieben hatte, daß sie jetzt in Klánovice lebe und daß ich sie besuchen solle. Und so zog ich mir also die Socken über die dreckigen Füße und ging in die Straßen hinaus, ich lief zum

Autobus, und es wurde schon dunkel, und in tiefster Melancholie stieg ich in einer Waldsiedlung aus, fragte nach Mančinkas Adresse, und am Ende stand ich in der Dämmerung vor einer Villa im Wald, hinter ihr ging die Sonne unter, ich öffnete das Tor und fand keines Menschen Seele, weder im Flur noch in der Diele, noch in der Küche, noch in den Zimmern, ich trat durch die offene Tür in den Garten hinaus, und dort erschrak ich noch mehr als am Vormittag in Bubny. Vor hohen Kieferbäumen und einem Bernsteinhimmel, auf dem langsam die Sonne hinter dem Horizont schwand, da ragte ein riesiger Engel empor, ein Standbild, so groß wie das Denkmal des Dichters Čech im Weinbergischen Čechgarten, am Standbild lehnte eine Leiter, und darauf stand ein alter Mann in hellblauem Mantel und weißer Hose und weißen Schuhen, er modellierte mit einem Hammer ein schönes Frauenantlitz in den Stein, nein, nicht länger weiblich, nicht länger männlich, das Antlitz war das eines androgynen Engels vom Himmel, wo es keine Geschlechter mehr gibt und also auch keine Ehen, ich sah den alten Herrn immer wieder nach unten blicken, und dort, in einem Sessel, saß meine Mančinka, sie hielt eine Rose und roch an ihr, und der alte Mann nahm ihre Züge ab und übertrug sie routiniert mit Meisel und leichten Hammerschlägen in den Stein, Mančinka hatte bereits graues Haar, war aber frisiert wie ein junges Mädel aus einem Erziehungsheim, so eine Jungenfrisur, wie eine Sportlerin, wie eine vergeistigte Athletin, eines ihrer Augen saß etwas tiefer, und das gab ihr etwas Erhabenes, es schien sogar, als schielte sie ein wenig auf dem Auge, ich aber sah, daß dies kein Augenfehler war, das Auge war ja nur verschoben, denn es hatte wirklich gesehen und blickte nunmehr dauernd über die Schwelle der Unendlichkeit direkt in die

Mitte eines gleichseitigen Dreiecks, direkt in das Herz allen Seines, ich sah, daß ihr schielendes Auge die Botschaft vom ewigen Makel eines Diamanten war, wie es ein katholischer Existenzialist einmal so treffend gesagt hatte. Und ich stand da wie vom Blitz erschlagen, am meisten aber bewunderte ich an dem Bildwerk die beiden großen weißen Flügel, riesig wie zwei weiße Schränke, diese Flügel und Fittiche schienen sich zu bewegen, als rührte Mančinka ganz leicht ihre Schwingen, als wollte sie zu einem Flug ansetzen, als wäre sie gerade nach einem Himmelsflug gelandet, ich sah es nun mit eigenen Augen, daß Mančinka, die einen Horror hatte vor dem Lesen, die noch nie ein ordentliches Buch gelesen hatte, und wenn, dann nur, um einzuschlafen, daß sie also jetzt, am Ende ihrer Lebensbahn, zu Heiligkeit gekommen war ... Als die Dämmerung vorüber und die Nacht angebrochen war, stand der alte Künstler immer noch auf der weißen Leiter, seine weiße Hose und seine weißen Schuhe leuchteten, als hinge er vom Himmel herab, Mančinka reichte mir ihre lauwarme Hand und hängte sich in mich ein und sagte mir, daß dieser alte Herr ihr letzter Liebhaber sei, das letzte Glied in einer Kette von Männern, mit denen sie etwas gehabt hatte, daß er ein Liebhaber sei, der sie einzig und nur noch geistig liebe, und so baue er ihr in Vertretung Gottes jetzt ein Denkmal, an dem sie sich im Leben noch im Garten freuen könne, und nach dem Tode würde dieser Engel dann auf ihrem Grab stehen, als Gewicht auf ihrem Sarg. Und während der alte Künstler weiter auf der Leiter stand und um den Gesichtsausdruck rang im Lichte des Mondes, der aufgegangen war und dem Künstler die Bahn des Meisels wies, führte mich Mančinka durch ihre Villa, vom Keller bis in den Speicher, und erzählte mir dabei mit leiser Stimme, wie ihr ein Engel erschienen sei und sie ihm gehorchte und sich einen Erdarbeiter anlachte, und für ihr letztes Geld hätte sie sich das Grundstück im Wald gekauft, und der Erdarbeiter habe dann das Fundament gegraben und mit ihr in einem Zelt geschlafen, dann habe sie ihm den Laufpaß gegeben und sich einen Maurer angelacht, und dieser Maurer schlief mit ihr und liebte sie in dem Zelt und habe alle Mauern hochgezogen, und dann hätte sich Mančinka einen Zimmerer angelacht, und der habe ihr an dem Neubau alle Zimmereiarbeiten gemacht und mit ihr nachts bereits in einem Raum und in einem Bett geschlafen, und auch ihm habe sie den Laufpaß gegeben und sich einen Klempner angelacht, der in demselben Bett mit ihr schlief wie der Zimmerer, er habe ihr alle Klempnerarbeiten gemacht, so daß sie auch ihm nach getaner Arbeit einen Laufpaß geben konnte, und sie lachte sich einen Dachdecker an, der sie in demselben Bett liebte und ihr dabei das Dach mit Heraklitplatten gedeckt habe, so daß sie auch ihm den Laufpaß geben konnte, und sie lachte sich einen Verputzer an, der ihr die Decken und die Wände verputzt habe und dafür nachts mit ihr in dem Bett schlief, so daß sie auch ihm den Laufpaß geben konnte, und sie lachte sich einen Tischler an, der ihr die Möbel gemacht habe, und so hätte sich Mančinka durch Liebe im Bett und das gesteckte Ziel vor Augen diese Villa gebaut, und dann habe sie sich auch noch einen Künstler angelacht, der sie nur noch platonisch liebe und sie nun auch noch in Vertretung Gottes als Engel meißle und verewige. Und so kamen wir wieder da an, von wo wir ausgegangen waren, wir hatten einen Kreis durch Mančinkas Leben geschlagen, und die weißen Schuhe und die weiße Hose stiegen von der Leiter, während der hellblaue Mantel mit der Mondnacht verschmolzen war, und als wäre er vom Himmel herabgestiegen, berührte einer der weißen Schuhe die Erde, und der grauhaarige Alte reichte mir die Hand und sagte ... daß Mančinka ihm alles von mir und von ihr erzählt hätte, daß Mančinka nun seine Muse wäre, daß Mančinka ihn derart fruchtbar gemacht hätte, daß er fähig sei, in Vertretung höherer Möglichkeiten diesen gigantischen sanften Engel herzustellen ... So kehrte ich also mit dem letzten Zug aus Klánovice heim, legte mich bekleidet und völlig betrunken ins Bett, unter einen Baldachin, auf dem sich zwei Tonnen Bücher türmten, dort lag ich und sah, wie Mančinka, ohne es zu wollen, zu jener geworden war, von der sie sich nie hätte träumen lassen, daß Mančinka es von allen, denen ich in meinem Leben begegnet war, am weitesten gebracht hatte, während ich, der immer nur gelesen und in den Büchern nach Zeichen gesucht hatte, gegen mich hatten sich die Bücher verschworen, und der Himmel hatte mir keine einzige Botschaft gesandt, während Mančinka die Bücher gehaßt hatte und nun zu der geworden war, die sie war, sie war zu einer geworden, über die man schreibt, ja mehr noch, sie hatte sich auf ihren Fittichen aus Stein erhoben und flog dahin, auf Fittichen, die, als ich fortgefahren war, im Mondlicht erstrahlten wie zwei hell erleuchtete Schloßfenster und in die tiefe Nacht hinein brannten, so hatte Mančinka auf ihren Flügeln unsere Love story von sich gefegt, samt Bändern und Schleifen, samt Kothaufen, den sie auf ihren Skiern vor die Gesellschaft des Hotels Renner am Fuße von Zlaté Návrší gefahren hatte ...

7

Fünfunddreißig Jahre lang habe ich Altpapier an der mechanischen Presse gepreßt, fünfunddreißig Jahre lang hab ich mir gedacht, daß ich so, wie ich bisher gearbeitet hätte, ewig weiterarbeiten würde, daß diese Presse mit mir in Pension gehen würde, aber schon drei Tage, nachdem ich die gigantische Presse in Bubny gesehen hatte, wurde genau das Gegenteil meiner Träume wahr. Ich kam zur Arbeit, und dort standen zwei junge Männer, ich erkannte sie sofort, es waren Mitglieder jener Brigade der sozialistischen Arbeit, sie waren gekleidet, als wollten sie Baseball spielen, orange Handschuhe und orange amerikanische Schirmmützen und blaue Overalls bis an die Brustwarzen, und unter den Hosenträgern hatten sie grüne Pullis an. Der siegreiche Boß hatte sie in meinen Keller geführt, zeigte auf meine Presse, und die jungen Männer richteten sich hier gleich häuslich ein, sie legten ein sauberes Papier auf den Tisch und darauf stellten sie ihre Milchflaschen, und ich stand gedemütigt und betroffen daneben, stand völlig zermürbt daneben, und plötzlich, da fühlte ich mit Leib und Seele, daß ich mich nie würde anpassen können, daß ich in der gleichen Lage war wie die Mönche einiger Klöster, die sich, als sie erfahren hatten, daß der Kopernikus ganz andere kosmische Gesetze gefunden hatte als jene, die bis dahin Gültigkeit hatten, daß nämlich nicht die Erde der Mittelpunkt der Welt sei, sondern im Gegenteil, da nahmen sich diese Mönche also massenhaft das Leben, weil sie sich eine andere Welt als die, in der sie und durch die sie bis dahin gelebt hatten, einfach nicht vorstellen konnten. Der Boß sagte mir dann, ich solle den Hof kehren oder helfen oder gar nichts tun, denn ab nächste Woche würde ich im Keller der Verlagsdruckerei Melantrich weißes Papier zu verpacken haben, nichts anderes würde ich mehr verpacken als unbedrucktes weißes Papier. Und da wurde mir ganz schwarz vor den Augen, ich also, der fünfunddreißig Jahre lang nur Papierbrei und Makulatur verpackt hatte, ich, der nicht leben konnte ohne die Überraschung, immer wieder mal ein schönes Buch als Prämie aus dem häßlichen Papier herauszufischen, ich also sollte nun makelloses, unmenschlich reines Papier verpacken. Und diese Nachricht warf mich um und drückte mich auf die erste Kellertreppenstufe nieder, und ich saß da wie gerädert, wie begossen von dieser Nachricht, die Arme hingen mir über die Knie, mit einem angeknacksten Lächeln sah ich den beiden Jungen zu, die nichts dafür konnten, denn ihnen hatte man gesagt, sie sollten in die Spálenágasse Papier pressen gehen, und so waren sie gegangen, denn das war ihr Brot, ihre Pflicht, ich sah, wie sie das Altpapier mit den Mistgabeln in den Trog warfen und dann den grünen und den roten Knopf drückten, und ich tröstete mich mit der törichten Hoffnung, daß meine Maschine streiken würde, daß sie krankfeiern würde, daß sie vortäuschen würde, Rädchen und Getriebe hätten sich festgefressen, aber auch meine Mechanik ließ mich im Stich, sie arbeitete plötzlich ganz anders, so wie in jungen Tagen, sie dröhnte auf vollen Touren und klingelte sogar, wenn sie beim Wendepunkt angelangt war, und vom ersten Paket an klingelte sie ohne Unterlaß, als wollte sie mich auslachen, als wollte sie mir zeigen, daß sie erst in den Händen der sozialistischen Arbeit ihre ganzen Fähigkeiten und Möglichkeiten entfalten könnte. Und ich mußte zugeben, daß sich die Jungs in meinem Keller binnen zwei Stunden schon so eingelebt hatten, als wären sie seit Jahren hier, sie teilten sich die Arbeit auf, und einer der Jungen kletterte auf die bis an die Decke reichende Halde, zog das Papier mit einem Haken in den Trog, und nach einer Stunde schon hatten diese jungen Arbeiter fünf weitere Pakete fertig, und der Boß kam immer wieder an das Bodenloch im Hof, beugte sich hinab und klatschte theatralisch in seine feisten Händchen und rief und schaute mich dabei an ... Bravo, bravissimo, boys! Und ich kniff meine Augen zu und wollte weglaufen, aber die Beine versagten mir den Dienst, diese Schmach hatte mich gelähmt, diese Maschine mit ihrem lästigen Gebimmel hatte mich völlig mattgesetzt, mit ihrem Geläute, das ein Zeichen war dafür, daß der Druck der Preßwand in einer Sekunde seinen Höhepunkt erreichen und daß die Frontfläche stoppen würde. Und ich sah, während die Gabeln durch die Luft blitzten, wie ein Buch in den Trog flog, und ich stand auf und holte das Buch heraus, ich wischte es an meiner Jacke ab, drückte das Buch für einen Moment an meine Brust, es wärmte mich, obwohl es kalt war, ich drückte das Buch an mich wie eine Mutter ihr Kind, wie in Kolín auf dem Marktplatz das Denkmal von Johannes Hus, der die Bibel so sehr an sich preßt, daß die Bibel zur Hälfte in den Körper des Heiligen einsinkt, ich sah die beiden jungen Männer an, aber sie sahen nicht mich an, ich hielt ihnen das Buch entgegen, damit sie es bemerkten, aber sie sahen hin, als wäre nichts geschehen, und ich sah auf den Umschlag, und jawohl, es war ein schönes Buch, Charles Lindbergh schrieb darin über den ersten Flug eines Menschen über den Ozean. Und so wie sonst immer auch, dachte ich sofort an Frantík Šturm, den Küster bei der Heiligen Dreifaltigkeit, der alle Schmöker und Bücher und Zeitschriften über die Fliegerei sammelte, denn er war überzeugt, daß Ikarus ein Vorläufer Jesu gewesen sei, nur mit dem Unterschied, daß Ikarus bei seinem

Ausflug in den Himmel ins Meer stürzte, während Jesus von einer Atlasrakete mit einer Schubkraft von hundertachtzig Tonnen in die Erdumlaufbahn getragen wurde, und dort regiere er bis heute. Ich sagte mir, heute bringe ich dem Frantík zum letzten Mal ein Buch in sein mikrobiotisches Arbeitszimmer, ein Buch von der Bezwingung des Ozeans durch Lindbergh. Und dann ist es aus mit den kleinen Freuden. Ich torkelte in den Hof hinaus, der Boß strahlte, er wog gerade die blutjunge Verkäuferin Hedvička, wog sie so wie immer, zuerst mit dem Packen Altpapier und dann nur Hedvička allein, das war seine Leidenschaft, so wie ich immer ganz wild nach Büchern war, so war der Boß ganz wild nach jungen Mädchen, alle hatte er sie, so wie jetzt Hedvička, alle hatte er sie zuerst mit dem Packen und dann ohne gewogen, über jedes der Mädchen führte der Boß ein Buch, und dort trug er ihre Gewichte ein, er tollte mit den Mädchen herum und nahm dabei seine Umgebung überhaupt nicht wahr, er faßte die Girls um die Taille und postierte sie auf die Waage, so als wollte er sie photographieren, jedesmal belehrte er die Bräute über den Mechanismus der Berkel-Waage, er faßte ihnen dabei an die Taille und an die Brust, und immer, wenn er auf das Zählwerk zeigte, immer stand er so dabei wie eben jetzt bei Hedvička, er stand hinter der Puppe, hielt sie an den Hüften fest und legte seinen Kopf von hinten in das Mädchenhaar, an dem er genüßlich roch, sein Kinn hatte er auf die Schulter der Süßen gelegt, und so zeigte er aufs Zählwerk, und dann hoppelte er vor und legte den Hebel an der Waage um und jubelte und gratulierte, da er fand, daß Hedvička an Gewicht nicht zugenommen hatte, und er trug ihr Gewicht in sein Notizbuch ein, und dann half er dem Mädchen beidhändig von der Waage herunter, und wieder hielt er sie um die Taille und rief... Hoppla!, fing die Süße auf, als spränge sie von einem Leiterwagen, und roch dabei an ihrem Busen, und wie immer bat er dann, Hedvička möge nun ihn, den Boß, wiegen, und beim Wiegen wieherte der Boß das Hofdach an und röhrte vor Begeisterung wie ein alter Hirsch beim Anblick eines jungen Tiers, und dann mußte Hedvička das Gewicht des Bosses auf den Rahmen einer Tür, die nirgends hinführte, schreiben. Ich überquerte den Hof, ging durch die Durchfahrt und trat in die Sonne hinaus, doch für mich war heute überall Schummer, als ich in die Kirche kam, stand Frantík Šturm am Seitenaltar und polierte ihn mit Putzwolle wie eine Maschine, er gab mir recht unmißverständlich zu verstehen, daß er mit seinen Gedanken ganz woanders sei, auch er hatte ein verpatztes Schicksal, das Hobby von Frantík Šturm waren stets Zeitungen gewesen, er hatte Lokalnotizen über Beinbrüche geschrieben, und seine Spezialität waren Montagsberichte über Keilereien und Randale gewesen, die immer im Delirium und Abtransport der Randalierer ins Krankenhaus oder mit der grünen Minna aufs Polizeirevier geendet hatten, er hatte für České slovo und diverse Abendblätter geschrieben, und er hatte nichts anderes machen wollen als über diese Keilereien schreiben, sein Vater aber war Küster gewesen und starb, und so übernahm Frantík die Küsterei, schrieb aber im Geiste weiter über das rauschselige Treiben in Alt- und Neustadt, und wenn er ein wenig Zeit hatte, lief er auf einen Sprung in sein Kämmerlein in der Pfarrei, setzte sich in einen ausrangierten Bischofsstuhl und suchte sich ein Buch über die Fliegerei heraus und las ganz aufgeregt von den neuesten Flugapparaten und Flugzeugbauern. Von solchen Büchern besaß Frantík bestimmt mehr als zweihundert, und als ich ihm das gefundene Buch aus meinem Keller hinhielt, wischte sich Frantík beide Hände ab, und da er zu lächeln begann, wußte ich sofort, daß er so ein Buch in seiner mikrobiotischen Bibliothek noch nicht hatte, er blickte mich an, und ich sah, wie mich sein Blick rundum umarmte, seine Augen wurden sogar naß vor Rührung, und ich sah, daß die schöne Zeit der kleinen und kleinsten Freuden meines Kellers zu Ende war und daß ich nie wieder Frantík Šturm eine Freude bereiten würde. So standen wir also unter den Fittichen zweier riesiger Engel, die auf Ketten über dem Seitenaltar hingen, aber da öffnete sich lautlos eine Tür, und auf leisen Sohlen kam der Pfarrer zu uns und sagte trocken, der Frantík solle jetzt seinen Ministrantendreß anziehen und sie würden die Letzte Ölung austeilen gehen. Und so trat ich in den sonnigen Nachmittag hinaus, blieb vor der Kniebank unter dem heiligen Thaddäus stehen, hielt eine Weile inne und sah mich selbst, wie ich hier immer zu beten pflegte, wie ich den Thaddäus bat, er möge sich im Himmel einsetzen dafür, daß diese grauenvollen Autos, die mir dauernd dieses gräßliche Papier aus den Schlachthäusern und den Fleischereien brachten, daß sie alle samt der Ladung in die Moldau stürzen, ich erinnerte mich, wie ich damals, als ich noch Sinn für Unsinn hatte, wie ich mir in der Sammelstelle gefundene Sterne auf den Hut gepappt hatte und hier dann auf die Knie gefallen war und dann verfolgen konnte, wie die einstigen Hausbesitzer an mir vorbeigingen und sagten . . . Alles bestens, die Arbeiter kriechen zu Kreuze . . . So stand ich also da, den Hut tief in die Stirn gezogen, und da kam mir plötzlich die Idee, mich hinzuknien, einen letzten Versuch zu machen, zu beten und Thaddäus zu bitten, er möge irgendein Wunder bewirken, nur noch ein Wunder könnte mir zurückhelfen, zurück zu meiner Presse, zurück in meinen Keller, zurück zu meinen Büchern, ohne die ich nicht leben konnte, ich war gerade dabei, mich hinzuknien, als der Ästhetikprofessor mich anrempelte, seine Brillengläser funkelten in der Sonne wie zwei gläserne Aschenbecher, völlig verwirrt stand er, wie immer, vor mir, hielt seine Aktentasche fest, und so wie immer, wenn ich den Hut aufhatte, sagte er . . . Ist der Junge da? Und ich dachte eine Weile nach und sagte dann, daß nein, daß er nicht da sei. Ach Gotteken doch, er wird doch nicht krank sein? erschrak der Professor. Ich sagte, nein, er ist nicht krank, aber ich sag's Ihnen gleich, wie's ist, es gibt keine Artikel mehr von Rutte und auch keine Rezensionen von Engelmueller . . . sagte ich und zog meinen Hut ab, und der Professor erschrak und ging in die Knie und zeigte mit dem Zeigefinger auf mich und rief . . . Sie sind der Junge und sind der Alte auch? Ich setzte mir den Hut wieder auf und zog ihn in die Stirn und sagte bitter . . . Ich bin's, und aus ist es mit Národní politika, und aus ist es mit Národní listy, man hat mich gefeuert im Keller, verstehen Sie? Und ich ging ein Haus weiter, ging zu der Durchfahrt in unseren Hof, wohin ich seit fünfunddreißig Jahren zu gehen gewohnt war. Der Professor hüpfte um mich herum, umkreiste mich, hielt mich am Ärmel fest, drückte mir einen Zehnkronenschein in die Hand und dann noch einen Zehner, ich sah mir das Geld an und sagte bitter . . . Damit ich besser suchen kann, was? Und der Professor griff nach meiner Schulter, durch die zehn Dioptrien hindurch hatte er Augen wie ein Pferd, er nickte mit der Brille und stammelte . . . Ja, damit Sie besser suchen können. Ich sagte, suchen, aber was denn? Und er sagte schon völlig verstört . . . Irgendein anderes Glück . . . hauchte er und verbeugte sich, und zuerst ging er rückwärts, und erst dann drehte er sich um und ging davon wie von einem Ort des Unglücks. Und als ich in unsere Einfahrt eingebogen war und meine mechanische Presse fröhlich klimpern hörte, so fröhlich wie einen Schlitten mit einer beschwipsten Hochzeitsgesellschaft, da konnte ich nicht weiter, ich wollte diese Presse nicht mehr sehen, und ich drehte mich um und ging auf den Gehsteig hinaus, die Sonne blendete meine Augen, und ich blieb stehen und wußte nicht wohin, kein einziger Büchertext, auf den ich geschworen hätte, kam mir jetzt in meiner Not zur Hilfe, so stand ich also da, und dann schlenderte ich zum heiligen Thaddäus, fiel auf die Kniebank und stützte den Kopf in die Hände, und vielleicht schlief ich ein, und vielleicht döste ich, und vielleicht gab ich mich einem Tagtraum hin, und vielleicht hatte ich durch all dieses Unrecht, dessen Fleisch und Blut ich geworden war, völlig den Verstand verloren, ich drückte mir die Hände gegen die Augen, und ich sah, wie meine mechanische Presse zum Giganten unter allen gigantischen Pressen geworden war, ich sah, wie sie so groß geworden war, daß ihre vier Preßwände sich erhoben hatten und das ganze große Prag umstellten, ich sah, wie ich auf den grünen Knopf drückte und die Seitenwände sich in Bewegung setzten, Wände, gewaltig wie riesige Talsperren, ich sah, wie die ersten Betonklötze fielen und die Wände spielend, wie die Mäuse in meiner Presse, vorrückten und immer weiter drangen und von allen Seiten alles vor sich herschoben, was ihnen im Weg stand, ich sah aus der Vogelperspektive, wie die Frontflächen meiner gigantischen Presse, während im Zentrum von Prag das Leben seinen normalen Gang ging, ganze Vorstädte verschoben und verwüsteten und durch simultane Wandbewegung alles zur Mitte drängten, ich sah Stadien und Kirchen und öffentliche Gebäude, sah, wie alle Straßen und Gassen, wie alles in sich zusammenfiel, und die Wände meiner apokalyptischen Presse ließen nicht eine einzige Maus entkommen, jetzt sah ich, wie die Burg fiel und wie auf der anderen Seite die Kuppel des Nationalmuseums stürzte, wie das Moldauwasser stieg, aber die Kraft der Mechanik meiner Presse war so gewaltig, daß ihr alles nicht stärker zu widerstehen vermochte als das Altpapier im Keller unter meinem Hof, ich sah, wie die Wände des Giganten jetzt beschleunigten und alles vor sich herschoben, was sie schon zerstört hatten, ich sah mich selbst, wie mich die Kirche der Heiligen Dreifaltigkeit unter sich begrub, ich sah, daß ich nichts mehr sah, daß ich zusammengepreßt war und vermengt mit Ziegelstein und Gebälk und Kniebank, und dann hörte ich noch, wie die Straßenbahnen und Autos krachend barsten, und immer näher und näher kamen sich die Wände, in den Trümmern gab es immer noch genügend freie Räume, im Dunkel der Ruinen gab es immer noch genügend Luft, die jetzt in vier Richtungen, an den vier Wänden der gigantischen Presse vorbeizischte und nach oben schoß, vermengt mit den Schreien der Menschen, ich öffnete die Augen und sah inmitten einer wüsten Fläche ein gewaltiges Paket, einen gepreßten Quader mit einer fünfhundert Meter hohen Kante oder vielleicht noch mehr, ganz Prag sah ich zusammengepreßt, samt mir selbst, samt allen meinen Gedanken, samt allen Texten, die ich gelesen hatte, samt meinem ganzen Leben, nichts als eine kleine Maus, die zwei Brigadler der sozialistischen Arbeit irgendwo da unten in meinem Keller mit all dem Papier zusammengepreßt hatten. Ich öffnete erstaunt die Augen, ich kniete immer noch auf der Kniebank unter dem heiligen Thaddäus, ich starrte eine Zeitlang stumpf auf einen Riß in dem Pult, dann erhob ich mich, starrte auf die roten Streifen der Straßenbahnen, starrte auf die Autos, starrte auf den Passantenstrom, in der Spálenágasse bleiben die Leute niemals stehen, alle rasen sie von der Nationalstraße zum Karlsplatz und umgekehrt, die Gehwege sind schmal, und so blieben die Leute eben nicht stehen, sie rempelten mich in ihrer Hast dauernd an, und so starrte ich also stumpf vor mich hin, angelehnt an die Wand der Pfarrei, ich sah den Frantík Šturm durch das Pfarrhaustor kommen, er hatte sich wie immer festlich in Schale geworfen, hatte sogar eine Krawatte um, feierlich kam er die Treppe herab, ging wohl so wie immer, wenn er auf dem Weg war zu uns, aber jetzt hatte er mich gesehen und kam wie immer auf mich zu, verbeugte sich und fragte ... Sind Sie der Herr Haňťa? Und ich sagte, wie sonst immer im Hof oder im Keller ... Ich bin's. Und Frantík Šturm übergab mir einen Umschlag, verbeugte sich und ging in sein Kämmerlein zurück, um sich dort umzuziehen, denn Frantík Šturm hatte sich, so wie immer, wenn ich ihm ein Buch, das wertvoll war für seine Bibliothek, gefunden hatte, auch heute einen Gehrock angezogen, und er hatte sich auch einen Kautschukkragen mit Krawatte, die aussah wie ein Wirsingblatt, um den Hals geknöpft, um mir dann, wie immer, feierlich einen Brief zu überreichen, den ich wiederum, wie immer, aufriß, und dort, auf einem weißen Blatt mit Zierkopf, wo ausgedruckt stand ... Mikrobiotisches Labor Frantík Šturm ..., da konnte ich lesen ... Sehr geehrter Herr, wir danken Ihnen im Namen des Mikrobiotischen Labors für das Buch von Charles Lindbergh: Mein Flug über den Ozean. Dieses Buch ist eine Bereicherung für unsere Bibliothek, und so hoffen wir, daß Sie uns auch weiterhin gewogen bleiben. Im Namen des Mikrobiotischen Labors ... Frantík Šturm ... und ein Rundsiegel in der Ecke, eine zu einem Kreis gewundene Buchstabenreihe ... Mikrobiotisches Labor Frantík Šturm ... Gedankenversunken ging ich in Richtung Karlsplatz, zerriß dabei wie immer den Brief, diese Danksagung, von der ich wußte, daß sie die letzte war; weil derlei Kleinigkeiten, derlei kleinen Freuden, denen hatte in meinem Keller meine Maschine, meine glorreiche Presse, die auch mich verraten hatte, den Garaus gemacht. Ich stand ratlos da auf dem Karlsplatz und sah auf die glitzernde Statue, die an die Fassade zementiert war, sah auf die Statue des Ignatius von Loyola, dessen Körper rundum eine Gloriole hatte, er stand an der Fassade seiner eigenen Kirche, und seine Gestalt war rundum von jauchzendem Trompetengold umgeben ... ich aber sah statt der Gloriole eine Standbadewanne von Gold, wie weiland Seneca in ihr gelegen hatte, nachdem er sich mit einem Messer die Adern am Handgelenk aufgeschnitten hatte, um sich seiner selbst zu vergewissern, daß er noch Herr seiner Sinne sei, daß er jenes Büchlein nicht umsonst geschrieben habe, welches ich so liebte ... Über die Seelenruhe.

8

An die Theke der offenen Glaswand gelehnt, trinke ich im Imbiß Schwarzer Bräu Popowitzer Bier, ich sage mir, von nun an, mein Lieber, bist du auf dich allein gestellt, du mußt dich selber zwingen, damit du unter die Leute kommst, du mußt dich selber bei Laune halten, du mußt dir selber was vorspielen, bis du dich selbst verlassen hast, denn ab jetzt rotieren nur noch die melancholischen Kreise, und so kommst du vorwärts und gehst zugleich zurück, ja, der Progressus ad originem ist zu einem Regressus ad futurum geworden, dein Gehirn ist nichts anderes als mechanisch gepreßte Gedanken. Ich trinke mein Bierchen in der Sonne, sehe den Menschen zu, wie sie über den Karlsplatz hasten, lauter junge Leute, Studenten, jeder junge Mensch trägt einen jungen Stern auf der Stirn, als Abzeichen dafür, daß in jedem jungen Menschen ein Genie keimt, ich sehe, wie Kraft aus ihren Augen spritzt, die gleiche Kraft, die auch ich verspritzt hatte, bis mein Boß mir sagte, daß ich ein Lulli sei. Dann lehne ich mich an das Geländer vor dem Imbiß, und die Straßenbahnen fahren auf und ab, und die roten Streifen tun mir gut, ich habe Zeit genug, ich könnte auf einen Sprung in das Krankenhaus Na Františku gehen, wie ich höre, ist dort die Treppe bis zum ersten Stock aus Brettern und Balken gebaut, weil die Franziskaner nach der Enthauptung der böhmischen Herren auf dem Altstädter Ring das gesamte Richtgerüst aufgekauft hatten, aber lieber würde ich irgendwo nach Smíchov gehen, dort, in einem der Adelsgärten, da steht ein Pavillon, in dessen Fußboden befindet sich ein Knopf, wenn da einer drankommt, öffnet sich die Wand und eine Wachsfigur fährt heraus, ganz wie in der Kunstkammer zu St. Petersburg, wo ein sechsfingriger Krüppel, als er in einer Mondnacht auf den Knopf getreten war, da kam der sitzende Wachszar herausgefahren und drohte mit dem Finger, wie es Jurij Tynjanow so schön in seiner Wachsfigur beschreibt, aber ich gehe wohl nirgends hin, mir genügt, wenn ich die Augen schließe, und ich stelle mir alles viel genauer vor, als es in Wirklichkeit ist, ich sehe mir lieber die strömenden Passanten an, deren Gesichter wie Stiefmütterchenbeete sind, ich, als ich noch jung war, da hatte ich noch ganz tolle Vorstellungen von mir selbst, eine Zeitlang, da hatte ich gedacht, daß ich gleich viel besser aussehen würde, wenn ich mir nur Jesuslatschen kaufte, damals modernes Schuhwerk aus bloßen Riemen und Schnallen, und daß ich in diesen Schuhen nur lila Socken tragen dürfte, Mama strickte mir welche, und als ich dann zum ersten Mal mit diesen Jesuslatschen ausging und ein Stelldichein vor der Unteren Schenke hatte, da fiel mir ein, obwohl es Dienstag war, ob denn im Schaukasten unseres Fußballvereins vielleicht schon die nächste Aufstellung hing? Und so stand ich also vor dem Kasten, besah mir den Eisenbeschlag rund um das Schlüsselloch, und erst danach trat ich näher, las aber nur die Aufstellung der vorigen Woche, und dann las ich mir diese Aufstellung noch einmal durch, weil ich das Gefühl hatte, mit dem rechten Schuh und mit der lila Socke in etwas Großes und Feuchtes getreten zu sein, und am Ende las ich mir die Aufstellung mit meinem Namen noch ein letztes Mal durch, um mir Mut zu machen und nach unten zu sehen, und als ich dann hingesehen hatte, stand ich in einer großen Hundescheiße, die meinen ganzen Schuh, der nur aus Riemen bestand, umflossen hatte und in sich einschloß, und so las ich wieder, langsam, einen Namen nach dem anderen, die ganze Elf unserer Nachwuchsmannschaft las ich durch, auch meinen Namen, als Reserve, und als ich dann wieder nach unten gesehen hatte, stand ich immer noch in dieser schrecklichen Hundekacke, und als ich zum Dorfplatz hinübersah, kam mein Mädel gerade durch das Tor, und ich machte die Schnalle auf und zog meine lila Socke aus dem Schuh und ließ alles samt dem Blumenstrauß dort unter dem Schaukasten unseres Fußballvereins liegen und lief zum Dorf hinaus, lief in die Felder, und dort dachte ich darüber nach, ob mich da mein Schicksal nicht gewarnt hätte, denn ich wollte ja schon damals Altpapierpacker werden und nur dort arbeiten, wo es alte Bücher gab...

Und so holte ich mir aus dem Ausschank ein Bier nach dem anderen und stand, ans Geänder gelehnt, vor der offenen Imbißwand, die Sonne schloß mir die Augen, und ich sagte mir, was, wenn du auf einen Sprung nach Klárov gehst, dort steht in der Kirche ein schöner Erzengel Gabriel aus Marmor, und bei der Gelegenheit könntest du dir diesen schönen Beichtstuhl ansehen, den sich der Pfarrer aus den Brettern und Balken der Pinienholzkiste zimmern ließ, in der dieser marmorne Erzengel Gabriel aus Italien gekommen war, genüßlich schloß ich meine Augen, und ich ging nirgends hin, ich trank mein Bier und betrachtete mich selbst, wie ich zwanzig Jahre nach dem Malheur mit der lila Socke und dem Schuh durch eine Vorstadt von Stettin ging, bis ich zu einem Flohmarkt kam, und als ich die verelendeten Händler alle durchhatte, sah ich einen Mann, der einen rechten Schuh und eine rechte lila Socke feilbot, ich hätte schwören können, daß das meine Jesuslatsche und mein lila Fußlappen waren, ich hatte sogar über den Daumen gepeilt, daß beide die richtige Größe hatten, einundvierzig, so stand ich also ganz verwirrt da und glaubte zu träumen, diese Zuversicht des Händlers, daß ein Einbeiniger daherkommen würde, um sich den Schuh und die lila Socke zu kaufen, machte mich staunen, der Händler mußte sich ganz sicher sein, daß es irgendwo einen Krüppel gäbe, der einen rechten Fuß der Größe einundvierzig und zugleich den Wunsch hatte, nach Stettin zu fahren, um sich dort einen Schuh und eine Socke zu kaufen, die seine Anmut steigern würden. Neben diesem phantastischen Händler stand eine alte Frau und bot zwei Lorbeerblätter an, die sie zwischen den Fingern hielt, ich ging weg und staunte darüber, wie sich der Kreis geschlossen hatte, wie dieser Schuh und diese lila Socke eine so lange Reise unternommen hatten, um sich mir als Vorwurf in den Weg zu stellen. Ich stellte das leere Glas zurück und überquerte das Geleise, der Sand im Park knarrte und knirschte wie gefrorener Schnee, in den Bäumen zwitscherten Sperlinge und Finken, ich betrachtete die Kinderwagen und die Mütter, wie sie auf den Bänken in der Sonne saßen und die Köpfe verrenkten, um etwas von den heilsamen Strahlen zu erhaschen, ich blieb lange vor dem Wasserbecken stehen, wo nackte Kinder badeten, die Bäuchlein dieser Knirpse waren von Striemen der Turnhosen und Höschen gezeichnet, galizische Juden, die Chassiden, hatten auch immer Gürtel umgebunden als deutliche und markante Linien, die den Körper in zwei Teile trennten, einen schöneren mit Herz und Lunge und Leber und Kopf, und den Teil des menschlichen Körpers mit Gedärmen und Geschlechtsorganen als einen bloß geduldeten und somit unbedeutenden Teil, ich sah, wie die katholischen Priester diese Linie noch weiter nach oben rückten, durch das Kollar legten sie sich ein sichtbares Zeichen um den Hals, das nur noch den Kopf gelten ließ, wie eine Schale, in die Gott seine Finger taucht, ich betrachtete die badenden Kinder und die auf ihren nackten Körpern sichtbaren Striemen von Turnhosen und Höschen, und ich sah, wie sich die Ordensschwestern mit dieser grausamen Linie das bloße Antlitz aus dem Kopfe schnitten, Gesichter, eingeklemmt in einen Panzer steifer Hauben, so wie bei den Formel-1-Fahrern, ich betrachtete die spritzenden und tollenden nackten Kinder, und ich sah, wie die Kinder so gar nichts wußten über das Geschlechtsleben, und dennoch waren ihre Genitalien in stiller Vollendung, so wie Laotse es mich gelehrt hatte, ich betrachtete die Linien der Priester und der Ordensschwestern und die Gürtel der Chassiden, und ich dachte mir, daß der menschliche Körper wie eine

Sanduhr sei, was unten ist, ist zugleich oben, und was oben ist, ist zugleich unten, zwei ineinandergestemmte Dreiecke, das Siegelzeichen König Salomos, das Verhältnis zwischen dem Buch seiner Jugend, dem Hohelied, und seiner Sichtweise eines alten Mannes, alles Irdische ist eitel, dem Prediger Salomo. Meine Blicke flogen hoch zur Kirche des Ignatius von Loyola, die Trompetengoldgloriole blitzte auf, es ist sonderbar, daß fast alle Standbilder unserer literarischen Größen wie gelähmt auf Rollstühlen sitzen, Jungmann und Šafařík und Palacký starr an einen Stuhl gefesselt, ja selbst Mácha auf dem Lorenziberg muß sich leicht an eine Säule stützen, während die katholischen Statuen immer wie Athleten in voller Bewegung sind, als wollten sie einen Ball über ein Volleyballnetz schlagen, als hätten sie gerade die Hundertmeter gelaufen oder in wirbelnder Bewegung einen Diskus weit von sich geschleudert, immer mit dem Blick nach oben, als fingen sie mit beiden Händen einen Schmetterball Gottes auf, die christlichen Bildwerke aus Sandstein mit dem Ausdruck eines Fußballspielers, der soeben das Siegestor erzielt hat, während die Standbilder eines Jaroslav Vrchlický in einen Rollstuhl niedergestreckt sind. Ich überquere die Asphaltstraße und trat aus der Sonne in den Schatten bei den Čížeks, im Lokal war es so finster, daß die Gesichter der Gäste wie Masken loderten, während die Körper der Schatten verschlang, ich stieg die Treppe nach unten ins Restaurant, und dort las ich über die Schulter eines Menschen hinweg eine Wandaufschrift, hier stand einst das Haus, in dem der Dichter Karel Hynek Mácha seine Dichtung Mai schrieb, ich setzte mich hin, und als ich zur Decke hochsah, fuhr ich zusammen, denn ich saß hier unter lauter nackten Glühbirnen, als wäre ich in meinem Keller, ich stand wieder auf und ging aus dem Restaurant hinaus, und dort stieß ich direkt mit einem Kumpel von mir zusammen, er war angetrunken und zückte sofort seine Brieftasche und suchte so lange in seinen Papieren, bis er es gefunden hatte und mir zeigte, ich las den Bericht einer klinischen Auffangstation, daß der Genannte heute morgen keine einzige Promille Alkohol im Blut gehabt hatte, was hiermit bestätigt werde. Ich gab das gefaltete Schreiben wieder zurück, und mein Kumpel, dessen Name mir entfallen ist, erzählte mir, wie er ein neues Leben anfangen wollte, und so hätte er zwei Tage lang immer nur Milch getrunken, und heute morgen wäre er davon so ins Torkeln geraten, daß ihn sein Chef wegen Trunkenheit nach Hause geschickt habe, und dann habe er ihm auch noch zwei Tage vom Urlaub abgezogen, er aber sei sofort zur Klinik gelaufen, und die hätten dort, als festgestellt worden war, was er ja jetzt auch schriftlich hatte, daß er nämlich kein Quentchen Alkohol im Blut habe, da hätten die dort noch zum Telefon gegriffen und hätten den Chef zusammengestaucht, wieso er einen Arbeiter moralisch fertigmache, und vor Freude darüber, es jetzt auch amtlich zu haben, daß er nicht die Spur Alkohol im Blut hätte, trinke er seit Allerherrgottsfrühe, und er lade mich ein, mit ihm zu trinken, wir könnten versuchen, den Großen Slalom zu zwingen, an dem wir vor Jahren schon fast immer gescheitert wären, nur einmal seien wir durch alle Tore hindurch. Ich aber hatte den Großen Slalom längst vergessen, konnte mich an kein einziges Tor mehr erinnern, und so begann mir dieser Kumpel, dessen Name mir entfallen war, mit Begeisterung zu beschreiben, damit er mich für diese Abfahrt gewänne, daß wir mit einem Bier bei den Hofmans beginnen würden, und dann würden wir durch das Tor an der Vlachovka fahren, dann zum Růžek und dann schön abwärts zum Verlorenen Posten, und dann würden wir bei den Mylers durch ein Tor fahren, und dann zum Wappen, und überall gäbe es nur ein großes Bier für jeden, damit wir auch noch Zeit hätten, durch das Tor bei den Jarolímeks zu kommen, und dann beim Láďa ein Bier zischen, und gleich darauf abbiegen zum Karl dem Vierten, und dann im Schuß hinab zur Imbißhalle Welt, und dann nur noch ganz gemächlich durch das Tor bei den Hausmans und beim Bräu, dann übers Geleise zum König Wenzel, und dann eine Fahrt durch das Tor bei den Pudils beziehungsweise Krofts, und dann könnte man noch bei den Doudas und beim Merkur durch ein Tor fahren, und dann in der Zielgeraden an der Palmovka oder in dem Imbiß bei den Scholers landen, und eventuell, wenn noch Zeit bliebe, diesen ganzen Slalom dann bei den Horkýs oder in der Stadt Rokycan beenden ... Und dieser besoffene Mensch klammerte sich während dieser Streckenbeschreibung an mich, und ich wendete mich immer wieder weg von seiner Begeisterung, ich ließ den Säufer bei den Čížeks stehen und ging zum Karlsplatz hinüber, in den Lustgarten der Stiefmütterchenbeete mit den Menschengesichtern, die Sonnenanbeter hatten inzwischen gewechselt, von den bereits im Schatten stehenden Bänken zu den Bänken im Sonnenuntergang, jetzt bin ich wieder im Schwarzen Bräu, trinke ein Gläschen Wermut und dann ein Bier und wieder diesen Wermut, nur wenn man uns preßt, geben wir unser Bestes, durch das Geäst leuchtet vor dem dunklen Himmel bereits die Neonuhr am Neustädter Turm, als ich noch ein Junge war, da träumte ich davon, daß ich, wenn ich ein Millionär wäre, für alle Städte phosphoreszierende Zeiger und Zifferblätter kaufen würde, die gepreßten Bücher versuchen zum allerletzten Mal das Paket zu sprengen, das Portrait des Menschen mit dem schwammigen Gesicht, über den Karlsplatz zieht ein Luftzug von der Moldau herauf, und das liebe ich, ich liebte es, abends auf der Hauptstraße der Letná zu promenieren, vom Fluß roch das Wasser herauf und vom Baumgarten her zog der Duft der Wiesen und Blätter, jetzt zieht der Duft der Moldau durch die Straßen, und ich kehre bei den Bubeníčeks ein, ich setze mich hin und bestelle mir abwesend ein Bier, über meinem schlummernden Kopf türmen sich bis zur Decke hinauf zwei Tonnen Bücher, jeden Tag wartet dieses Damoklesschwert auf mich, das ich mir selbst aufgehängt habe, ich bin ein Junge, der ein schlechtes Zeugnis nach Hause bringt, die Bläschen im Gras wirbeln wie Irrlichter nach oben, drei junge Typen spielen in der Ecke Gitarre und singen leise dazu, alles, was lebt, muß einen Feind haben, das ist die Melancholie der ewigen Schöpfung, das edle Hellenentum als Vorbild und Ziel, klassische Gymnasien und humanistische Universitäten, während in den Kloaken und Kanälen der Hauptstadt Prag die Schlachten der beiden Rattenklane toben, das rechte Hosenbein ist am Knie ein wenig abgewetzt, der türkise und der atlasrote Rock, die Arme kraftlos wie gebrochene Fittiche, eine riesige Fleischkeule in einer ländlichen Fleischerei hängend, und ich lausche dem Plätschern der Abwässer. Von draußen öffnete und kam ein Riese herein und duftete nach Fluß, bevor sich einer versah, hatte er einen Stuhl hochgerissen und brach ihn entzwei, und mit diesen Knüppeln jagte er die entsetzten Gäste in eine Ecke, dort standen die drei jungen Typen und drückten sich in ihrem Schrecken gegen die Wand, wie Stiefmütterchen im Regen, und gerade da, als der Riese die beiden Knüppel gehoben hatte und als es fast schon so aussah, als würde er töten, da fing er mit diesen

Überresten eines Stuhls zu dirigieren an und begann leise zu singen ... Wo, ach wo bist du geblieben, mein Täubchen? So sang er also und dirigierte, als er am Ende war, warf er die Überreste des Stuhls hin, bezahlte dem Kellner den Stuhl, und in der Tür drehte er sich um und sagte zu den entsetzten Gästen ... Herrschaften, ich bin der Henkersknecht ... und ging glücklos, verträumt davon, vielleicht war es derselbe Mensch, der mich vor einem Jahr vor dem Holešovicer Schlachthaus mit einem Finnendolch bedroht hatte, es war Nacht, und er hatte mich in die Ecke gedrängt und zog ein Papier heraus und las mir ein Gedicht vor über die schöne Gegend von Říčany, und dann entschuldigte er sich, daß er noch keinen anderen Weg wisse, wie die Menschen zwingen, seinen Gedichten zuzuhören. Ich zahlte ein Bier und drei Rum und ging hinaus in die zugige Straße, und so kam ich wieder zum Karlsplatz, die Leuchtuhr am Neustädter Turm zeigte eine Zeit an, die keinen Zweck mehr hatte, ich hatte es nicht eilig, ich hing bereits im leeren Raum, so ging ich also durch die Lazarusstraße und bog in eine Seitengasse ein und sperrte in Gedanken die Hintertür zu unserer Sammelstelle auf, fuhr mit der Hand über die Wand, bis ich den Schalter fand, und als ich das Licht eingeschaltet hatte, war ich in meinem Keller, wo ich fünfunddreißig Jahre lang Altpapier in der mechanischen Presse gepreßt hatte, ein frischer Papierberg türmte sich hoch und stieß durch das Quadrat in der Decke in den Hof. Warum sagt Laotse, ausgehen ist Leben, eingehen ist Tod? Zwei Dinge erfüllen das Gemüt mit immer neuer und zunehmender Bewunderung, das zitternde Licht der Nacht, in der Tat, für diese Arbeit brauchte man ein theologisches Seminar, das alles erfüllt mich mit Staunen, ich drückte den Knopf auf Grün und dann stoppte ich die Maschine, las mehrere Armvoll Altpapier auf und legte damit den Preßtrog aus, im tiefsten Grunde der Mäuseaugen hatte ich etwas gesehen, das mehr war als der bestirnte Himmel über mir, im Halbschlaf war die kleine Zigeunerin zu mir gekommen, während sich die Presse leise bewegte wie das Akkordeon in den Händen eines Harmonikaspielers, ich schob das Repro des Hieronymus Bosch von der Kiste und holte mir aus dem mit Heiligenbildern ausgelegten Nest ein Buch heraus, ich blätterte die Seite auf, wo die preußische Königin Sophie Charlotte zu ihrer Kammerzofe sagt ... Beklagen Sie mich nicht, denn ich gehe jetzt, meine Neugier zu befriedigen und Dinge zu sehen, welche mir Leibniz nie hat erklären können, ich gehe jetzt über die Grenze zwischen Sein und Nichts, die Presse klingelte, und auf Rot kam die Frontwand zurück, ich warf das Buch weg und füllte den Trog auf, ihr Körper war von Butter überzogen, sie war gesprächig wie das Eis, wenn es zu tauen beginnt, die gigantische Presse in Bubny ersetzt zehn solcher Pressen wie die, an der ich arbeite, wie Herr Sartre es so schön beschreibt und noch besser Herr Camus, glänzende Buchrücken kokettieren mit mir, auf einer Leiter steht ein alter Mann im blauen Mantel und in weißen Schuhen, ein kräftiger Flügelschlag wirbelt den Staub hoch, Lindbergh überflog den Ozean. Ich stoppte durch Druck auf den grünen Knopf und bettete mir in dem Trog mit Altpapier so eine Art Nest, ich bin immer noch 'ne Wucht, bin immer noch 'n Mordskerl, brauche mich nicht zu verstecken, wie weiland Seneca, so wie der in die Wanne gestiegen war, genauso schwang auch ich mein Bein über den Trogrand und wartete und zog dann mühsam auch noch das zweite Bein nach und rollte mich zusammen, nur so, zur Probe, und dann kniete ich mich hin, drückte auf den grünen Knopf und rollte mich in diesem Nest im Trog ein, umgeben von Altpapier und Büchern, mit den Fingern umklammerte ich meinen Novalis, und einen Finger hielt ich in dem Buch und zeigte auf den Satz, der mich stets aufs neue mit Begeisterung erfüllt hatte, ein wonniges Lächeln breitete sich auf meinen Lippen aus, denn plötzlich hatte ich Ähnlichkeit mit Mančinka und ihrem Engel, und ich begann mich einer Welt zu nähern, in der ich noch nie gewesen war, ich klammerte mich an das Buch, in dem auf einer der Seiten geschrieben stand ... Jeder geliebte Gegenstand ist der Mittelpunkt seines Paradieses, und ich, bevor ich irgendwo bei Melantrich blütenweißes Papier verpacke, wähle ich, so wie Seneca, so wie Sokrates, wähle mir in meiner Presse, in meinem Keller einen Sturz, der zugleich Himmelfahrt ist, selbst wenn die Preßwand mir bereits die Knie unter das Kinn drückt und noch weiter, ich aber lasse mich nicht vertreiben aus meinem Paradies, jetzt bin ich in meinem Keller, und keiner kann mich mehr von hier vertreiben, keiner kann mich umdisponieren, eine der Buchecken dringt mir unter die Rippen, ich stöhne auf, als sollte ich auf meiner eigenen Folterbank die letzte Wahrheit erfahren, und als ich unter dem Druck der Wand in mich zu dringen beginne, wie die Klinge eines Klappmessers, in diesem Augenblick der Wahrheit steht die kleine Zigeunerin vor mir, ich stehe mit ihr auf dem Okrouhlíkhügel und hoch am Himmel flattert unser Drache, ich halte die Fäden fest, und jetzt nimmt meine Zigeunerin dieses Knäuel an sich, sie ist allein, sie spreizt die Beine und klammert sich an die Erde, um nicht in den Himmel getragen zu werden, und dann schickt sie dem Drachen ein Brieflein hoch, und in letzter Sekunde sehe ich, daß auf diesem Brief mein Gesicht ist. Ich schrie auf ... Ilonka! Und ich öffnete die Augen, ich sah hinab auf meinen Schoß, und mit beiden Händen hielt ich ein Büschel Stiefmütterchen, ausgerupft mitsamt den Wurzeln, mein ganzer Schoß war voller Erde, ich starrte stumpfsinnig auf den Sand, und als ich aufgeblickt hatte, standen im Lichte einer Natriumlampe der türkise und der atlasrote Rock vor mir, und als ich meinen Kopf weiter nach hinten beugte, sah ich meine beiden Zigeunerinnen, aufgedonnert, hinter ihnen leuchteten zwischen dem Geäst die Neonzeiger und das Neonziffernblatt des Neustädter Turms, die Türkise schüttelte mich und rief ... Alterchen, Gotte doch, herrjemine, was tun Sie hier? Dann verdunkelten mir die Zigeunerinnen mit ihren Röcken die Welt, und als ich wieder aufgeblickt hatte, saßen die Zigeunerinnen, auf jeder Seite eine, neben mir, schmiegten sich an mich mit ihrem ungewaschenen Haar, vor uns stand spreizbeinig der Zigeuner mit dem Photoapparat in der Hand, neigte seinen Mittelscheitel, die schwarze Sonnenbrille blickte in den Sucher, und die Zigeunerinnen drückten sich an mich und machten ins Objektiv die hübschesten Gesichter, die sie sich entlocken konnten, dann fesselte der Zigeuner mit einer Handbewegung auch meine Aufmerksamkeit, und ich starrte mit einem verkrampften Lächeln in den Apparat, und dann hörte ich in diesem Apparat, der nie einen Film in seinem Innern gehabt hatte, ein Klicken, und ich hatte begriffen, daß es auf dieser Welt aber schon überhaupt nicht darauf ankommt, was für ein Ende etwas nimmt, denn alles ist nur ein Wünschen und Wollen und Verlangen, ähnlich dem kategorischen Imperativ des Immanuel Kant, der mir vor einem Vierteljahrhundert hier auf dem Karlsplatz erschienen war, als er während einer Regennacht um Bratwürste anstand und die alte Verkäuferin ihre Hände über der glühenden Holzkohle wärmte. Ich saß, die Beine breit, auf der Bank, hielt ganze Büschel freundlicher Stiefmütterchen in den Händen, sah meinen beiden Hexen nach, wie sie, in ihren Zigeuner eingehängt, mit Riesengelächter über den Sandweg donnerten und wie sie, bevor sie hinter den Sträuchern im Park verschwanden, den an einem Riemen festgemachten Photoapparat durch die Lüfte hinter sich her zogen, und mit ihm flog auch mein nicht existierendes Lichtbild davon. Ich saß auf der Bank, lächelte einfältig, erinnerte mich an nichts, sah nichts, hörte nichts, denn wahrscheinlich war ich schon mitten im Paradies.

Adagio lamentoso

Ich sehe deine liebliche Figur und brauche keine
Phantasie, um der Hinwendung zurück zu den Anfängen zu
folgen, deine Morgentoilette
ist aus feinem Leinen von der Farbe frischer Austern,
und du bist wie ein Buchungsbeleg
für ein Moorbad, dein himmelblaues Auge starrt mich an
mit milchig trübem Star, dein steifer Zeigefinger
streift die gelben Trauerweidenzweige zur Seite, und
du, du weißt sehr gut: von mir erwarte
nur das Allerschlimmste.
Emotives Blitzen und die goldene Hundertacht
bahnen vor der Zielgeraden einen Weg zur Gosse, hin zum
tristen Wochenende, das ich jetzt zu leben habe.
Die Kleider, die ich mir erträumt, sind gewebt aus dem
Gelächter sibirischer Zellulose,
die grünen Hände von achthundert Mädchen sind ein Grund
süßer Vertraulichkeiten,
die Schichtlinien deines Lachens sind dir in der Maske
deiner Höflichkeit erstarrt, und das Knorpelwerk
deiner Porzellanöhrchen ist gut verborgen
in dem Abhördickicht deiner
superoxydbleichen Haare.
Der Zeitzünder der Dinge und Ereignisse tickt gegen den
Uhrzeigersinn auf die Stunde Null zu, doch ein
einziger Tag, verbannt mit der Geliebten auf einen
norwegischen Eisberg,
wird zur Liebesbörse aller Menschen guten Willens.
Die Freundschaft zwischen Mann und Frau ist eine Qual
für beide, die Füchse zogen gestern aus und klatschten
einer Militärkapelle Beifall.

So gerne hätte ich die Kraft, dein Gesicht mit einem
Ruck herabzureißen, gerne würde ich mit einem jähen
Ratsch dein ganzes Denken offenlegen, mit einem
einzigen brutalen Riß, so wie man einen Büstenhalter
von den Brüsten reißt, so wie man Unterwäsche
vom Unterleib zerrt.
An der Leine aller Wege kehre ich zum Ausgangspunkt
zurück, die enthüllende Herrlichkeit der animalischen
Erfahrung gönnt den dürstenden Städten die Bäder voll
Kinder. Dein vergißmeinnichtblaues Auge, zersplittert
wie eine Scherbe Majolika, begreift jetzt
meinen kalten Blick,
du siehst es ganz richtig:
das Messer meiner Imagination drängt
zum Ursprung der Dinge zurück.
Der letzte Bach wird bis zum letzten Tröpflein von den
Flüssen aufgesogen, der letzte Fluß
wird aufgesogen vom Meer, und der Ozean verdampft
als letzte Wolke in den blauen Himmel.
Ich sehe, wie du mit mir gemeinsam diesen aufsteigenden
Sturz verfolgst, damit dir nicht eine einzige Phase von
diesem Striptease entgeht.
Nur zum Schein folge ich der Erinnerung an dein weißes
Seidenkleid mit goldenem Besatz, der Ärmel war am
Handgelenk durch Schlitze meinem Verlangen aufgetan,
zwei hohlgeformte sahniggelbe Falten aus Kaschmir, ich
verfolge aber um so genauer, wie der klare Brunnen
und der göttliche Ago dem Lenz entgegenstreben,
und du lachst mich an,
während du siehst, wie ich mit den Händen nach der
Schöpfererde grabe, und den Duft des Bodens atmend,
rieche ich auch dich.

So durch eine Schüssel mit krausen Ausschnitten
bereichert, schlürfe ich von der Sanduhrhoffnung, und
statt gesunder Nahrung mag ich lieber Trauer,
ein Stück Draht, an einer Tankstelle gefunden, schließt
mich an die Ewigkeit an,
die Brutkastenzucht von Seeforellen
ist mein ungestörter Honigmond.
Jetzt sitze ich in Krč am Grunde einer Kneipe,
die Waldfenster aus Glas
sind Wände eines großen Aquariums, du schwebst dicht
unter der Decke wie eine Biene, die mir in die
Honigwaben meiner Hirnwindungen fiel,
die wehenden Vorhänge sind ein endloser Prozeß der
Hoffnung, und im Tiefkühlfach hat mein Schicksal seine
Schuld hinterlegt. Die letzte Abendlohe, orangefarben
wie die Tulpen, saugt das letzte Balkenwerk auf, ich
aber lese lieber in der Zeitung, wie die Löwen zwanzig
Minuten lang ein Pianino bissen und die Löwenbabies
Sportreporter in Begeisterung versetzten, wie die
Menschen durch die Pendeltür der Särge, durch die
starren Torflügel der Erde, wie sie in den Boden
sickern, doch die beste Verherrlichung der
Menschenwelt geschieht durch wirkungsvolle Bilder,
und die Zukunft der Menschheit liegt im Buchhandel.
Vorerst höre ich nur das Rumoren deiner süßen Glieder
im Gehirn, deine Haut wird geziert von sanften Rissen,
du schwebst auf Koordinaten aus Zigarettenrauch,
steigst empor wie Bläschen im Siphon,
Bäume und Blumen beschreiben einen Kreis,
der Apfel fällt vom Apfelbaum mit einem Apfel schon im
Kern, die letzten Abendtrümmer sinken leise in den
weichen Staub, ich aber labe mich vorerst an den

extremen und exzentrischen Texten
der Zeitungspoesie. Und das hier ist vorerst dein
jugendliches Leibchen, und das hier ist dein
in der Taille fein gefälteltes Röcklein, und das hier
ist deine Toilette aus Seide von der Farbe des
Elfenbeins und hat einen Empireschnitt, und das hier
ist ein zur Erinnerung bewahrtes Firmungskleid, und
das hier ist dein bierdeckelgespickter Rücken, und
das sind deine aufgelösten Haare, und
aus dem Kopf quellen dir Notenzeilen.
Ich sehe jetzt, wie du ganz nackt unter den
dunkelbraunen Balken schwimmst,
sehe deine rhythmischen Arme, angestrahlt vom grellen
Licht der gelben Deckenleuchte, sehe, wie an deinen
Strampelbeinen siedende Quellen sprudeln, Perlen, die
aus allen Poren deines Leibes steigen, du bist
eingetaucht in ein phosphoreszierendes Bad,
und an deinen schwingenden Knöcheln
zischt Selterswasser in Strömen, schäumende Flossen,
Mineralwasserschwingen, Tragflächen fliegender Fische,
Flügelschuhe, die der schöne und junge Griechengott
Merkur an den Knöcheln trug. Der Vollmond
funkelt mit der ersten Fußspur Armstrongs,
mich aber hat eher die Nachricht im Abendblatt
ergriffen, wie eine achtundsechzigjährige Kräuterfrau
mitten auf einer blühenden Wiese einschlief, und
aufgesogen von einem Mäher, fiel ihr Leichnam
samt Heilkräutern und Heu unkenntlich aus der Maschine.
Der stellare Kleinbus steht immer an derselben Stelle,
aber das hier ist dein Radfahrerdreß, und dieses Kostüm
aus dunklem Cheviot trägt in der Mitte eine
Samtrosette, ich aber beneide vorerst die Luft, weil du

durch sie wie eine Toilettenseife zwischen den Fingern
gleitest, ich beneide dich, weil dein Gesicht
eingesalbt ist mit den kühlen Tränen von Gelee Royal,
ich beneide das Glaspapier, mit dem du
überzogen bist, weil Männerblicke sich an dir wie
leicht entzündbare Streichhölzer reiben, ich beneide
die Schwadronen von Spermata und Embryonen, die dein
stetes Gefolge sind, ich beneide mich selbst, weil ich
neide, denn eines Menschen Sehnen vermag alles, ein Sehnen,
explosiv wie das Leiden eines Kindes. Jetzt beugt sich
dein Rumpf vor, und aus dem Mund
schäumt dir eine zerrissene Kette von Mundpastillen,
du blinkst durch das Lokal
wie ein großer Lindenholzsplitter.
Aber Leben ist Beseitigung der Unreinigkeit,
Gnade und Zufall und Notwendigkeit sind pausbäckige
Drillinge des Wunders, freilich, verteilt ein Mädchen
mal Körbe im Mai, ist es noch kein Basketball,
mögen ihre Körbe auch nur eine Nummer kleiner sein als
ein Weltraumschiff. Scherben zertrümmerter Puppen
haben mich in der Seele getroffen,
eine Raupe, die dicht vor meinem Auge kriecht,
ist größer als der Schnellzug in der Ferne.
Als in den mährischen Bergen ein Bauer
vor Jahren mal keine Arbeit bekam,
prügelte er mit dem Riemen ein Bildwerk Jesu Christi.
Ich sehe, wie mein Leben aufgesogen wird vom Leib
der Mutter, sehe, wie ich an der Nabelschnur
zurückgewickelt werde bis in den Bauch der Urmutter
Eva, sehe, wie die befleckte Unterhose ein Abdruck der
Unendlichkeit ist und, verrührt im hehren Schrecken,
das Gedärm zur höheren Erkenntnis führt, sehe

meinen Samen, wie er gegen den Strom
zurück bis hin zur ersten Pollution eingesogen wird
wie eine Bachforelle, sehe, wie
ich von den Geschlechtswerkzeugen meiner Ahnen
bis in den Samenleiter von Urvater Adam eingesogen bin.
Tastend erlebe ich die Resektion jener Rippe, die mir
bis heute fehlt. Alle meine Poren befinden sich in
Alarmbereitschaft, und in feine Wäsche gebettet ist die
sichtbare Welt, unter der Tischdecke dieses Landes
erstreckt sich eine lebenspendende Leere,
und nie wird mir gelingen, die Spitzen
der gekreuzten Antagonismenschwerter zu erreichen, nie
wird mir gelingen, die Zipfel der vier
Himmelsrichtungen auseinanderzuknoten.
Es ist herrlich, die Fensterscheiben klirren zu hören
und zu sehen, wie du dich auf die andere Seite der
Dinge zwängst. Jetzt fliegst du ganz tief über der
Wiese wie eine Schwalbe vor dem Gewitter,
sibirische Schwertlilienblüten stricheln lila Blitze
auf deine Brust, jetzt hältst du inne und verharrst
reglos in der Luft wie eine Seejungfer über der Theke
einer alten Drogerie, jetzt gleitest du in den Duft
blühender Oliven, weil du weißt, wie gern wir blühende
Olivenzweige pflücken und im Wäscheschrank
zwischen Hemden und Leibchen legen,
alle Düfte aus dem Auenwald sind Ansichtskarten von
dir, die Sanddüne jenseits der glasklaren Hitze hat
die Farbe deiner griesigen
Schenkel und Hüften,
die Wiese der blühenden Margeriten strömt unhörbar
das Geräusch deiner reglosen Wimpern aus.
So streiften wir damals schweigend Hand in Hand

durch das schilfgrüne Abendlicht,
in der Kaserne wurde schmachtend ein schmachtender
Zapfenstreich geblasen,
der Abend hatte ein Futter aus lila Waschseide um,
in der Kaserne wurde ein schmachtender Zapfenstreich
geblasen, Schatten legten sich in braungrüne Falten.
Die Straßenverkäufer des Večerní Praha riefen:
Zwei Minister aus dem Flugzeug gefallen!
Wachsamer Grenzsoldat rettet Kirchengemälde
im Wert von vielen Millionen!
Leiche eines unbekannten Mannes im Waldpark von Krč!
Ich sehe, wie in der Unterführung am Wenzelsplatz
die grotesk schmachtende Schönheit dauert,
freudige Leere hüllt die Ereignisse mit einem
Plastikmantel ein, ich stehe vor dem Ruin eines
sonnigen Tages und sehe, wie die Wiederholung uns in
fröhliches Verderben stürzt, und die Aufschriften und
Ausrufe machen mich fit. Damals war das Moldauufer ein
einziges schwarzes Samthalsband, in der Kaserne wurde
schmachtend ein schmachtender Zapfenstreich geblasen,
dein Geschlechtsteil war hinter Heftstichen und Spangen
aus Goldbändern und Samtknöpfchen verschlossen,
ein Geschlechtsteil wie eine Taftbluse versperrt.
Einmal sahen wir im heftigen Regenguß auf einem großen
Stein zwei Schnecken sich lieben,
ihre nassen Leiber waren miteinander verschmolzen
wie zwei Butterbrotscheiben.
Jetzt gehe ich durch eine lichtlose Nacht
und orientiere mich nur an einem sternlosen Stück des
Himmels, gehe immerzu auf die spitz zusammenlaufenden
Kiefernwipfel zu, und je tiefer ich in den tiefen Wald
gerate, desto genauer weiß ich, daß ich deinen

gespreizten Beinen näher bin und mein Traum, in deinen
Schoß zu dringen, sich nun bald erfüllen wird.
Eine Biegung aber hat den Waldweg begradigt
und die Wurzel und den Quell,
denen deine Beine entsprangen,
in respektierlichen Abstand gebracht . . .
Dergestalt geflochten auf das Rad einer Mühle,
wate ich auf Situationen zu, in denen ich noch nie
gewesen bin, eine Kathedrale zerbröckelt in ihren
Statuen zur Plakatbeschriftung, doch aus dem
buchstabenbeklebten Apfel kann man eine neue Bibel
bauen, das Empireportal des letzten Bahnhofs im
äußersten Galizien läßt sich auf ein altgriechisches
Tympanon zurückführen.
In der Kaserne wurde schmachtend ein schmachtender
Zapfenstreich geblasen,
wassergrüne Morgendämmerung,
das Fenster zum Fluß steht offen,
ein körperloses Blusenhemd hängt frei auf einem
Kleiderbügel. Ich gehe über feuchten Sand und
denke an deine Haut,
denke an deinen Rücken,
denke an die hohe und zarte Manschette deines Nackens,
denke an deine bäuerischen Hüften, die in ein Korsett
gezwängt und von zweierlei Strangulationsstriemen
geziert sind, vorne aufsteigend ein Schlips aus
Schamhaaren geflochten, ich denke
an einen Splitter von Sèvresporzellan.
Ich steige zu einem Waldbach hinab und sprühe mir
wieder und wieder Wasser aus der Rinne ins Gesicht
und koste still die destillierten Säfte
all der Dorfschönheiten, die, auf umliegenden

Friedhöfen seit langem begraben,
von Heidekraut, Sand und Farnen gefiltert, sich durchs
Herabsickern zum spiegelglatten Aroma leiser Quellen
und flinker Bäche geläutert haben,
in dieses geweihte Wasser tauche ich mein Gesicht
und bekreuzige mich
mit der Vertikalen deiner Scham,
mit der Horizontalen deiner Lippen.
Der Straßenverkäufer des Večerní Praha ruft:
Vermißt jemand einen Angehörigen?
Der Partisan Czasko hat mir geschrieben, ich sei
ein Brunnen, in den ein Kind gefallen ist.
In der Kaserne wird schmachtend der Zapfenstreich
geblasen, auch wenn ich nüchtern bin,
zeige ich Anzeichen von Trunkenheit.
Das Wasser ist abgelaufen
und meine Augen ziehen sich die Reisestiefel an.
Wenn der Wirt stirbt, heult auch das Vieh.
Ich bin zu Tode erschöpft, aber glücklich.
Und Amen.

Der sanfte Barbar

Vladimír liebte die Peripherie, er liebte die ewig aufgewühlten Straßen, aus deren Bäuchen Röhren, Kabel und Leitungen gerissen waren, all die schwarzen und aufragenden Schläuche, die sich um die entsetzten Normalpassanten wanden wie die Schlangen einer Laokoongruppe, Vladimír liebte die frisch gebrannten Ziegelsteine und ausgeschütteten Pflastersteine, die achtlos auf einem Haufen roher Erde lagen, Vladimír liebte diese methodische Art, das Gekröse einer Großstadt aufzudecken, und er verglich die aufgewühlten Straßen mit seiner Graphik, er fand im Chaos immer schöpferische Zielstrebigkeit, so wäre es nach Vladimír zwar das Beste gewesen, die ganzen Kanalisationen und Stromleitungen, die ganzen Röhren und Verbindungen wieder instand zu setzen, dann aber alles so zu lassen, nur mit Brettern und hastig zusammengezimmerten Gehwegen überbrückt, genau wie unter der St.-Veits-Kathedrale, wo man immer wieder eine weitere Rotunde, ein weiteres Kirchlein ausgräbt.

Vladimír konnte sich nie satt sehen an dieser enthüllten Schönheit, in der das Chaos seine Ordnung hat. Ich benutze, während ich meine Erinnerungen an ihn niederschreibe, seine eigene Methode, belasse die Texte wie aufgewühlte Straßen, und es liegt am Leser, über die Gräben der fließenden und verstreuten Sätze und Worte, wo immer es ihm gefällt, ein Brett oder einen hastig zusammengezimmerten Steg zu legen, um die andere Seite im Text zu erreichen ...

P. S.

Gewidmet dem Verein der Freunde Vladimírs, dem Verein der Gemütlichkeit und den Benützern der Telefon-Notrufe an beiden Enden der Telefonleitungen der ganzen Welt ...

Tagebuch in der Nacht geschrieben

Wenn Vladimír spät in der Nacht von der Arbeit kam, vor seinen seltsamen Besuchen und Begegnungen, pflegte er angezogen zu Bett zu gehen, in Lieben, Am Damm zur Ewigkeit Nr. 24. Er band die Zuglampe über dem Kissen fest, und durch das elektrische Licht von oben berieselt, schrieb er Briefe an sich selbst, sein Tagebuch. Damals schrieb Vladimír sein Tagebuch der späten Stunde immer in einen riesigen Folianten, ähnlich jenen Büchern, in die in den Brauereien der Bierausstoß eingetragen wird, jenen Journalen, in die in den Schlachthäusern die Kommissionäre den An- und Verkauf von Schlachtvieh eintragen. Seine Tagesberichte schrieb Vladimír nieder, nicht etwa, weil er es wollte, sondern weil er einfach schreiben mußte, weil das Schreiben Teil seiner Psychotherapie war, weil die schreibende Hand den überhitzten Kessel seines Gehirns ventilierte. Er schrieb sein Tagebuch nachts, schrieb's hastig mit einem Zimmermannsstift, denn der Fluß seiner Gedanken war so lebhaft, daß Vladimír nur mit großer Mühe der Bilderflut folgen konnte, von der er besessen war und die ihn verschlungen hatte. Mit diesem Buch war er so verbunden wie ein Telefonbuch durch die Kette mit einer Telefonzelle. So kratzte er mit dem Zimmermannsstift in die Seiten seines Journals, gemartert von Migräne, die ihm Nägel in den Schädel trieb, gequält von der Galle, die wie ein glühender Schlüssel seine Leber aufschloß. Doch je länger Vladimír schrieb, desto besser wurde er seine Krankheiten und Komplexe los. Und wenn er dann mehrmals sein triumphierendes Lachen in die Nacht hinausschrie: Chachachacha-a-a!, verschoben sich ihm die letzten Falten hinter die Ohren, schlugen seine manischen Kräfte den letzten Funken, und der Arbeitstag war zu Ende, um ihn fortfahren zu lassen in den ganz anderen Ebenen und Konstellationen des delirierenden Träumens und der aufbauschenden Träume. In jener Zeit damals vor einem Vierteljahrhundert, als Vladimír nachts an seinem Tagebuch schrieb, befand er sich in einer Situation moralischer Gegensätze, brauste durch schmale Engen hindurch, weg von den brillanten Assoziationen, hin zu der wahren Regung der Materie. Das Erahnen und Erkennen neuer Gestaltungsweisen steigerte Vladimírs Aggressivität, mit der er aus seiner verlängerten Jugendlichkeit in das Mannesalter, das noch nicht eingetreten war, drängte. Da er sich in jener Zeit damals außerstande sah, die inneren Gestaltungsformen der Materie zu erfassen, mit anderen Worten, von der subjektiven Individualität zur Allgemeingültigkeit und Objektivität vorzustoßen, litt er so sehr an Hypochondrie und Hysterie, daß er die Situationen und Ereignisse bis an den Rand brachialer Gewalt, bis an den Rand einer Klage wegen Ehrbeleidigung forcierte.

In jener Zeit damals provozierte er bewußt seine Freunde mit Briefen, um sich dann wieder versöhnen zu können und den ursprünglichen Zustand wiederherzustellen, um durch Synthese eine höhere Identität zu erlangen, die der Schöpfer Vladimír dann aber aufs neue zerschlug, und so strebte er durch wiederholte Spaltung zu den Gipfeln künstlerischer und menschlicher Erkenntnis. Durch Psychopathologie zur Psychologie. In jener Zeit damals vor einem Vierteljahrhundert, als Vladimír nachts an seinem Tagebuch schrieb, bewohnte ich ein Nebenzimmer, eine ehemalige Schmiede, und auch ich pickte mich durch zu anderen Formen des Schreibens und Verstehens, grob gesagt, ich war dabei, den psychischen Automatismus durch Realismus, durch Rückkehr zum Erlebnis und zum Faktum zu überwinden.

Und so brüllten Vladimír und ich uns in jener Zeit imme an, jeder an der Schwelle seiner Behausung, begossen wi uns gegenseitig eimerweise mit Unrat, schlugen uns Lebe und Gedärm, die wir uns aus dem Leib gerissen hatten um die Ohren, grölten uns an nicht nur durch die zuge knallten Türen hindurch, sondern über ganze Häuser blocks hinweg, von Žižkov nach Lieben und zurück ohne zu ahnen, daß der eine Hü und der andere Hot wollte. In jener Zeit damals pflegte Vladimír lieber mein Beil zu verstecken, während ich wiederum sein Küchen messer wegschloß. Aber irren würde, wer zu meiner glaubte, wir hätten uns nicht leiden können. Vierundzwan zig Stunden nach so einem psychischen Pogrom ließen wi uns schon wieder mit Bier vollaufen, und Vladimírchen fas zinierte die Bierbrüder und deckte auch diejenigen mi seinen gestischen und sprachlichen Delikatessen ein, die nur kurz über die Straße gekommen waren, um Bier in der Krug zu holen, und in Pantoffeln vor dem Ausschank standen.

Dann schlenderten wir durch die abendlichen oder nächtli chen Bezirke der Peripherie, griffen langsam die Probleme unserer Kunst wieder auf, die unaufhörlich in uns bohrten, sahen uns Prag von oben, von der Pražačka oder vom Šlosberk, an, unsere Augen funkelten im Glanz des nächt lichen Prag, um danach, in Vladimírs Zimmer, diesen gi gantischen, unfaßbaren Anblick der elektrisch illuminier ten Metropole endgültig zu vollenden ... durch einen Blick in Vladimírs Mikroskop, der uns durch die gesetzmä ßige Bewegung in der milliardenfach unterteilten Materie in helle Begeisterung versetzte. Und mein Beil stand schon wieder in der Diele, und Vladimírs Küchenmesser lag fried lich auf dem Tisch.

In jener Zeit damals, als Vladimír nachts an seinem Tagebuch schrieb, ließ er, genauso wie damals, als er mit mir zusammenlebte am Damm zur Ewigkeit Nr. 24, das Auf und Ab seiner Liebe und seiner Wut an seinen Kommilitonen von der Kunstschule, aber auch an seiner Mutter und an seinen Arbeiterkollegen und Vorgesetzten aus. Überhaupt entsprach das Bewegungsbild seiner zwischenmenschlichen Beziehungen einer Sinuskurve, Ebbe und Flut, Schwarz und Weiß. So verrückt liebte und terrorisierte er jeden, dem er begegnet war, denn lieber gab er einen Irren ab als einen Spießer. Der Dichter Egon Bondy, der uns häufig besuchte, wenn dem der Vladimír aus seinem Tagebuch vorlas, immer stampfte er in seinen winzigen Stiefeln herum und schrie: Scheiße, verdammt! Wenn ich mal so ein Bild finden will, muß ich die ganze Gegend mit dem kleinen Finger umbuddeln! Und der da schüttelt Hunderte davon nur so aus dem Ärmel! Mann Gottes, Vladimír! Schreiben Sie Gedichte, verdammte Scheiße! Und Vladimír setzte sein einfältiges Lächeln auf, die lockigen Haare fielen ihm in die Stirn, er lachte und strahlte vor Glück, denn zu bestimmten Zeiten war Vladimír für Beifall und Rührung genauso empfänglich wie ein Kind, das einen strahlenden Weihnachtsbaum sieht. Und weil Bondy immer Angst hatte, daß am Abend alle Kneipen schließen würden, holten wir uns schon am Nachmittag ganze Kannen und Bottiche voll Bier nach Hause.

Einmal, da war Vladimír gut gelaunt und schwang, kaum waren wir aus dem Haus, sein Bein so hoch, daß er mit der Sohle die höchste Sprosse der Leiter, die an eine Gaslaterne gekettet war, zu fassen bekam. Und der Zweimetermann Vladimír band sich in dieser Pose den Schnürsenkel zu, und Egon stolzierte unter seinem hochgestemmten Knie durch

und schrie zu ihm hoch: Scheiße, verdammt! Wenn ich das dem Zbyněk Fišer erzähle, der wird sich freuen! Und Vladimír, damit die Passanten was zu sehen hatten, hielt seinen Stiefel dicht unter die Leuchte. So ein Schnürsenkelbinden war besonders schön am Abend, die Gaslaterne strahlte Vladimírs zerzauste Ringellocken an, die Leute blieben stehen, und die Spucke blieb ihnen weg.
Und überhaupt, wenn Vladimír ging, ähnelte er einer brennenden Gaslaterne, er war genauso schlank, und sein Gesicht zog schon von weitem die Augen der Passanten an. In jener Zeit damals, als vor nahezu einem Vierteljahrhundert Vladimír an seinem Tagebuch schrieb, scharte er in der Maschinenfabrik ČKD eine Gruppe Lehrlinge um sich, die er eingeweiht und dann gelehrt hatte, wie man einfach und leicht ganze Serien und Sätze von Flecken produzieren könne, bei denen man dann die entsprechenden Formen nur nachzuziehen bräuchte. Was also Vladimír bei seinen Freunden nicht erreicht hatte, einen Clan und eine Künstlergruppe gründen, das gab ihm eine Gruppe von Lehrlingen, mit der er nach der Arbeit im Vysočaner Gasthaus Zum Kastanienbaum einzukehren pflegte. Es war unbegreiflich, wie sehr er sich den jungen Leuten auslieferte. Wer auch immer Vladimír darum bitten mochte, und sei es nur im Scherz, Vladimír lieferte ihm nicht nur prompt einen erschöpfenden Vortrag über die Gestaltung seiner Graphiken, er schrieb ihm überdies auch einen Brief, mit einem Eifer, der sprichwörtlich war, und mit einer wissenschaftlichen Sorgfalt, als schriebe er an Professor Vondráček. Und wenn die Lehrlinge dann nach Hause mußten, machte Vladimír noch weiter und lieferte sich jenen Gästen aus, die sich dazugesetzt hatten, und belehrte mit der gleichen Geduld und Sorgfalt nun die Bierbrüder, daß zwar nicht jeder gleich ein Künstler

sein könne, aber jeder, der will, könnte doch das, was er in einem Flecken sieht, zu Ende zeichnen.

In jener Zeit damals, als Vladimír nachts an seinem Tagebuch schrieb, wohnte ein junger Tischler, ein gewisser Herr Kaifr bei ihm, immer wenn der von der Schicht kam, kämmte er sich seine pomadisierten Haare, legte sich auf die Pritsche und döste, des öfteren war ich Zeuge, wie Vladimír unter der brennenden Zuglampe kniete, die Sonne kam nie in unsere Wohnung, so brannten wir auch tagsüber Licht, Vladimírs Lockenhaar funkelte im Glühbirnenlicht wie Messingspäne, und Vladimír sprach über das Wunder der Materie und deren Spiegelung im menschlichen Gehirn, Herr Kaifr aber schlief. Und dennoch begann Herr Kaifr nach monatelanger Schulung in Explosionalismus an einem Kassettenschränkchen für seine Flamme zu arbeiten, den Deckel verzierte er am Ende mit zwölf Bildern aus Furnierholz, dessen streifiger Unbestimmtheit er mit einem Pinsel feste Formen gab, so wie er sie sah. In jener Zeit damals, als Vladimír nachts an seinem Tagebuch schrieb, quartierte er auch seinen Freund Bouše bei sich ein, der an einer Talsperre beschäftigt war, der kam immer so erledigt nach Hause, daß auch er lieber nur dalag und döste, statt sich künstlerisch auszuleben, wie Vladimír es wünschte. Deshalb holte er sich einen weiteren Freund, Pithart, und dieser schuftete tage- und nächtelang an graphischen Blättern, die er zuerst in Blech stach, und als Unterlage benutzte er eine riesige Eisenplatte, die zu immer anderen Nachtzeiten vom Tisch fiel und nicht nur das ganze Haus, sondern auch die ganze Straße zum Zittern brachte, so daß jede Nacht die aus dem Schlaf gerissenen Mieter in ihren Nachthemden auf den Pawlatschen hin und her rannten, so hatte sie der entsetzliche Knall erschreckt. Nur Vladimír lachte, er freute sich über derartig unerwartete Erwachen sogar, denn Vladimír liebte Malheure und Katastrophen, Vladimír zog Unglück regelrecht an, er fühlte sich durch Dinge, die andere in Angst und Schrecken versetzten, immer geehrt. Und ich pflegte in jener Zeit damals unter seinen Wohnungsfenstern umherzustreifen, blickte nach oben, und wenn ich zu Bett ging, wollte ich's nicht glauben, was ich da in Vladimírs Kammer gesehen hatte, und ich ging wieder nachsehen, und es war fast immer das gleiche. Vladimír kniete unter der Zuglampe und hielt dem schlafenden Herrn Kaifr und Freund Bouše einen Vortrag über Explosionalismus, bekräftigte das Gesagte, schwang dazu rhythmisch mit meinem Beil, das genauso funkelte wie sein blonder Lockenschopf. Ich streifte unter seinen Fenstern umher und sah, wie ihm seine beiden Freunde zuhörten, aber in irgendeinem anderen Zeichensystem, im Schlaf. Nur Pithart, der arbeitete, aber das waren große realistische Graphiken. Gelegentlich kam auch eine Schöne im Ledermantel vorbei, sie brachte in einer Tasche Essen für Pithart mit, und so huschten durch das Licht und das Dunkel jener Kammer außer der Schneide des Beils auch Zinnlöffel, und die Kanten der riesigen Eisenplatte blitzten unheilvoll auf, als sänne sie darüber nach, welche Zeit in der Nacht die günstigste sei, in der sie mit einem gräßlichen Gepolter zu Boden gehen könnte. Die Schönheit in dem Ledermantel war von der Polizei, später brachte sie dann ihren Pithart weg, denn er war von diesen Graphiken schrecklich mager geworden. Als sie beide dann die Eisenplatte holten, trugen sie sie wie eine Näh- oder eine Waschmaschine. Das ganze Haus und die Nachbarschaft atmeten auf.

So etwa lebte Vladimír damals, als er nachts an seinem Tagebuch schrieb, Vladimír, dieser schöpferische Dogmatiker seiner selbst, diese Synthese aus Fürst Myschkin und Stawrogin, dieser Meister des Horrors und einer schier unglaublichen Demut, dieser Künstler, der im Lauf all der Jahre durch schöpferischen Eifer alles Negative ins Positive umzuwandeln verstand. Würde er noch leben, wäre er dieses Jahr fünfzig geworden, und seine Freunde, für die er lebendiger ist, als wenn er heute noch unter ihnen lebte, geben pietätvoll ein Siebtel seines Tagebuches heraus, so wie er selbst bereits Texte, die er für wichtig hielt, aus diesem riesigen Buch herausgesucht und in seiner Edition Explosionalismus unter dem Titel Ein Siebtel herausgebracht hat.

Es bleibt anzumerken, daß Vladimírs Tod es war, der den Blick freigab auf sein Leben, in dem er sich bemüht hatte, in Gewebe und Kern der Materie vorzudringen und ihre innere Schönheit zu erfassen und mit seinen Graphiken die Große Mutter Materie zu preisen und zu vergeistigen . . .

Einmal fuhr ich mit Vladimír und dem Dichter Marysko Pilze suchen. Im Zug ulkten wir über die Beziehung zwischen Hochzeit und dem Goldring, der auf Vladimírs Ringfinger blitzte. Herrn Marysko gefiel der Ring künstlerisch ganz und gar nicht, er kam ihm zu konventionell vor. Vladimír sagte: Ihnen gefällt der Ring nicht? Und der Dichter Marysko antwortete, nein, er gefalle ihm überhaupt nicht. Und Vladimírchen, bevor ihn jemand hätte daran hindern können, streifte den Goldring vom Finger und warf ihn aus dem fahrenden Zug in die rückwärts rasende Kulisse der Klánovicer Wälder. Wir bewegten unsere Kinnladen und waren sprachlos, denn wir wußten, wie sehr Vladimír diesen Ring liebte, ein Symbol für seine Liebe zu Tekla, mit der er kurz davor die Ehe geschlossen hatte. Vladimír aber erzählte leise und ohne Rührung dem verstummten Abteil, daß tuberkulöse Kühe die höchsten Melkleistungen erbrächten. Und heute weiß ich, daß dieser aus einem fahrenden Zug nach hinten fliegende Ring, diese aristokratische Geste, für Vladimír in dem Maße ein schöpferischer Akt war, in dem er den Verlust schmerzlich empfunden hatte. Übrigens, so wie mit dem Ring ging Vladimír mit allem um, auch mit dem eigenen Leben.

Vor fünf Jahren, am Tage des Heiligen Nikolaus, der wie Vladimír alles, was er besaß, gern und mit Liebe zu verschenken pflegte, hatte Vladimír, an und mit sich selbst experimentierend, nicht geahnt und in seiner Arglosigkeit gar nicht ahnen können, daß das letzte Glied in der Kausalverkettung den zu erwartenden letzten Ring nicht fassen würde ... und trügerisch schnappte ein Türgriff ... und der Strick, der seine Kehle zusammengeschnürt hatte, zog sich noch fester zu ... und diesmal kamen keine Menschenhände mehr zu Hilfe ... und Vladimír stürzte sich kopfüber vom Damm der Gegenwart direkt ins Herz der Ewigkeit.

Sanfte Barbaren

Vladimír, Meister der taktilen Imagination, stets an irgendeinem Verrecken sterbend, aber nur, um wieder von den Toten aufzuerstehen, sich zu verjüngen, neue Kraft zu schöpfen und mit dem Kopf durch die Wand zu rennen, auf die andere Seite zu gelangen und dann an der Nabelschnur entlang zum Anfang aller Dinge zurück, zurück zur ersten Woche der Erschaffung der Welt. So vermochte er zugleich uralt zu sein wie die Welt und jugendlich wie die Morgenröte, wie frisch ergrüntes Blattwerk. Seine sich stets erneuernde, verjüngende Existenz vermochte Vladimír immer wieder aufs Spiel zu setzen, zu zerrütten und jeder Feuerprobe zu unterwerfen. Deshalb liebte er den Schmerz. Wenn dieser nicht von außen kam, fügte er ihn sich selber zu. Verantwortlich fühlte er sich einzig und allein sich selbst und den Elementen, aus denen er zusammengefügt war. Durch seine Graphiken gab er den Elementen die Struktur ihrer Stofflichkeit veredelt zurück ...

Er hatte einige Mythen erneuert ... Den Mythos des Dionysos, jenes betrunkenen Schönlings, der ein Quell der schöpferischen Tat ist, und den Mythos des Antäus, jene Geschichte eines Recken, der, schwach geworden, nur dann wieder zu Kräften kommt, wenn er die Erde berührt. Vladimír schwärmte für Mörtelmischer und deren Inhalt, Kessel mit flüssigem Teer, Preßlufthämmer, Azetylenflaschen, deren Schläuche und Brenner leise surren und bläulich leuchten, Klempnerlötkolben, Lötlampen, das weiße Eis auf Kühlhauspulten, Spritzer von Zimmerfarbe auf Zeitungspapier, eingetrocknete Spermaflecken auf Turnhosen, blutige Bettlaken ...

Alle Laster der Welt waren über Vladimír gekommen:

Gnomenhaftigkeit, Schauspielerei, pathologische Gereizt heit, Allergie, Einfältigkeits- und Imbezillitätsallüren, Dog matismus, romantische Melancholie und Verträumtheit Abscheu vor Krawatten, Schwärmerei für Wandaufschrif ten und Spruchbänder, gern spielte er einen Fahnenträger Unverträglichkeit, Verachtung für die Intellektuellen, Be scheidenheit und Größenwahn, Vorliebe für Obszönitäten Stiegenhausklatsch, Hysterie, Beziehungswahn, Narziß mus, Sentimentalität, Argwohn ...
Doch Vladimír konnte auch das, was moderne Automobil motoren können. Das Gemisch direkt zu den Kerzen jagen ohne Zerstäubung im Vergaser. Rohe Materie direkt in der Bereich der Transzendenz. Und das stellte hohe Ansprüche an das Material. Vladimír hatte diese Fähigkeit. Die Koeffi zienten des Kräftespiels in seinem Schädel vertrugen selbst die allerhöchste Glut der Materie, nicht mehr und nicht we niger als Vincent van Gogh, als Munch, als Pollock. Deswe gen waren seine Krankheiten auch sein Heil. Nur so konnte er die wissenschaftliche Imagination begründen, nur durch seine subjektive Beziehung zur geliebten Materie drang er in den objektiven Zeitgeist vor. Seine Graphiken sind eine Apotheose der materialistischen Weltanschauung, Vladimír selbst ein Schöpferprolet, der in seinem Werk die menschli che Arbeit durch neue Erkenntnisse glorifizierte und sich so in die Reihen jener stellte, die um aktive Menschenliebe, um aktive Weltverbesserung ringen.
Indem er sich aus dem Gesellschaftsvertrag einzig und nur Pflichten erwählt, indem er sich selbst und durch das Expe riment an sich selbst bewiesen hatte, daß man einzig und nur sich selbst den Krieg erklären, daß man einzig und nur sein eigenes Territorium, jenes im eigenen Kopf nämlich, verwüsten dürfe, lebte er durch sein Leben nicht nur vor,

daß die Ausbeutung des Menschen durch den Menschen der Vergangenheit angehört, sondern im Namen des Explosionalismus hob er auch den Klassenkampf auf, denn er erklärte, ein friedliches Zusammenleben sei nur auf Kosten des Alls und des eigenen Ich möglich.

Vladimír bagatellisierte konventionelle Größen, dramatisierte Bagatellen, wußte, daß unter den Schlägen des Schmiedehammers die Nützlichkeit der Dinge entsteht, ja mehr noch, daß im Erleben der Schläge durch taktile Imagination aus Zunder und Staub und Dampf dramatische Schönheit erwächst.

Die Schleifscheiben der Marke Karborundum befreien mit sprühendem Schweif Stangen aus Stahl von Häuten und Flecken, diese Schleifscheiben waren für Vladimír Symbol für die Pädagogik des einzelnen wie auch der ganzen Gesellschaft. Ein halbes Jahr arbeitete ich in der Hütte Poldi an der Schleifmaschine, und Vladimír, wenn der in die Werkstatt kam, wo an Ketten aufgehängt zehn Scheiben rotierten, geführt von zehn bebrillten Schleifern, Vladimír war so ergriffen davon, daß er mit keiner Wimper zuckend Augen machte und wieder und wieder über all das Gesehene und Vorgestellte staunte . . .

Einmal kamen Vladimír und ich von den Krofts, oder wie die Alten sagten, von den Pudils, und diskutierten lebhaft miteinander. Als wir einen Kinderwagen passiert hatten, der verlassen auf dem Gehweg stand, weinte ein Kind darin, und Vladimír blieb stehen. Er analysierte das kindliche Weinen, kehrte mit wenigen Sätzen zum Kinderwagen zurück, hob vom Kopf des Wickelkindes eine rauchende Kippe, zeigte sie theatralisch herum und zertrat sie dann wie ein ekliges Insekt. Und als wir weitergingen, sagte er: Da hat wer eine brennende Kippe aus dem offenen Fenster geworfen. Doktor, wetten, Sie werden mir kein Papier und keine Farben kaufen, hm? Und wenn ja, dann wissen Sie was? Ich mach Ihnen unter dem Eindruck von dem Kind im Kinderwagen und der brennenden Zigarette an seinem Ohr ein paar graphische Blätter. Allerbeste Graphik, exklusiv für Sie, über das Kind. Aber Sie kaufen mir ja so keine Farben, auch kein Papier. Oder doch?

Vladimír und Bondy und ich waren so in das Bier vernarrt, daß wir, kaum stand das erste auf dem Tisch, gemeinsam die ganze Kneipe schockten, wir schöpften den Schaum mit vollen Händen, schmierten uns damit die Gesichter ein und rieben es uns in die Haare, wie die Juden, die ihre Peies mit Zuckerwasser einstreichen, beim zweiten Bier wiederholten wir die Salbung mit dem Schaum, bis wir davon ganz glänzend waren und drei Meilen gegen den Wind nach Bier rochen. Vor allem aber – war es ein Jokus – war es der Ausdruck unserer Begeisterung fürs Bier und der Begeisterung unserer Jugend, von der wir strotzten. Wir waren die Bierkings . . .

Vladimír immerzu in der Schaffenskrise, die sich bunt befiedert. Das Gefieder leidet an Selbstentzündung, es brennt so herrlich. Eine Sicherheitsnadel, die den Riß im Gehirn zuhält, und damit auch den Abgrund der Welt. Der Mut, die Nadel zu öffnen, in lebende Haut zu stechen und zu schließen. Bis zum Morgen ist die Wunde verheilt, platzt aber wieder auf, und das ganze Schließen beginnt von neuem . . .

Vladimír, Meister im Aufdecken neuer Kunsttechniken, die er hinter sich aber wieder verdeckt wie ein Fuchs, der seine Spuren im Schnee mit der Rute verwischt . . .

Vladimír pflegte zu erscheinen wie ein Geist. Gern durchraste er ganz Prag, kürzte die Entfernung zwischen Žižkov und Lieben, zwischen Košíře und Střešovice. Damals, als er aus dem fahrenden Zug seinen Verlobungsring in die Klánovicer Wälder hinausgeschleudert hatte, an jenem Nachmittag ging er uns in den Wäldern von Krč verloren. Am Morgen, als ich die Tür der Liebener Wohnung öffnen wollte, fiel ein Zettel zu Boden, und darauf stand: Bin über Böhmisch Brod gegen Mitternacht in Prag angekommen, worüber ich Sie hiermit unterrichte. Gruß Vladimír.

So war er in Hlubočepy erschienen, so war er am Medník bei seinen Surrealistenfreunden erschienen. Und wenn er dann irgendwo eine Ausstellung hatte, fuhr er schon die Nacht vor der Ausstellung los, kostete die Ausstellung bis in alle Einzelheiten aus und labte sich an all jenen Vorkommnissen während der Ausstellung, die sich dann nicht ereignen sollten ... Vladimír interessierte sich für Dinge, die hätten passieren können.

Ein Freund von ihm hatte zu Hause einige Zentner Fossilienabdrücke in Tonschiefer, Vladimír brachte ihm bei, in explosionalistischer Manier aktive Graphik daraus zu machen.

Vladimír liebte es, Abdrücke von Krabben in Menschenportraits umzuwandeln, und als er einmal von seinem Freund eingeladen wurde, mit ihm nach ähnlichen Abdrücken in den Höhlen von Koněprusy zu suchen, sagte Vladimír: Von wegen, ich habe dich in die Aktivgraphik eingeweiht, ich habe dir mehr verraten als sonst wem, du kennst dich dort aus, rempelst mich an und wirfst mich in die Schlucht und gibst dann meine Gedanken für deine aus ... nee. Geh du nur alleine ...

So hatte Vladimír seinen Sturz auf den Grund der Koněprusser Höhlen als greifbare Möglichkeit erlebt, um dann wieder, umgekehrt, während einer Wanderung durch die Hohe Tatra auf die Lomnitzer Spitze zu steigen und von der

Gegenseite des üblichen Aufstiegs her das Meteorologenteam auf dem höchsten Berg der Republik zu überraschen ...

Vladimír haßte das Geld, kaum bekam er Vorschuß, gleich gab er ihn aus, um sich dann bis zur Restzahlung täglich Geld zu leihen – hier zehn, da zwanzig Kronen, in seinem Spind schrieb er sorgfältig die Namen seiner Gläubiger auf, die er bei jeder Lohnzahlung ehrlich ausbezahlte; dabei stand er immer da und teilte jedem aus, was er ihm schuldig war. Dann blieb er mit dem Rest zurück und sagte unter großem Gelächter: Was soll ich damit? Soll ich's in den Ofen schieben? Oder auf den Kopf hauen? Und er haute den Rest auf den Kopf und fühlte sich wohl, wenn er sich dann spät in der Nacht sechzig Heller pumpen mußte, für die Straßenbahn oder für Zigaretten, und ging dann zu Fuß nach Hause. Bekam er mal mehrere Tausend für das Illustrieren eines Buches, wurde er ganz sauer ... zwei Tausender gab er seiner Mutter, zwei der Schwiegermutter, einige Hunderter gab er auf der Stelle aus, und wenn dann seine Mutter, überzeugt, daß Vladimír mit Geld versorgt sei, wegfuhr, damit Vladimír die gemeinsame Wohnung ohne Muttern genießen konnte, gab Vladimír mit der Wut eines Besessenen alles Geld aus und atmete erst auf, wenn er sich wieder die sechzig Heller für die Straßenbahn leihen mußte. In jener Zeit damals dachte auch ich, daß Vladimír nun für Wochen versorgt sei, als ich ihn besuchte, öffnete mir die Nachbarin und sagte leise, da ich die Bemerkung hatte fallenlassen, daß Vladimírchen jetzt für eine Weile wenigstens aus dem Schneider sei: I wo, abends hat er mir die Kartoffeln aufgegessen, die ich im Flur stehen hatte ...

Vladimír hatte die Bewegungen einer Katze, das heißt – er war fotogen. Nie hätte man ihn in einer Situation angetroffen, in der er nicht schöpferisch gewesen wäre, selbst seine Selbstmordversuche hatte er immer ästhetisch durchdacht. Alle Photographien von ihm, die erhalten sind, zeigen ein Gesicht und eine Gestalt in höchster Potenz, immer stellt er auf dem Foto etwas dar; das kam auch von Vladimírs Vorliebe fürs Tanzen, keinen Tango oder Walzer, so etwas blieb ihm versagt, sondern einfach nur so, nach der Art der alten Griechen oder improvisierend wie die mährischen Slowaken. Bondy und ich, wir schrien immer vor Begeisterung, und Bondy kommentierte: Scheiße, verdammt! Das Vladimírchen kann machen was er will, immer hat's Schmiß . . .

In jener Zeit damals, als wir so begeistert stritten, weil wir immer Grund hatten zum Streiten, hielten das die Nachbarn dem Vladimír vor, der aber wehrte sich: Ich? Von wegen, das waren die da! und er zeigte auf mein Fenster. Und als sie's dann mir vorhalten wollten, da sagte ich: Ich? Von wegen, das war der da! Und zeigte auf das Fenster von Vladimírs Zimmer. Und als einmal der Streit ausgeufert war, schlief jeder in seinem Zimmer, Vladimír mit meinem Beil im Bett und ich mit Vladimírs Küchenmesser, und kaum hatte sich einer von uns bewegt, schon regte sich der andere, wenn einer aufsprang, sprang auch der andere hoch, wir machten Licht und zeigten uns gegenseitig durch die Verbindungstür, daß jeder für den anderen die Waffe des Gegners bereithielt. Und so beschlossen wir, die Verbindungstür zuzumauern.

Und so kam aus der Bratrská-Straße ein greiser Maurer, und wir hängten die Tür aus, und der Maurer kleidete den Rahmen mit Teerpappe aus, und der Vermieterin unterschrieben wir ein Revers, daß wir, falls wir mal ausziehen sollten, den ursprünglichen Zustand wiederherstellen würden ... Und der Maurer legte die Ziegel, schöpfte aus einer Schubkarre den Mörtel, Vladimír und ich, wir saßen jeder bei seinem Tisch, und mit Erregung sahen wir zu, wie die Ziegelsteine langsam stiegen, wie zwischen uns die Mauer wuchs, als stiege da ein Wasser an, jeder sah nur noch des anderen Büste, Vladimír, weil er groß war, blieb immer noch sitzen, ich sah nur seinen Kopf, dann standen wir auf und zwischen uns stand auf einer umgekippten Mörtelpfanne der Maurer, wir reichten ihm die Ziegel, schichteten einer dem anderen die Ziegelsteine für die Trennung des einen vom anderen auf, Separation von Tisch und Bett, wie jene Alte, die dem Hus ihr Reisigbündel auf den Scheiterhaufen brachte, dann sahen wir uns nicht mehr, versuchten uns aber mit der gleichen Raserei zu übertreffen und hielten dem Maurer die Ziegel hin, er hatte die Mörtelschicht in der letzten Arbeitsphase überschlagsweise so berechnet, daß die Ziegelsteine gerade paßten ... Und als der Mörtel trocken war, legten wir die Tür gegen die Mauer, lehnten sie nur so an und schnauften zufrieden, wir atmeten auf, daß wir nun endlich einer vom anderen Ruhe hätten, wo wir doch jetzt jeder tief im eigenen Zimmer säßen. Egon Bondy, der uns besuchen kam, als die Ziegel erst bis zum Gürtel reichten, lief durch die in den Hausflur führende Tür abwechselnd mal zu mir, mal zu Vladimír, hielt sich das Kinn und suchte nach einem Schlüssel für diese Teilung, wo wir doch gegeneinander und zueinander durch den Flur hindurch konnten ... Himmel Arsch, was macht ihr da? wieherte er und lief in die Sonne auf den Hof, die hektoliterweise helles Bier über den Hofgrund gegossen hatte, überhaupt, Egon, wenn der in der Sonne stand, sah er aus wie ein Faun, der aus einer Zisterne mit Bier aufgetaucht war, sein helles Haar rann immer weich an seinen Ohren vorbei, und genauso war sein Bart im Sonnenlicht vom hellen Lagerbier umflutet, er stand also da, zappelte mit den Händen und rief: Panje Wladimirze! Euch reicht's wohl nicht, daß eine Mauer ganz Europa teilt, daß Korea geteilt ist, daß das geteilte Berlin in zwei Teile zerfällt? Das nützt euch einen Dreck und überhaupt! Und wütend kam er wieder herein, starrte von mir auf Vladimírs Kopf, lief dann weg und starrte von Vladimír auf meinen Kopf und genoß diese Augenblicke genauso wie wir, wenn wir uns nicht mehr sehen würden, der letzte Ziegel, der letzte Schlag Mörtel von der Kelle ... Und dann am Abend, als Vladimír nach Hause kam und an seinem Tagebuch zu schreiben begann, hörte ich seine Feder, wie sie sich leise und tüchtig gegen die Seiten des riesigen Buches stemmte, hörte es besser als zur Zeit, wo diese Mauer noch nicht zwischen uns gestanden hatte ... Und drehte sich Vladimír mal im Bett um, war mir, als drehte er sich direkt neben mir um, atmete er, so hörte ich seinen Atem, ich hörte sogar, wie sich seine Lunge blähte, wie seine Leber arbeitete, durch die Wand hindurch hörte ich sein Herz besser und klangvoller als zur Zeit, wo die Mauer noch nicht zwischen uns gewesen war. Und so begegneten wir uns nur noch auf dem Flur, höflich, um dann, nachdem wir uns abgeschlossen hatten, jeder in seinem Bau die Gegenwart des anderen auf der anderen Seite mehr als je zuvor zu genießen. Und ich rückte mein Bett direkt zur Wand, und tags darauf sah ich vom Hof aus, wie auf der anderen Seite auch Vladimír sein Bett zur Mauer gerückt hatte, so schliefen wir wie siamesische Zwillinge, an der Wirbelsäule der Wand zusammengewachsen, die uns nicht trennte, sondern enger verband als zu jener Zeit, wo die Tür noch nach Belieben im Türrahmen auf und zu gegangen war. Schlafen Sie? flüsterte Vladimír. Noch nicht,

hauchte ich gegen die Wand. Ich auch nicht... flüsterte Vladimír. Manchmal sprachen wir gar nichts miteinander, doch es reichte schon, die Wand mit einem Fingernagel zu berühren, und ich hörte von drüben genauso wie Vladimír von hüben, daß sich von der anderen Seite Finger gegen den Fingernagel in den Wandverputz krallten, daß sie sanft über die Wand strichen, und so gaben wir uns das Zeichen, daß wir eigentlich noch bessere Freunde seien als zuvor... Und so geschah, als Vladimír nach Žižkov gezogen war und hin und wieder auf Besuch kam, oder ich wiederum ihm zur Fabrik entgegenging, in das Gasthaus An der Haltestelle, daß wir es einmal packten... Wieder waren wir Freunde auf Leben und Tod, doch wir schrien uns nicht mehr an, denn jetzt gingen wir jeder seinen eigenen Weg und konkurrierten nicht mehr miteinander, so rückte also Vladimír seinen Stuhl hin und ich von der anderen Seite meinen Schemel, und wir bröckelten mit einem Meißel den trockenen Wandputz weg, dann den Mörtel, dann lockerten wir einen Ziegelstein, dann noch einen, und waren über die Maßen aufgeregt dabei, als wohnten wir der Operation des einen an dem anderen bei, als würden wir uns den Brustkorb gegenseitig öffnen... und wir waren verblüfft darüber, wie schön das Zimmer des anderen sei, obwohl wir doch nichts anderes sahen als vom Freund die Stirn oder das Kinn, im Hintergrund eine weiße triste Wand... und so lösten wir ein paar Ziegel mehr, dann sahen wir schon einer des anderen Büste, Vladimír stellte auf die restliche Mauer eine halbleere Flasche Kirschlikör, ich füllte sie von der anderen Seite mit Rum nach, dann schüttelten wir's und schenkten uns diesen Mix ein... und als wir anstießen, kam Egon Bondy und staunte...
Dann stellte er sich auf den Schemel und schaute zum

Vladimír ins Zimmer, lief durch den Flur und kam zu Vladimír gerannt, und von dort schaute er wieder zu mir, blickte auf die Mauer in der Tür, die gerade jetzt als irgendein Tisch diente ... Ich holte ein Gläschen, goß die Synthese ein, Egon trank einen Schluck, prustete dann aber das Ganze wieder aus, als hätte er irrtümlich von einer Säure probiert ... und stellte sich zur Wand, schlug mit beiden Fäusten gegen den Putz, schlug sanft mit seiner Stirn gegen die Wand, das gleiche tat er dann bei Vladimír, verschluckte sich und rief würgend: Scheiße, verdammt! Entspannung! Die Verständigung zwischen den Völkern beginnt hier und jetzt! Da muß ich mir beim Philosophen Zbyněk Fišer Rat holen! Ist das jetzt eine Rose, ist es keine! Damit's eine Streicheleinheit gibt, hat es zuerst paar über die Schnauze gebraucht ...

Vladimír rauchte immer recht ulkig. Er steckte sich gern eine an und qualmte wie ein Schlot, ohne gleich ein Schlotbaron zu sein. Ich sagte, aber Vladilein, Kreuzdonnerwetter, Sie machen ja keine Lungenzüge! und er darauf: nee, ich rauche nur so, weil's zu meinem Portrait paßt, zu meiner explosionalistischen Büste! ...

Vladimír ging gern barhäuptig, bei ungünstiger Witterung trug er einen schwarzen Rabbihut, aufgesetzt mit enormer Dandyeleganz à la Brummel, und als Frost hereinbrach, nähte er sich eigenhändig eine neue, phantastische Pelzmütze aus Mamas Muff, so wie diese Mützen mit riesigen Schilden, wie man sie heute trägt, eine Mütze, wie sie die Rabbiner aus Nikolsburg getragen haben. Wenn er sich mal einen Schlips umband, so war's gleich auf den ersten Blick kein Schlips, sondern ein Halsband, kein Halsband, sondern irgendso ein Strohwisch, den er absichtlich nach links verschoben trug, so daß der Knoten halb vom Hemdkragen verdeckt war. Er träumte von einem eleganten Pullover und von eleganter Kluft, aber kaum hatte er's mal in die Tat umgesetzt, gleich schimpfte er sich einen Dummkopf, einen Trottel, einen Heini . . .

In der Imbißhalle tranken wir ganz pö a pö unser Bier und sahen dabei zwei Reinemachefrauen zu. Eine davon war in jungen Jahren bei der Operette gewesen, jetzt eine aufgetakelte Siebzigerin mit affektierter Schürze. Wenn sie fegt, tanzt sie mit dem Besen, jeder Mann gibt ihr einen leichten Klaps, wenn sie vorbeidreht. Jugendliche Komikerin. Lacht, wenn sie den Gästen am Bier nippt, wenn sie den Wagen schiebt mit Tellern und Resten und schmutzigem Geschirr, singt heitere Couplets . . . Eine verrückte Vettel, einfach zum Totlachen . . . Aber aufgepaßt! Vladimír: Sie ist eine Heilige! . . .

Die zweite Reinemachefrau, auch sie längst in Pension, hatte in Tragödien bei privaten Theatertruppen gespielt, gelbe, tragische Maske, vom Karneval zertreten. Wenn sie fegt, stöhnt sie, als hätte sie die Reste nach ihrer eigenen Kremation wegzuharken. Wenn sie den Wagen mit dem schmutzigen Geschirr schiebt, bringt sie ihre alten Knochen zum Altmaterial. Tragische Gewissenspein. Aber aufgepaßt! Sie trinkt gern, alles und jedes. Ihre Rente hat sie immer im voraus in Kannen von Bier ertränkt, das sie sich tragischerweise bei den Vaništas holt. Vladimír: Auch eine Heilige! . . .

Und so stehen wir herum, trinken ganz pö a pö vor uns hin und sehen uns die beiden Heiligen an, immer wenn jemand kommt, so macht der Schließer zuerst ganz langsam zu und dann mit einem schrecklichen Knall. So als hätte hinter jedem Gast ein stehender Metallsarg den Deckel zugeworfen. Und plötzlich kam Egon Bondy rein:

Wo seid ihr? Ich hab schon sechs Kneipen nach euch abgeklappert ... plärrt er und reißt zwischen Tür und Angel die Hände hoch, und hinter ihm peng! haut der Schließer wieder zu. Egon bedeckt sich die Ohren. Macht das immer so? Vladimír: Nee, bloß hinter jedem, der reinkommt ... Frau Vlaštovková, haben Sie 'nen Schraubenzieher? Und dann rückte Vladimír einen Stuhl hin, setzte seine Brille auf, drehte dreimal an einer Schraube, gab den Schraubenzieher wieder zurück, und alle warteten auf den nächsten Gast.

Die Tür schloß sich leise, nur die tragische Reinemachefrau zuckte zusammen, als hätte jemand an ihrem Rückenmark gezerrt. Egon Bondy trank ein Bier nach dem anderen, blickte im Kreise, alles still. Was soll das? fragte er. Vladimír: Wir sind auf der Lauer ...

So ließ sich der Egon also das Bier über den Bart laufen, und bevor er das nächste Bier eingeschenkt bekam, lutschte er sich die Bierreste von den Bartzotteln. Und oben, von der Primátorská-Straße her, kam ein Rettungswagen, mit sprühendem Blaulicht und heulendem Horn, die tragische Reinemachefrau faßte sich ans Herz, der Rettungswagen bog ab, fast wäre er vor der Welt umgekippt, zwei alte Frauen in der Passage langten sich an den Nacken und riefen: Um Gottes willen, wen holen die jetzt wieder?

Egon Bondy bekam einen Schreck: Scheiße, verdammt! Mir fehlt doch nischt! Und befühlte seinen Puls. Aus dem Wagen sprangen zwei Pfleger, zogen eine weiße Wachstuchbahre hervor, dann packte jeder zwei Kannen, und sie liefen in den Ausschank und ließen sich die Kannen mit Pilsner füllen ... und jeder trank noch ein Bier für den Weg, und sie tranken aus ihren Gläsern noch den Rest, der in die überschwappenden Kannen nicht mehr hineingegangen war, in der Passage wischten sich die zwei alten Frauen, die vorhin so erschrocken waren, gegenseitig mit einem Tüchlein ab, und die Pfleger kamen hinausgerannt, ihre Mäntel flatterten, sie sprangen in den Rettungswagen, nachdem sie zuvor die Wachstuchbahre mit den Kannen hineingeschoben hatten, und wieder jaulte das Martinshorn auf, und das Licht sprühte, und der Wagen kippte in der Kurve wieder fast um, und die Leute, die vom Schlößchen kamen, faßten sich ans Herz – wen holen die jetzt wieder? Egon Bondy sagte: Himmel Arsch, das ist ein Memento mori! Vladimír, was haben Sie da wieder für Typen angelockt? Und Vladimír war begeistert, Egon beobachtete, wie vor dem Kino eine Zündapp anhielt, darauf ein Kerl ganz in Leder, mit Helm, finster wie ein Taucher, einen riesigen Bergsteigerrucksack auf dem Rücken, er lehnte das Motorrad gegen den Bordstein, verschwand ganz ernst in der Passage und dann im Kino. – Himmel Arsch, was soll denn das? – maulte Egon. Vladimír: Aber das ist doch seine Arbeit, er pendelt zwischen den Kinos und trägt auf dem Rücken Kinoprogramme aus. Dann sahen wir, wie der behelmte Motorradfahrer die Zündapp wieder anwarf und sein Kinoprogramm in ein Kino brachte, wo die Vorstellung eine halbe Stunde später begann, und wir tranken ein Bier nach dem anderen.

Als wir hinausgingen und zum Schlößchen kamen, waren die Verkehrsinseln bereits beleuchtet, die Nummer Dreizehn zockelte heran, ein Frauenzimmer mit einem Kinderwagen immer rin in den letzten Wagen, irgendwer half ihr dabei, aber der Schaffner ließ zu früh die Türen schließen, und das Frauenzimmer hielt den in der Mitte eingequetschten Kinderwagen fest, und die Straßenbahn fuhr los, und das Frauenzimmer hielt immer noch den Kinderwagen am Griff fest und sprang in drolligen Sätzen der Straßenbahn nach und schrie, aber die Straßenbahn hielt nicht an und der Kinderwagen schlug gegen den Kandelaber einer Straßenleuchte – krach! – und der Kinderwagen war entzwei, die Leute, die auf die nächste Straßenbahn warteten, schrien auf oder ließen sich gegen die Schlößchenmauer fallen, einige Kühnlinge sprangen zum Kinderwagen, Egon Bondy wurde blaß ... doch aus dem zerbrochenen Kinderwagen fielen klirrend lauter Flaschen mit Bier, und der Duft nach vergossenem Bier breitete sich aus ... und das Frauenzimmer schrie der abfahrenden Straßenbahn nach: Die zwanzig Bier bezahlt ihr mir noch, Saubande! Jungs, und sie zeigte auf Egon und Vladimír, ihr seid meine Zeugen, ihr bestätigt mir das! Egon Bondy donnerte: Flaschen, Flaschen, wo ist das Kind? Da haben Knochen gekracht! Und das Frauenzimmer sagte: Das war der Bierkasten, Sie werden doch von 'ner alten Frau nicht verlangen, daß sie zwanzig Bier in der Hand schleppt, wie? Vladimír strahlte vor Glück und schöpferischer Heiterkeit. Egon Bondy taumelte in das Dunkel im Park, fuchtelte mit den Händen, als wollte er einen bösen Traum verscheuchen: Himmel Arsch, das sind mir Gags. Das hätte sich kein Chaplin ausgedacht.

Wenn irgendwo jemand mal etwas auf einer Karre schob, halfen Vladimírs Hände mit, weniger aus aktiver Nächstenliebe als der Berührung mit der Kette wegen – schippte irgendwer mal irgendwo Kohle, bat Vladimír, ihm helfen zu dürfen. Und dann war wieder keiner so begeistert wie Vladimír, der sich wie ein Liebhaber in Lendenkontakt mit der Geliebten fühlte, wenn er mal aufladen und den Schaufelstiel, die ölige Substanz des Eimerhenkels mit den Händen kosten durfte, nie scheute er den Ruß und den Staub der Kohle, im Gegenteil, er ließ sich dann immer um die Nasenflügel dunkle Rußstreifen stehen ...

Einmal gingen wir hinaus, zum Koráb, und kamen aus dem Staunen nicht heraus. Der Abhang, einst leer und verlassen, war jetzt von Geometern in Feldern aufgeteilt, künftige Gärten, Gärtchen, und die Leute rissen dort schon die Quecke aus, lockerten die Erde mit dem Spaten, die Eifrigeren arbeiteten auch nachts und konnten so bereits Erdbeeren und Gemüse pflanzen. Vladimír suchte sich immer ein Feld aus, wo am wenigsten getan worden war, und half mit, raufte das Unkraut, schuftete mit seinem ganzen Körper und sprach dabei gern davon, was er erlebte; wenn er die Erde umgrübe, hätte er immer einen taktilen Genuß, als deflorierte er mit dem Spaten die Jungfer Erde ... In jener Zeit damals halfen wir einer Frau, die auch noch einen Kinderwagen mit Kind dabei hatte, das Kind weinte immerzu. So heiß war es auf dem Abhang ... Vladimír ließ seine blonden Krausen in die Sonne fallen, und die Frau lief dauernd zu dem Kind, manchmal holte sie ihre Brust heraus und gab dem Kind die Brust. Gegen Abend, als Vladimír sich verabschieden wollte und sich ausbedungen hatte, daß er morgen wiederkommen dürfe, dachte sich die Frau, Christus wandle hienieden, und küßte Vladimír den Handrücken ... ein andermal aber, als Vladimírchen Kohle in einen Schuppen im Hof geräumt hatte und der Rentnerin von seinen Problemen und von seiner Arbeit zu erzählen begann, wurde die Alte zusehends unruhiger, starrte lange auf das in einen Holzklotz gerammte Beil, und in ihrer Verzweiflung band sie sich die Schürze los und deckte damit das Beil zu ... Und atmete auf, als Vladimír und ich davontrotteten, lief noch einmal hinaus und blickte uns nach, ob wir wirklich zu den Hausmans abgebogen, ob wir wirklich schon fort seien.

Aus Magermilch machte er Rahm, aus Kohlenstaub Brillanten, aus einem Sperling den Vogel Phönix, ein Lahmer wurde bei ihm zum Läufer, immer, wenn irgendwo mal Not am Manne war, brachte er sein Talent ein, um zu beweisen, daß omnia ubique und daß in jedem Minimum ein Maximum, daß jeder Punkt auf dieser Welt zugleich auch der Mittelpunkt vom Paradies sei, während die Hängegärten zu Schutt und Asche würden, und in dieser Asche würde alle Schönheit fortbestehen, in dieser Brise Staub begänne alles neu.

In der Alten Post gab's eine hübsche Kellnerin, so eine runde und dralle, fast eine Zigeunerin, und dort saß Vladimír immer gern und schrieb Briefe. Und wie immer zog er die ulkigsten Typen an. Als ich Platz genommen hatte, gab gerade so ein feines Bürschlein folgendes zum besten: Ich habe sie kennengelernt, und da hatte ich einen vergipsten Arm und so, und ich immer mit dieser Pfote rumgefummelt an ihr, und sie immer gejammert dabei, aber dann hat sie sich dran gewöhnt. Die Jungs haben mir so Zeugs draufgemalt, ein Schriftsteller, der im Krankenhaus mal 'ne Lesung hatte, der hat mir, ich hab ja kein Buch von ihm gehabt, diesen Gipsarm unterschrieben ... Aber dann das Malheur, die machen mir den Gips runter, und mein Mädl, die Hochzeit vor der Tür, da sagte sie, ich wär nicht mehr so zärtlich wie früher, und ließ mich sitzen. Und gestern, mich hätt's fast umgehauen! Wen seh ich? Meine Verflossene, geht mit 'ner Type, der hat den gleichen Arm in Gips. Die Weiber sind sowieso pervers ... Vladimír schrieb weiter, und seine Stimme knurrte entrüstet: Mich hat die Meine auch versetzt, da schreib ich jetzt einen Brief an eine Staatsanwältin, der Senatspräsident hat mir ans Herz gelegt, besonders nett zu ihr zu sein, da schreibe ich ihr also schon den sechsten Liebesbrief ... aber horch mal, Kumpel,

kennst du Martonsche Experimente? Also da geh ich jetzt immer hin. Bin ganz nackt dabei ... ein Film mit Nackedeis und so. An mir rum und im Gehänge Drähtchen, im Genital ein Gerät. Ein Pornofilm. Lämpchen leuchten auf, Apparatezeiger flattern, stricheln Infos für die Psychiatrie. Die Marton – eine Ärztin, weißt du? Auch einen Ödipus hat das Zeug bei mir gecheckt. Wenn Mutter in der Früh aufsteht, paß ich den günstigsten Moment ab und geh dann nackt an ihr vorbei. Hat immer noch eine prima Figur. Tut so, als würde sie mich nicht sehen ...
Das Bürschlein war ganz in Gedanken, den Kopf in den Händen, die Finger bis an die Augen. Dann sagte er bedächtig: O. K., ich zahl dann, wissen Sie, das Mädl, das hat's wahrscheinlich vom Vater. Ihr Vater kommt vom Riesengebirge, einmal, da hat er seinen Führerschein und Ausweis genommen und meldet beim Nationalkomitee ein neues Gewerbe an: Anton Hulík, Gott. Erst einen Monat später haben die ihn gefaßt, irgendwo auf so einem Bahnhof, lief da in der Knochenkälte im bloßen Unterhemd rum. Und in der Klapsmühle hat er dann statt der Schocks eine Kotztherapie verpaßt bekommen, da hat er nach jeder Spritze lange kotzen müssen, bis er dann nach drei Monaten fix und foxi war. Und fünf Monate später war er schon wieder ein völlig normaler Mensch, Installateur, hat dann seinen Führerschein und Ausweis wiedergekriegt ... Und er stand auf, klopfte feierlich mit den Knöcheln aufs Tischtuch und empfahl sich.
Vladimír schrieb grimmig weiter, um seinen Mund glitzerten Streifen von Wermut, die Kellnerin ist sicher gerade dabei, das dritte Gläschen zu bringen, ach, das wird 'n Brief, das wird 'n Brief, Barmherziger! – die vierte Seite schon, und Vladimír immer noch nicht bergab, dauernd bergauf,

dauernd diese manische Stimmung, in der man etwas sagt, was man morgen schon wieder bereut ...
Ich ließ Vladimír schreiben, schlürfte an meinem Bier, mein Herz schlug noch, ich gehe durch Šlosberk spazieren, mein ehemaliger Arzt in Pension, mein Distriktsarzt – lockt mit ausgestrecktem Arm, die hohle Hand zum Himmel, die Meisen an, sie sollen sich setzen und Erdnüsse picken. Kaum hat er mich gesehen, fährt er mich an ... Ah, Sie sehen schon bedeutend besser aus, von wegen sezieren ... Piepiepiep! Na, haben Sie schon die Lektüre gewechselt, was Lustiges, wie? Humor und Satire, nicht? Gestern hat sich hier in einer Schlinge ein Hase erdrosselt. Wo bleibt denn heute meine Haubenmeise, meine Blaumeise? Na was ist, näßt das immer noch so, noch immer? Also, ist doch prima, und was macht der Stuhl, schon besser? Besser. Na also, ist doch enorm, ein großer Erfolg der Wissenschaft. Ich drehte mich hin, damit mich der Herr Doktor besser sehen konnte, er untersuchte mich und fuhr im gleichen Ton fort ... Auch die Kinder lassen aus der Hand fressen, aber manchmal fangen sie den Vogel. Der Argwohn gegen die Kinder. Aber hören Sie, den Kirschlikör, den Sie mir gebracht haben, den habe ich mit meiner Frau unterm Weihnachtsbaum leer gemacht, ganz leer gemacht. Piepiepiepiep, wo bleibt denn meine Blaumeise? Wie spät ist es denn? Na ja, Halbstarke haben uns den Hasen erdrosselt, zehn Jahre lang haben wir den durchgefüttert ... Er beugte sich vor und flüsterte mir, während er mir mit seinen Pranken die Hand festhielt, ins Ohr: An Selbstmord denken, wo gibt's denn so was! ... Darauf ich: Ich doch nicht, der Vladimír. Und er genau: Sie sind doch Vladimír ... Piepiepiepiep, wo bleibt denn heute meine Blaumeise?

Vladimír hatte sich von seinen Freunden überreden lassen, mit ihnen als Maler auf Motivsuche in die Natur aufzubrechen, in die Welt der Erscheinungen. Zwei Tage später kam er zurück, mit Staffelei, Malkasten, ohne Bild, aber ganz verstört, unausgeschlafen, geblendet. Doktor, gehen Sie mir bloß weg mit der Natur. Wir haben ein Wäldchen bei Kladno gemalt, und als wir fast schon fertig waren mit der Landschaft, kam die Polente und nahm uns fest, als Spione. Bis in der Früh haben die uns angeplärrt, wer denn das Bild bei uns bestellt hätte, weil dort hinter diesem Wald, wo die Bäume lichter wurden, also da kann man mit ein bißchen Phantasie das Hüttenwerk von Kladno sehen, und würde das dem Feind in die Hände fallen, hätte der dann eine Skizze, wo unsere Stahlhütten sind. Hinterm Wald nämlich! Und so sind wir jetzt Spione! Doktor, lieber mal ich auf Kosten des Alls, lieber bin ich wieder Himmelsspion.
Ein Jahr darauf ließ er sich von Rotbauer überreden, die Prager Peripherie zu malen. Und so malten sie die Moldaubucht von der Liebener Brücke. An jenem Nachmittag kam Egon Bondy zum Damm der Ewigkeit und suchte nach Vladimír, wir könnten doch alle drei am Abend die Rokytka flußaufwärts gehen und dann irgendwo einkehren und einen heben und Volksweisen singen, Vladimírs Lieblingslied Saß ein Falke hoch im Baume ... Und als ich sagte, daß Vladimír nicht da sei, gingen wir ihm entgegen. Und siehe da – in der Hauptstraße, mitten unter den dahinströmenden Massen, sahen wir den überragenden Kopf Vladimírs, er ging nicht allein, wurde mit Rotbauer von der Polizei abgeführt, und ein Rentner hüpfte ihnen hinterher und rief: Seht her, Leute, das sind Saboteure, Spione! Und Vladimír lächelte, trug seinen Malkasten, die Polizisten trugen die zwei Bilder, wir gingen ihnen nach in die Bo-

žena-Němcová-Straße, in die Rosenbergstraße, und warteten dort. Nach drei Stunden – wir tranken gerade das zwölfte Pilsner – konnten wir dann von der Welt aus sehen, wie Vladimír und Rotbauer aus dem Milizgebäude kamen. Über einem Bier erzählte dann Vladimír: Dieser Rentner hat die Polente auf uns gehetzt, angeblich wäre hinter der Bucht, die wir malten, da wär eine Werft, ein staatswichtiges Objekt ... und als wir bewiesen haben, daß uns nur Bäume interessieren, da führen die uns vor, und da habe ich gesagt, daß man uns in Dollar bezahlt und so ... haben die ein Protokoll darüber angefertigt! Ich muß wieder zurück zur humanen Abstraktion ... Egon Bondy flucht: Himmel Arsch – Vladimírchen – Sie haben mehr Glück als Verstand. Bei mir gibt es ein einziges Hin und Her von Geheimen, aber keiner weiß davon! Und Sie führt man in voller Lebensgröße mitten durch den größten Trubel, mitten durch belebte Straßen – Verdammte Scheiße! Ich bin ganz eifersüchtig auf Sie, so viel Aufhebens wieder, und bezahlt in Dollar.

Vladimír fuhr gerne so lange Straßenbahn, bis der Augenblick kam, wo die Schaffnerin im voraus einige Dutzend Fahrkarten mit der Lochzange lochte. Da machte er die Augen zu, faßte sich an der Gallenblase und durchlebte gleichzeitig mehrere Ebenen und ganz andere Phasen ... zum einen hatte er ein taktiles Erlebnis seiner selbst, genau wie die aufeinandergeschichteten Fahrkarten bei ihrer Perforierung, dann erlebte er seine eigene Gallenkolik, die der Lochung seiner Leber mit der Zange eines Gallenanfalls glich, dann erlebte er die Perforierung seines Zwölffingerdarms ... und als er die Augen wieder auftat, ging er herum und sann darüber nach, wie und wo er jenes graphische Blatt perforieren müsse, in dem er sein Trauma in der

Straßenbahn schon im voraus durchlebt hatte. Er war nun einmal so empfindsam, gerne erzählte er davon, wie er beim Schneider, der ihm einen Anzug habe nähen sollen, vor jenem Augenblick Horror hatte ... wo der Schneider mit dem Schneidermaß in den Fingern sanft und dezent zwischen seine Beine fuhr, um Maß zu nehmen für das Hosenbein ... und Vladimír erzählte dann noch gern, wie er bei dieser Zeremonie in Ohnmacht gefallen sei.

Wann immer ein Flugzeug abgestürzt sein mochte, Vladimír interessierte sich für Einzelheiten. Teils erlebte er die Katastrophe als Passagier, der gemeinsam mit den anderen in den Raum hinausgepfeffert wurde, teils verkohlte er mit den Restlichen beim Aufprall, oder er wurde von der Detonation der Motoren zerfetzt, vor allem aber erlebte er sich selbst als Flugzeug, wie er ins Meer stürzte oder auf die Erde fiel oder in der Luft zerrissen wurde und dann stückweise, je nach Masse, in der Landschaft verschwand. Wenn ihm zu Ohren kam, daß die Versicherungsgesellschaft, um zu beweisen, daß auf das Flugzeug ein Anschlag verübt worden sei, die Überreste einsammelte, zusammenfügte und zum ursprünglichen Flugkörper verschweißte, brach Vladimír in Jubel aus: Das ist genau mein Fall, genauso flicke auch ich mich wieder zusammen, einmal die Woche.

Vladimír konnte seine Krankheiten bis hin zur Unzurechnungsfähigkeit steigern, um dann zu explodieren und durch seine Graphiken wieder zu genesen. Abwechselnd war er also entweder zu krank oder zu gesund ... und je nachdem, in welchem Zustand man ihn antraf, hatte man mal den einen, mal den anderen Eindruck. Die Natur aber verfährt genauso wie Vladimír, und weil die Natur ja vor Vladimír dagewesen ist, kann man sagen, daß Vladimír ihr Schüler war, ihr Produkt, ihr Verehrer ...

Einmal fuhren Vladimír und ich in den Brdy-Wald, Pilze suchen. Nicht einmal so sehr Pilze suchen, vielmehr wollten wir jene Strecke abfahren, wo sich Egon Bondy einst, durch Opiate eingeschläfert, auf die Gleise gelegt hatte, um schmerzlos überfahren zu werden; aber in jener Nacht waren die Schienen, auf denen Egon lag, gesperrt worden, und so erwachte er am Morgen nicht im Reich der Ontologie, sondern immer noch auf jenen Gleisen, während die Züge über das andere Gleis fuhren. Als wir zum Smíchover Bahnhof kamen, hatten wir noch Zeit, wir streiften über den Bahnsteig und kokettierten anerkennend mit der Lokomotive. Der Lokführer reinigte den Kondensator, und ich sagte: Herr Kopic, wenn man Ihnen einen Ball in die Gasse spielen würde, würden Sie heute immer noch durchbrechen und ein Tor schießen? Und Herr Kopic, der Lokführer, ehemals Mittelstürmer bei Polaban Nymburk, sagte stolz: Und wissen Sie, daß ja? Und wissen Sie, daß ich glatt nochmal spielen werde? Was sind denn Sie für einer? Und ich sagte: Ein Fan von Ihnen, aus Nymburk, aus der Brauerei. Und während Vladimír aus dem Staunen nicht herauskam, sagte Herr Kopic: Herrschaften, der Zug fährt gleich los, darf ich bitten? Und er machte eine Edelmannsgeste, mit der er uns in seine Lokomotive bat. Und wir stiegen in die Maschine, und Herr Kopic wartete, bis der Fahrdienstleiter das Zeichen gab, zog dann am Hebel, und der Zug setzte sich in Bewegung. Während der Fahrt schilderte uns Herr Kopic, wie hinter Smíchov mal ein Vater seinen Sohn ans Gleis geschleppt hätte und beide sich überfahren ließen, er habe gesehen, daß der Sohn sich sträubte, aber der Vater sei stärker gewesen, genauso wie Abraham, der seinen Sohn Isaak opfern wollte, nur daß Gott damals in letzter Minute hätte ausweichen können, während er, der friedfertige Herr

Kopic, trotz Bremsens Vater und Sohn überfahren und nur noch gesehen habe, wie die Beinchen zappelten... Vladimír war zu Tränen gerührt... erst als die Wolke des Unheils vorüber war, bat Vladimír, ob er nicht kurz mal den Lenkhebel halten dürfte... Und Herr Kopic sagte, daß ja. Und Vladimír hielt den Hebel und schaute durch das Fenster, gab den Hebel dann wieder zurück und stellte fest: Durch den Hebel da berührt man die ganze Lokomotive! Ich sagte: Also da ist die Stelle, wo Egon Bondy gelegen hatte, und ich zeigte hin, und Vladimír stellte fest: Ganz wie bei Apollinaire in seinem Gedicht Zone, was wir in den letzten Minuten erlebt haben. Und er stand genüßlich in der Grätsche, ich war schon oft genug gefahren und hatte zur Genüge das Schütteln von Lokomotiven gekostet, dieses Rütteln, dieses Rollen der Räder über die Schienenstöße, alles hatte ich mit meinem ganzen Körper registriert, denn im Krieg war ich Fahrdienstleiter, war beim Streckendienst gewesen, auf der Lokomotive war ich mitgefahren, um an der Bewegung zu erkennen, was für einen Defekt die Schienenstöße hatten, was für eine Meldung wir zu erstatten hätten, damit der Bahnkörper repariert würde... Für Vladimírchen aber war diese Fahrt ein taktiles Erlebnis, nicht nur der ganzen Maschine, sondern auch der Gleise und überhaupt der ganzen Zugbewegung, wieder bekam er diese großen Augen, und ich sah, wie Vladimír in diesem Moment zu einem Zug, zu einer Lokomotive und so weiter geworden war... Und als die Lokomotive mit dem Tender, je nach dem Spiel der Kupplung, zärtlich oder brutal den Liebesverkehr aufgenommen und in Gang gesetzt hatte, wurde Vladimír ganz steif und flüsterte mir zu: Ich habe einen irren Ständer. Und der Zug hielt in Zadní Třebáň an, Herr Kopic wischte sich die

Hände mit Putzwolle ab, und als er von uns Abschied nahm, entschuldigte er sich: Na ja, der Vojta Hulík, dem seine Lokomotive war immer so sauber, daß er weiße Handschuhe tragen konnte.
Vladimírchen, wenn der Kunst machte, arbeitete er in der Regel ganz nackt. Zum einen liebte er die Nacktheit, vor allem aber hatte er zur Handpresse oder zur Kupferplatte das gleiche Verhältnis wie zum Liebesakt. Nach und nach, wie er sich in die erotische, also auch schöpferische Erregung hineinsteigerte, teilte er die Zeit immer so ein, daß zwischen dem Gravieren und dem Traktieren der Matrize der gleiche herrliche Bogen entstand wie zwischen Erektion und Ejakulation. Wenn er mit der Handpresse arbeitete, salbte er die graphischen Blätter mit seiner Samenflüssigkeit. Die Viskosität einer zarten Sexualschicht bedeckt alle seine Graphiken . . .
Einmal brachen Vladimír und ich nach Mělník auf, Ludmilka-Wein zechen. In der Kirchengruft bestaunte Vladimír das Beinhaus und zwei Schädel, deren Schädelknochen von Syphilis zerfressen waren, dann schwärmte er für den Zusammenfluß von Elbe und Moldau, denn die Moldau war hier mächtiger als die Elbe, und er war's zufrieden und fand Gefallen daran, daß der Fluß, obwohl er doch von Mělník bis zum Meer eigentlich Moldau heißen müßte, nur Elbe hieße. Dann gingen wir zu Fuß nach Beřkovice und spazierten bis in den Abend vor der Irrenhausmauer herum, so sehr gefiel Vladimír diese Anstalt, er äußerte sogar den Wunsch, hier einmal leben zu dürfen . . .
Dann gingen wir nach Liběchov, wo Vladimír, obwohl es schon dunkel war, unter einem ausladenden Baum am Bach eine Statue entdeckte, die keinen Kopf hatte. Dadurch setzten wir uns in Kommunikation mit der Statue am

Rokytkaufer, die ebenso kopflos war. Dann besserten wir den Geschmack nach Ludmilka mit Bier aus und stiegen in der Nacht den Kreuzweg hoch zur demolierten Kirche. Der Mond schien hell, und so traten wir aus dem tiefen Schatten der ausladenden Alleebäume in den weißen Kalk des Mondlichts. Am Hügel bei der Kirche herrschte ein gräßlicher Luftzug, wir legten uns in ein windstilles Eckchen und betrachteten die Landschaft, das Irrenhaus von Beřkovice brannte im herrlichen Licht. Dann betastete Vladimír das Kirchentor und öffnete leise. Wir traten in die zerschundene Kirche, durch ein Loch in der Mauer strahlte der Mond. Drei Banner in Halterungen an den Bänken. Vladimír bettete sich auf den Altar, legte sich hin, schob sich einen Ziegelstein unter den Kopf, ich legte mich daneben; weil ich kaum etwas unter dem Kopf hatte, gab Vladimír mir seinen Ziegel und kuschelte und stützte seinen Kopf in den angewinkelten Arm. Nacht, aber der Mond leuchtete in die Kirche so stark, daß es blendete. Vladimír sprang vom Altar und holte ein Banner, und wir deckten uns zu. Dann streckte Vladimír sein Bein aus, tippte mit der Schuhspitze an das Ewige Licht ohne Licht und brachte dieses dekorative Gefäß an den drei feingliedrigen Ringelkettchen so ins Schwingen, daß es bis in das chlorige Mondlicht gelangte und grell auflohte... das Pendel der Ewigkeit verschwand immer wieder im Dunkeln, wie ein Nachtvogel, aber kaum tauchte es im Mondlicht wieder auf, loderte das Gefäß wie ein wunderbarer Fasan, wie der Vogel Phönix, verharrte für eine Weile reglos, da es am Scheitelpunkt angekommen war und bereits begonnen hatte, getrieben durch Schwerkraft und die natürliche Bewegung von Vladimírs Schuh, im Dunkel zu verschwinden. Und dieser ganze Mechanismus, mit Kettchen an der Decke befestigt, knarrte sanft, wie sich die Ringglieder rostig aneinander rieben. Vladimír hatte die ganze Nacht über die Augen offen, starrte auf die Bewegung des Ewigen Lichts ohne Licht, blinkerte nicht, wir lagen auf dem Rücken, wie die Przemyslidenkönige mit ihren Gattinnen . . .

Bei Morgengrauen, als man wieder etwas sehen konnte, schlief Vladimír ein und lächelte selig. Da wir beide von dem Prozessionsbanner quer über der Brust bedeckt waren, sah ich im Licht, wie auf Vladimír der Rumpf des heiligen Wenzel lag, und für mich blieben die mit Silber- und Goldfäden gestickten Beine des Heiligen übrig, der immer gern getrunken, mit den Tieren gesprochen hatte und von seinem eigenen Bruder erstochen worden war, denn auf der ganzen Welt wird euch keiner verzeihen, daß ihr in Frieden leben wollt und nur auf Kosten der Trunkenheit und des Alls . . .

Agonie und Ekstase waren für Vladimír ein und dasselbe Tor, durch das man hereinkommt und wieder hinausgeht, denn das Hereinkommen bedeutete für Vladimír den Tod und das Hinausgehen das Leben. Vladimír war kein Komiker, und deswegen kehrte er die Dinge nicht um, er gab den verkehrten Dingen ihr wahres Gesicht wieder. Somit war Geborenwerden für Vladimír gleich Sterben und Sterben gleich Geborenwerden. Deswegen war Vladimír anfällig für Stigmatisation, aber nicht etwa, weil bei ihm die Wundmale zu Ehren Christi aufgegangen wären, er war übersät von Stigmen der Arbeit mit Metall und mit Ausdrucksmitteln der schwarzen Kunst, seine Arme und Beine waren voll von vernarbten Wunden. Seine Fabrik liebte er so sehr, daß von seinen Fingern, wenn er das Leistungsniveau seiner Hysterie noch weiter hinaufgeschraubt hätte, Messingspäne hätten rieseln, daß er winzige Splitter husten und Stahlstaub hätte qualstern müssen . . . Übrigens, Eisen

und Schwefel, Mangan und Kohlenstoff, Kalk und Wasser und all die anderen Minerale, die die Natur zum Aufbau des menschlichen Körpers zusammengetrommelt hat, in Vladimír, bei Annäherung entsprechender Minerale und Metalle an seinen Körper, da jubelten und frohlockten diese Elemente, und Vladimír sah nur noch ihre Sehnsucht und ihre Liebe zu den verwandten Metallen, die sterbend von den Toten wiederauferstehen, in einem ständigen Auf und Ab im Reich der Metamorphosen ...
Als ich aus Paris zurückgekommen war, hielt ich für Vladimír eine stundenlange Pressekonferenz über das, was ich gesehen hatte. Vladimír war begeistert: Nee aber sowas, Doktor, dieses Paris muß eine Wucht sein, fast schon wie Lieben, vielleicht sogar wie Vysočany. Und wenn ich meiner Phantasie die Zügel schießen lasse, ist Paris so schön wie Žižkov. Wie Sie das alles so erzählt haben, da habe ich den Utrillo wieder ins Herz geschlossen, und diese Mauern bei ihm, diese abgebröckelten Mauern, die er so herrlich malen konnte, man braucht die bloß zu sehen, und schon will man den Nippel ziehen und raufpissen. Sag ich doch, Doktor, dieses Paris muß echt ein Hammer sein ...
Vladimír ging alles sakral an, wie bei einem Ritual. Zur Arbeit kam er immer eine halbe Stunde früher, um sich langsam einzustimmen, wie ein Priester bei der Messe, wenn er mal einen Brief bekam, so glaubte er's zunächst gar nicht, ging weiter, kehrte dann wieder zurück und las noch einmal gründlich die Adresse. Wenn er festgestellt hatte, daß das wirklich für ihn war, legte er den Brief auf den Tisch. Dann wusch er sich die Hände, und sorgfältig öffnete er den Brief. Dann ging er einige Schritte hin und her, erst danach nahm er Platz, setzte sich die Brille auf und las den Brief langsam durch, dann faltete er ihn und las ihn

noch einmal durch. Und dann legte er den Brief in ein Köfferchen, zu den Hunderten anderer Briefe, zu den Tausenden anderer Schreiben. Und wenn er schrieb, da ging er's auch nicht einfach nur so an. Zuerst machte er einen Eintrag ins Tagebuch, dann zog er sich zurück, am liebsten in eine Kneipe; wenn er sich ein Bier bestellt hatte, ließ er sich noch einen Wermut kommen, und hatte der Brief ganz besonders ausdrucksvoll sein sollen, genehmigte er sich einen Wermut zusätzlich. Wenn er dann sah, daß er im Zustand der Gnade war, begann er zu schreiben, und das flog dann nur so dahin, sein Briefeschreiben glich einem voll aufgedrehten Wasserhahn.

Wenn er fertiggeschrieben hatte, steckte er sich feierlich eine Zigarette an, überlegte und versuchte sich vorzustellen, was dieser Brief bewirken würde; hatte er dann das Gefühl, dieser Brief könnte Anstoß erregen, bestellte er sich noch einen Wermut, um die Kraft aufzubringen, den Brief zuzukleben und in den Briefkasten zu werfen. Dann trommelte er immer kurz gegen den Kasten und griff noch einmal mit dem Finger nach, ob der Brief auch nicht herauszuziehen war. Tags darauf versuchte er abzuschätzen, ob der Brief schon angekommen sei, und dann labte er sich im Geiste durch die fremden Augen und das fremde Gehirn hindurch an der Wirkung, mochte der Brief nun verärgert, verletzt oder auch erfreut haben.

Vladimírs Briefe waren immer persönlich und aggressiv. Je mehr Anlaß Vladimír hatte anzunehmen, der Brief würde den Adressaten verletzen, je mehr erfreute er sich der besten Gesundheit. Wenn Vladimír einen Besuch machen sollte, bereitete er sich immer einen ganzen Nachmittag darauf vor, badete gründlich, rasierte sich, prüfte vor dem Spiegel, was der beste Anzug oder Pulli wäre. Wenn er die Treppe

hochstieg oder in das Haus trat, wo er seinen Besuch zu machen hatte oder eingeladen war, war er der Ohnmacht nahe bei der Vorstellung des Zusammentreffens, er starb fast bei der Vorstellung, was er sagen würde . . .
Auf jede Begegnung bereitete er sich vor wie auf ein Zusammentreffen mit einem Mädchen, vor der er sich hätte gegebenenfalls nackt ausziehen können oder müssen. Genauso pflegte er an seine Arbeit heranzugehen. Immer war seine Vorbereitung perfekt, war Kleidung oder Nacktheit im voraus festgelegt. Jede Arbeit mit der Handpresse war ihm Messe, festlicher Umzug, Soiree. Das katholische Ritual war ganz unbewußt und unwissentlich in Vladimír gedrungen, deshalb trug jede Begebenheit mit Vladimír Gepräge und Siegel des Sakralen und Geheimnisvollen. Doch das Feierliche erlaubte Vladimír auch, in Gesellschaft nicht nur das loszuwerden, was er gegen sie und ihre einzelnen Mitglieder hatte, sondern seine Attacken so auszurichten, daß die Getroffenen vom Stuhl fielen; das Feierliche war für Vladimír wie ein Mantel, um all seine Komplexe, all seine sexuellen und erotischen Obszönitäten loszuwerden, so vermochte Vladimír die Menschen urplötzlich in seinen Bann zu schlagen, wie eine Tigerschlange die Kaninchen. Anfangs war Vladimír immer mit jedem in der Gesellschaft ganz und gar einverstanden, gab allen und jedem recht, doch plötzlich hatte er Kraft geschöpft und sagte: Aber, wenn Sie erlauben . . . seine Rede nahm eine scharfe Kurve, und er transsubstiierte eine gewöhnliche Waffel und ein Gläschen Weißwein in sein eigen Fleisch und Blut, um die Anwesenden damit zu beflecken, ob sie es nun wollten oder nicht . . .
Vladimír liebte keine Dialoge. Allenfalls nur deren Methode, durch Fragen zu erfahren, wie man zum Bahnhof

kommt und so. Als wahre Dialektik galt ihm nur die Art und Weise, mit sich selber zu hadern und sich mit den Sporen der Gegensätze in den Monolog zu treiben. Der Monolog, das war etwas nach Vladimírs Geschmack ...
Vladimír zog nicht nur Unglückschroniken und Lokalberichte der Abendblätter an, er konnte über einem Ereignis schweben und es zugleich bis zum Gehtnichtmehr durchleben.
Einmal fuhren wir nach Klánovice, und als wir an den Wochenendhäusern und Villen vorbeizogen, war Vladimír von einer angeketteten Kiefer fasziniert, die die Wochenendler gerade fällten, und die Kiefer hatte zwischen Haus und Garage niederzugehen. Die letzte Phase einer Baumtragödie näherte sich, der Baum würde jeden Augenblick laut klagend von Säge und Beil zu Boden gestreckt. Der Stamm, gefesselt an ein Hebezeug, an eine Hubwinde, mit der man in den Häfen Schiffe zur Mole heranholt, war fast schon am Kippen, Vladimír sah erregt zu, noch einmal tat der Arbeiter so, als pumpte er mit dem Hebel, und der hundertjährige Baum geriet ins Taumeln und stürzte behäbig zur Erde, bekam aber zum Schrecken aller durch seine astige Krone eine etwas andere Richtung und wäre direkt auf die Garage gefallen, die er mitten entzwei gespalten hätte. Aiai, ai ... hauchten die erstarrten Beteiligten. Doch als einziger sprang Vladimír hinzu, pumpte ein paarmal mit dem Hebel des Hebezeugs, und die Kette zerrte den Stamm so, daß er zwischen Garage und Haus fiel. Erleichterung löste das Entsetzen ab. Vladimír sagte: Herrschaften, ich habe im Leben nicht eine einzige Kiefer gefällt, bin aber Werkzeugmacher beim ČKD Vysočany ...
Ein andermal zogen Vladimír und ich los, Vladimír wollte Doubrava sehen, einen Ort, den eine einzige Straße durch-

quert, die hinter dem Dorf in der Elbe endet, dann machten wir auf unseren Rädern einen Ausflug nach Byšičky, wo wieder der einzige Weg, der dort hinführt, um den Dorfplatz herum eine Schleife zieht, und dann muß man wieder zurück, denn genauso wie in Doubrava haben der Weg und die Straße hier ein Ende, und um voranzukommen, muß man zurück. Und in diesem Byšičky sahen wir folgendes: In einer Toreinfahrt drängten sich Dorfleute und starrten zur Hofmitte hin, auf der Mauer saßen Buben und starrten zur Hofmitte hin, über die Nachbarszäune äugten Köpfe von Dorfleuten und starrten zur Hofmitte hin, von wo der hohe Ton einer Kreissäge herüberkreischte. Vladimír sah schon im voraus, daß in dem Hof etwas geschehen, etwas passiert sei. Wir gingen da rein, und auch ich fing an zu starren wie die anderen, konnte mich nicht von der Stelle rühren... Mitten im Hof schwirrte eine Kreissäge, vor ihr kniete halb ein Mensch wie ein Priester bei der Messe, sein ganzer Kopf stak bis zum Hals in der unentwegt kreisenden Säge, die, weil sie schwankte, eine zentimeterdicke Kerbe in Schädel und Hals geschnitten hatte, das Sägepult war voller Blut, das Blut funkelte im Sonnenlicht, die Hände des Toten lagen in diesem eintrocknenden Blut, und alle, die zusahen, konnten sich nicht von der Stelle rühren, denn dieses Bild war so tragisch und überraschend schön, daß es die Glieder all dieser sensiblen Leute ein- und zugegipst hatte. Einzig Vladimír sprang zur Säge hin, drückte auf einen Knopf unter dem Pult; als er sich aufgerichtet hatte, war sein Ärmel voller Blut, und das Geräusch der Kreissäge wurde immer schwächer, und als die Säge verstummt war, kehrte wieder Leben in die Zuschauer zurück, aber sie gingen auseinander wie schwere Rheumatiker, nur einige Kühnlinge näherten sich der Unglücksstelle, über der Vladimírs

Kopf mit lichtumflutetem Lockenhaar in die Sonne ragte. Vladimír reckte die Arme in das Gleißen des Tages empor und rief: Nicht berühren, bis die Kripo kommt! Nicht berühren!
Und wir schwangen uns auf unsere Räder und fuhren zurück, Vladimírs bluttriefender Ärmel funkelte und trocknete an der Sonne rasch, Vladimír, erhobenen Hauptes, mit keiner Wimper zuckend, zerteilte den Fahrtwind, wie immer fühlte er sich geehrt, weil das Schicksal, wenn schon ein Unglück geschehen war, ihn gerade dahin verschlagen hatte ... Als Egon Bondy davon erfuhr, besah er sich lange die Innenflächen seiner Hände, lief rot an, beherrschte sich dann aber: Ich werd mich doch nicht weiter rumärgern mit euch. Ich muß jetzt eben höher, wo ihr nicht nachkommen könnt, wo ich unverletzbar bin ... ins oberste Geschoß der indischen Philosophie, wo selbst das Nirwana Beharren ist ... Und weil Vladimír zu allem fähig ist, stoß ich die Leiter weg, damit mir keiner von euch nachkommt ... klar, diese Straße, die nach Doubrava führt und im Fluß endet, dieser Weg nach Byšičky, wo man um den Dorfplatz muß und wo der Weg vor wieder ein Weg zurück ist, da muß ich hin und seh mir das selber an ... das ist ja mein Weg und meine Straße, der Weg von Egon Bondy.
Einmal hatte sich in Vladimír die alte Frau Šulcová verliebt, die in Müllkästen und Abfalltonnen nach Altpapier und Lumpen kramte und dann an die Sammelstellen weiterverkaufte. Sie trug schwarze Handschuhe und hatte die Bäckchen mit Rouge geschminkt, und da sie sich nicht wusch, schichtete sich der Backenanstrich immer mehr auf, bis ihr die einzelnen Schichten abstanden wie der Blätterteig bei einer Cremerolle. Die hatte die fixe Idee, Vladimír könnte ein Adventistenpriester sein. Um Vladimírs Gunst zu erlan-

gen, kam sie bei ihm saubermachen, einmal brachte sie ihm den Mantel eines ermordeten Maurers mit, dem man in den Rücken gestochen hatte, ein andermal die Kleider eines Ermordeten, den man nach einer Hochzeit in eine Kalkgrube geworfen hatte, wieder ein andermal brachte sie uns eine halbleere Flasche Likör, und als wir den Fusel getrunken hatten, da sagte sie uns, sie hätte das Zeug in einer Mülltonne gefunden, einmal, da brachte sie so eine moderne Plastik mit, eine Katze oder einen Hund, aber dann flüsterte sie Vladimírchen zu, daß ein Kater darin sei, den die Betonbauer aus Jux in flüssigen Zement geworfen und dann wieder herausgeholt hätten, und der Kater wäre erstarrt und innen in diesem Betonpanzer gestorben. Aber einmal nach Heiligabend kam Frau Šulcová und erzählte Vladimír, sie habe Zigeuner in die Wohnung genommen, und die hätten während einer Messerstecherei in der Nacht auch sie getroffen, und so schlafe sie jetzt lieber in einem verlassenen Magazin, wo sie zwar glücklich sei, doch nachts wären dort derart hungrige Ratten, daß sie ihr den Weihnachtsstollen, den sie von Vladimír bekommen hatte, weggefressen hätten, obwohl sie doch den Stollen an die Brust gepreßt habe. Und so hatte sich Vladimír, als es wieder einmal Abend wurde, einen Weihnachtsstollen gekauft und ging in die Kotlaska-Straße. An der Ecke der Brandopferstraße stießen wir auf Egon Bondy. Als Egon den Stollen sah, schon winkte er mit der Hand ab und versuchte vergeblich seine Gedanken zu verscheuchen. Und Vladimír erzählte ihm alles über die Frau Šulcová, auch darüber, wie er den Mantel mit dem tödlichen Messerstich zurechtgeschnitten, wie er ihn auf eine Leinwand gepappt hätte und nun dieses Tuch zu Ende malen wolle, und dann verabschiedete er sich von uns mit der Bemerkung, daß er jetzt bei der Frau Šulcová schlafen müsse, um in der Nacht mit diesen Ratten wegen des Stollens an der Brust zu raufen und zu ringen, am Morgen würde er uns dann berichten, wie es ausgegangen sei, er auf jeden Fall wolle ihn den Ratten nicht einfach so überlassen. Egon Bondy schob den dichten Bocksdornbusch auseinander, kroch hinein, nur noch seine Beine schauten heraus, und in diesem Gestrüpp neben dem Bahndamm jammerte er: Aiaiaiaiaiai, aiai! Die Dharmabrüder sind in der Stadt! Und ich weiß nichts davon ... ai! Heute sauf ich mich mit Zbyněk Fišer grün und blau! Aiai ...

In der Imbißhalle Welt sah ein Schneider die Welt nur durch das Prisma der Protokolle von Zion. Dann ließ er sich von Vladimír die Handschrift deuten. Vladimír sagte, nach der Schrift zu urteilen sind Sie ein Einzelgänger, ein Melancholiker. Dem Buchstaben Be nach wären Sie ums Haar ein Förster geworden, hätten Ihre Frau umgebracht, dann im Wald verbuddelt, sollen die sie dann suchen, oder nicht? Der Schneider war von dieser Vision ganz begeistert, von dem Moment seiner im Wald verscharrten Frau an nannte er Vladimír nur: Knackiger Kämpe! Dann eine kurze Unterbrechung, eine Zigeunerkeilerei, viel Gestikulation, alles am Boden. Als Frau Vlaštovková die Raufbolde hinausgezerrt und mit mächtigen Tritten in den Hintern über den ganzen Platz gejagt hatte, bis sie unter dem Denkmal von Bürgermeister Podlipný zusammenbrachen, wurden keinerlei Schäden festgestellt. Nur ein Schlag mit der Faust gegen die Türverkleidung. Und direkt neben uns schrieb irgendein Mensch einen Brief, feuchtete eine halbe Stunde lang seinen Stift mit Spucke an, dann schrieb er den Satz: Ich reiche dir aufrichtig beide Hände. Nach dieser Keilerei auf Kosten der Luft und eines abgeschürften Knöchels erinnerte sich Vladimír: Ach, mit meinem Brieze haben wir uns auch immer so verkloppt, und als wir uns dann unter Brüdern wieder versöhnt hatten, machten wir Hoppe, hoppe, Hämmerlein... in der Nacht dann ein epileptischer Anfall, Köppchen kaputt. Der Mann befeuchtete seinen Stift mit Spucke und schrieb den nächsten Satz: Liebste Evženka, töten wir uns nicht den Nerv! Er schrieb einen Brief, war alt, lila Nase, lila Adern auf der Nase, fett wie Regenwürmer. Der Schneider, begeistert von dem Förster und der verscharrten Frau, sagte: Knackiger Kämpe, Sie haben einen schönen Rock an. Der Hals sechs, der Rücken sechs, das ist Mode aus Amerika. Einen Zentimeter unter dem Nabel auslassen, die Taille drei Finger enger machen... er nahm sein Schneiderband, und als er bei Vladimír für die Hose Maß nehmen wollte und ihn dabei im Schritt berührte, vergoß Vladimír das Bier.

Als Vladimír sich scheiden ließ, spielte sich in dem Gasthaus Zur Windstille ein Offizier auf: Machen Sie's wie ich, verhauen Sie sie mit 'm Riemen! Einen Monat danach trafen wir den Offizier in der Haltestelle, krumm wie ein Ast, Knick in der Optik. Gehn wir einen heben, heulte er. Und weinend packte er aus: Meine Olle hat mich aus dem Haus gefeuert, damit sie weiß, wie ich leide, habe ich ihr vorher die Schreibmaschine auseinandergenommen, bis zum letzten Schräubchen, aber das hat sie nicht kapiert. Ich häng mich auf, kann nicht schlafen, und wenn, dann nur im Stehen, hab die Kommode ein wenig weggerückt, und so schlafe ich vor lauter Kummer nur im Stand... Aber dann kam ein Mensch und zog sein Hemd auseinander und zeigte uns, daß er statt der Stimmbänder eine Pseudomembran hatte. Er wollte jemandem sein Herz ausschütten, Vladimír, der war ja schon immer eine Klagemauer, ich hingegen trug einige Narben der Prager Peripherie im Gesicht, Vladimír immer noch einer vom Land, obwohl ein Prager. Wie heißt du denn? Der Mann holte ein Notizheft heraus und schrieb: Václav Kopecký. Und dann schrieb er noch: In den zwei Jahren habe ich 2800 Spritzen bekommen, hatte in den zwei Jahren 28 Operationen, am Montag wird man mir wieder mal die Pseudomembran nähen ... meine Geliebte hat mich verlassen und ist zu einem anderen ... meine Nerven halten das nicht aus ... sie hat mir 500 Kronen gestohlen ... ich weiß, daß sie Jarča heißt ... aber auch andere kennen sie, wenn ich sie sehe, laß ich sie hopsnehmen ...

Frau Vlaštovková ist braungebrannt, Vladimír blickt sie verstohlen an, die Riesin Vlaštovková, die die eingeschenkten Pilsner quer über den Tresen schleudert, daß sie den Säufern direkt in die Hände schlittern. Was bin ich? fragt die Frau Schankwirtin. Vladimír: Ein Schweinchen, rosa wie eine abgeblühte Pfingstrose. Und Frau Vlaštovková mit großem Gelächter: Und was sind Sie? Vladimír ohne zu zögern: Eine Wetterstation, die statt Hirn nur Stahlwolle hat. Dann kam ein junger Mann herein, blickte umher und suchte, wem er die Fresse polieren könnte, ein prächtiges Exemplar des tschechischen Schlägers, einer Type, die auf beleidigte Gerechtigkeit aus ist. Kein Fall in Sichtweite, mit einem mächtigen Tritt gegen die Tür geht er wieder, geladen, den Hut ins Gesicht gedrückt, die Augen auf der Suche nach einem Objekt. Wir gehen hinaus, passieren die Schranken, ein weißer Rosenstrauch rankt sich am Räderkasten der Schranken empor ... Vladimír: Als hätten die eine Gardine über den Kasten geworfen ... Schwachsinnige Bürger stehen freiwillig um das Abendblatt Večerní Praha an. Eine Jasminbluse ... Ein grüner Rock ... Vladimír: Hören Sie mal, Doktor, aber Sie kaufen's mir ja so nicht! Ich bräuchte Farben, so viel wie für eine Sonntagsausgabe von Rudé právo, ein Dutzend Gebrannte Siena, zwei Dutzend Schwarz, ein Dutzend Zinnober, aber Sie kaufen's mir ja so nicht, oder doch? Also dann noch zwei Dutzend Pariserblau, ein Dutzend Umbra, ein Weiß, aber Sie kaufen's mir ja so nicht, oder doch? Echt? Dann also noch zwanzig Blatt Papier, und Sie werden sehen! Wenn ich doch aber meiner Alten so vertraut hab, seufzte er – um ihr ein wenig Freude zu machen, habe ich mich vor ihr stranguliert, sie aber jetzt bei euch. Huch! nackt gebadet! Um zwölwen mittags! Bei den Anglern lauter Fehlleistungen, ein Radfahrer ist gestürzt, ist direkt durchs Meldekraut den Hang nach unten, dann freiwillig per Kopp in den Fluß, na sagen Sie selbst, war sie nicht gut gebaut, na sagen Sie doch! Schwören Sie mal! Was? Nachmittag hat se ihre Binde ins Klo geworfen, ich hab's dann mit der Hand rausziehen müssen. Aber damals hatte ich noch ein Recht dazu, ich war ja ihr Mann ... ich hab so eine Sehnsucht nach ihr, Doktor, was bin ich schon ohne sie ... und Vladimír ging wieder zurück, von der Palmovka zur Bahnschranke zurück, und weinte, zwei Wasserhähne sprudelten aus seinen Augen, so aufrichtig war sein Weinen, er trug seinen Kummer mit erhobenem Haupt, wie eine Zierde, wie eine Fackel, und die Menschen, die ihm entgegenkamen, vor allem die Frauen, drehten sich nach ihm um, und ihre Nasenflügel bebten, und jede zweite war scharf auf Vladimír ...

Wenn Vladimír es auf der Brust hatte oder ihn im Arm das Rheuma plagte, so kaufte er sich immer gewöhnlichen Kornbranntwein, sogenannten Klaren oder kurz Korn, und rieb sich damit die Brust oder den Tennisellbogen ein. Tat ihm der Hals zu sehr weh, tauchte er ein Tuch in den

Kornschnaps und machte sich Halsumschläge, hatte er mal Fieber, so tranken wir zuerst die Flasche halb leer und den Rest dann ins Handtuch, und damit wickelte er seinen Brustkorb ein, denn so hatte es seine Großmutter immer gemacht. Ansonsten wußten wir schon bei jedem Vorschuß und bei jeder Löhnung im voraus, was für ein Schnäpschen wir uns kaufen würden, das hatten wir schon ein ganzes Jahr im voraus gewußt, wir standen vor den Schnapsbuden herum und suchten aus, überlegten, stritten uns darüber, welches wohl in etwa unserer gerade aktuellen Geistesverfassung entspräche. Manchmal, da kauften wir zweierlei Schnäpschen und mixten sie, so schmeckt zum Beispiel eine Flasche Rum prima, wenn man sie mit Kirschlikör mischt, auch die Flasche Rum, gemischt mit grünem Pfefferminzlikör, ist Spitze, Rittmeister wird so eine Synthese genannt ... gelegentlich nahmen wir auch Kornschnaps mit Rum und machten uns daraus sogenannten Maurermix ... oder wir tranken jede Flasche extra, immer aber becherweise ... so hatte sich ein Ritual daraus entwickelt, die Flasche sperrten wir in den Geschirrschrank, den die Hausherrin dagelassen hatte, den sperrten wir immer auf, schenkten uns feierlich ein, dann verschlossen wir das Schnäpschen wieder, sogen den Schnapsduft ein, stießen an und tranken dann jeder nach seiner Art das Gläschen leer – manchmal ex, ein andermal schlürften wir es nur, und wenn wir ausgetrunken hatten, schrieben wir wieder eine Weile etwas, aber keine Viertelstunde war vergangen, und wir standen wieder vor dem Geschirrschrank und sperrten ihn auf wie ein Priester den Hauptaltar, und wieder gossen wir uns ein Gläschen ein und sperrten wieder zu, und wieder tranken wir und wunderten uns, wie leer die Flasche geworden sei, aber mit der Flasche war's wie mit dem Urlaub, zuerst zieht er sich hin, und dann in der letzten Woche purzeln die Tage nur noch wie eben diese Gläschen in unsere begeisterten Kehlen, denn an den Schnäpschen hatten wir schon immer zu schätzen gewußt, daß wir ganz offensichtlich immer leichter und leichter wurden, daß Begeisterung über uns kam, daß wir in ein dämliches Lächeln verfielen und daß uns der Alkohol und das Auf- und Zusperren des Geschirrschranks so lange beisammenhielten, bis wir darin übereinkamen, daß wir dieses Gläschen nicht mehr hätten trinken dürfen ... und dann krabbelten wir jeder in sein Bett und achteten darauf, wie der Alkohol in unseren Eingeweiden und Köpfen ein umgekehrtes Vorzeichen bekam, wie er in einen herrlichen Schlaf verwandelt wurde, den am Morgen dann ein dicker Kopf ablösen würde ... Und von dieser Vorschuß- und Löhnungsflasche bekam sonst keiner was, kein Gläschen, da hatten wir ganz andere Flaschen für, das hier war einzig und nur unser Geheimnis, wenn jemand kam, versteckten wir jeder sein Gläschen unter seinem Bett, und einer ohne den anderen trank keine Träne davon, denn das war ausschließlich und nur eine Angelegenheit zwischen uns beiden, so wie mein Kaffeetrinken, wie ich's bis heute halte, beim Kaffeetrinken, da muß ich ganz alleine sein, trinke den Kaffee ganz sakral, genieße ganz allein das Kaffeeschlürfen, rauche drei starke Zigaretten dazu und bringe mich so in herrlich meditative Stimmung, und mag da kommen wer will, ich drücke die Zigarette aus, laß den Kaffee stehen, die ganze Zeremonie ist im Eimer, genauso war's mit Vladimír, wir sperrten den herrlichen Geschirrschrank auf und zu, den ich, als Vladimír Lieben definitiv verlassen hatte, zu seinen Ehren selber aufschloß, und trank dann auch selber, doch ohne Vladimír war das ein Sakrileg, und so hatte ich den Geschirrschrank der Hausherrin abgekauft und schlug mit dem Beil, jenem, das Vladimír immer vor mir zu verstecken pflegte, mit diesem Beil schlug ich das Möbelstück kurz und klein und verbrannte es nach und nach im Ofen, lauschend, wie die Flammen dröhnten und sich genüßlich an dem von Schnaps und Erinnerung durchtränkten Holz labten . . .

Vladimír hatte so wie ich die Gabe, mit Tieren zu reden, wo immer er eine Katze traf, gleich hielt er ihr den Finger hin und leitete durch die Berührung ihrer Nase eine Kommunikation mit der Katze ein, er sagte immer: Doktor, wer mit Tieren befreundet ist, hat ganz umsonst auch Gott zum Kumpel, weil so hat er auf einen Schlag das Geringste mit dem Höchsten kurzgeschlossen und verbunden und hat damit einen Kreis beschrieben, genau wie ich mit meiner Graphik, wenn ich von dem ganzen Abfall in der Fabrik abhebe und davonzische in die höchsten Turbulenzen meines Geistes. Chachaaa . . .!

Und so geschah, als wir einmal aufgebrochen und oberhalb der Kelerka herumgewandert waren, dort wo der Teich ist, früher von Weiden umwachsen wie in einer Ballade von Erben, und als wir in das Gasthaus Zum sprechenden Hund kurz hereingeschaut hatten, wo es wirklich einen Schäferhund gab, der den Gästen in aller Deutlichkeit zu sagen vermochte, sie könnten ihn am Arsch lecken, und noch deutlicher konnte er Scheiße sagen, daß wir auf dem Rückweg über den Proseker Friedhof kamen, die heilige Erde war überall von kriechendem Efeu überwuchert, die Proseker Kirche erreichten, und weil sie offenstand, gingen wir da hinein, denn dieses Kirchlein war erst unlängst an die tausend Jahre alt geworden . . . und dort wischte eine Putzfrau die Bänke sauber, und neben ihr stolzierte ein herrlicher Kater, genau von der Sorte, wie ich sie mag, graugetigert, mit weißen Füßlingen und weißem Lätzchen und rosa Schnäuzchen, und dieser Kater stolzierte auf den Bänken umher, und als die Putzfrau nach einem Kniefall den Altar zu reinigen begann, sprang der Kater ihr aufs Podium nach, setzte sich neben die Wandlungsglocke und machte Augen, als wäre er ein Ministrant oder ein Küster oder noch etwas mehr, wie Vladimír fürchtete ... nach getaner Arbeit machte die Putzfrau ihre Kniebeuge und eine tiefe Verbeugung, und der Kater stapfte hinter ihr her, sie sperrte die Kirche ab und ging ins Pfarrhaus, und der Kater ihr wieder hinterher. Als Vladimír und ich am Sonntag dann zur Messe kamen, geschah genau das, was Vladimír vorausgesagt hatte. Während der Eucharistiefeier saß der Kater neben der Glocke, starrte in einer Weise auf den Altar, als wir uns in der ersten Reihe umblickten, mußten wir feststellen, daß keines der Menschengesichter so viel Andacht und Weisheit zeigte wie eben dieser Kater, und so flüsterte mir Vladimír zu, daß der Kater da, der mit Wohlgefallen der Handlung des diensttuenden Pfarrers folgte, durch Bandenspiel direkt mit Gott kommuniziere und Gott wiederum durch die Person des Pfarrers mittelbar in direkter Verbindung mit dem Kater sei, so daß in Ausnahmefällen ein Kater einem lauen Gläubigen vorgezogen werde und daß der Himmel voller Katzen sein müsse. Als Egon Bondy von diesem Gedanken erfahren hatte, sagte er gequält: Ich hau mich gleich in die Falle, verdammte Scheiße, wo hat denn dieser Psychopath das her? Neenee, in keine Falle hau ich mich nicht, mich haut's glatt hier um, die Rettung soll mich holen, aber nich bloß die gewöhnliche, die mit dem blauen Feurstein uff 'm Kopp ... Himmel, das wird wieder 'ne Nacht ...

Einmal in Zur Stadt Rokycan war Vladimír ganz steif

geworden und starrte in die Ecke. Ich warf einen Blick auf Vladimír und sah, daß etwas Außergewöhnliches in der Kneipenecke vor sich ging. Pansen, sagte Vladimír, Schwalben im Flug, und als ich immer noch nicht begriffen hatte, fügte er hinzu und wackelte dabei mit dem Zeigefinger an seiner unteren Zahnreihe. Aha, sagte ich, ohne mich umzudrehen, die Mami löffelt aus einer Thermosflasche heißen Brei, wärmt ihn im Mund vor . . . Oder sie kühlt ihn, fügte Vladimír hinzu, und ich fuhr fort: und dann tut sie das Kind von Mund zu Mund füttern. Vladimír nickte eifrig und sagte: Nein. Und ich schüttelte zur Verneinung meinen Schädel und behauptete: Ja! Aha, stieß ich leise aus, zwei Liebende geben sich einen Zungenkuß, und sie fleht ihn um Speichel an. Vladimír schüttelte verneinend den Kopf und sagte: Ja. Ich nickte freudig und sagte nein. Vladimír: Doktor, Sie müssen mir versprechen, daß Sie mich, wenn ich mal soweit bin, auch so . . . dingsbums. Ich sagte: Ich schwör's, und schüttelte zur Verneinung den Kopf. Dann drehte ich mich um, um Vladimírs Gefühlsobjekt zu sehen. Zwei, es waren wohl Freunde, saßen an einem Tisch, der eine kaute ordentlich, der andere mahlte nur so mit den Kiefern . . . Und da sah ich's. Jener, der ordentlich kaute, spuckte jetzt eine zerkaute Salami auf den Teller, und der Zahnlose aß es so, wie sein Freund es ihm vorgekaut hatte, mit Gabel und Messer wie irgendein Haschee. Ungelt, sagte ich. Und Vladimír wurde nachdenklich und schüttelte verneinend den Kopf, aber an seinem Lächeln erkannte ich, daß er auf dem Fresko dort jenen alten Mann gesehen hatte, den eine schöne junge Frau von ihrer Brust trinken ließ. Eine Krisensituation, sagte Vladimír. Ich sagte: Und im Krieg? Vladimír flüsterte: Schrecklich . . . wissen Sie, daß ich's mal probieren würde? Und es kam

einer herein, wahrscheinlich der Ortstrottel, ging an unseren Tisch, knallte die Hacken zusammen und machte Meldung: Herr Elias, die grüne Spritze haben wir jetzt rot gestrichen! Vladimír sagte: Ich bin nicht der Elias, ich bin Hiob! Elias ist der da, und er zeigte auf mich. Und der großartige Idiot machte erneut Meldung, diesmal mir, daß man die rote Spritze nun grün angestrichen habe ...
Vladimír beobachtete mit einem Feldstecher Raben, die gemächlich über Lieben flogen, über Šlosberk irgendwohin nach Chabry. Dann legte er das Gerät weg und sagte: Doktor, die klügsten Vögel auf der Welt sind Raben und Krähen. Kein Flug in Reih und Glied, keine paramilitärische Formation am Himmel, jeder gammelt rum, wie er will, und das Ziel erreichen sie genauso. Und dann, wie bescheiden die sind. So schwarze Diogenesse sind das. Wenn sie auf dem Acker landen, fressen sie die Saat weg, wenn's keine Saat gibt, dann das Stoppelfeld, wenn's Stoppelfeld futsch ist, fallen sie über die Heuhaufen oder über den Mist her, und das reicht ihnen. Wenn ich jetzt meinen schwarzen Rabbihut aufsetz, ist es, als hätt ich einen Raben uff 'm Kopp. Und denen zu Ehren kauf ich mir auch einen Rolli. Und dann – sie nisten und schlüpfen zu Tausenden in den Baumkronen vor 'm Schloß von Baron Chotek in Veltrusy, und wenn's Winter wird, sind die Bäume am Irrenhaus von Bohnice ganz schwarz vor lauter Raben, die Irren nennen sie – Bohnicer Hühner. Und dann haben die alten Raben einen Riecher für Schießpulver, wenn da einer mit der Knarre kommt, fliegen sie weg. Und dann, Doktor! Doktor! Haben Sie schon mal einen überfahrenen Raben auf der Straße gesehen? Ich nicht. Schwalben, Drosseln, Fasane, Rebhühner, Hasen, aber keinen Raben ... Und warum? Der hat einen so exakten Radar, daß er ganz lang-

sam losfliegen kann, aber knapp über der ansausenden Kühlerhaube hochzieht. Hätte ich so ein Hirn wie ein Rabe, würde ich der Graphik fuffzich Jahre im voraus an die Karre pissen. Wie gesagt, Doktor! Der Rabe, das ist ein Vogel! ... Und so gingen wir weiter und schauten bei Herrn Myller Zum Koráb herein und zischten eine Molle bei Herrn Myller, dem Vater eines der schnellsten Hockeycracks, den man einmal aus Garmisch-Partenkirchen tot heimgebracht hatte, und keiner wußte wie und warum. Vladimír betrachtete lange Herrn Myller, der aber war fröhlich und schenkte das Bier ein und trieb seine Scherze dabei, als wäre nichts geschehen. So soll es sein, sagte Vladimír zufrieden, wie bei den Raben, fügte er hinzu, doch als der Ventilator den Rauch hinausgesogen hatte, tauchte an der Wand die Photographie eines vorgebeugten lockigen Hockeyspielers auf, der sich gegen den Hockeyschläger stemmte, und die Kufen seiner Schlittschuhe funkelten wie sein Haar, und auf den Lippen ein Lächeln, breit wie die Spannweite seiner Kufen. Und der Rahmen trug in der Ecke diagonal einen kleinen Trauerflor. Herr Myller plätscherte mit dem Glas und sagte: Immer schwimm ich in Tränen ...

In Lieben, Am Damm zur Ewigkeit Nr. 24, in dem hinteren Trakt, wo Vladimír und ich wohnten, war einst eine Schmiede. Vor langer Zeit. Da kam keine Sonne hin, so behelfsmäßig hatte man diesen hinteren Trakt gebaut, und war es schummrig oder wolkenverhangen, mußten wir kein Licht brennen, aber kaum schien mal die pralle Sonne auf die Häuser und Fassaden und Dächer gegenüber, wurde es in unseren beiden Zimmern zappenduster, und wir schalteten unsere elektrischen Zuglampen an. Und um dieses Paradox vollkommen zu machen, am kältesten war's in unserer Wohnung um Mai und Juni herum, wo die Wände infolge der Wintermonate zu schwitzen begannen, und wenn man aus dem warmen Hof in unsere Wohnung kam, überkam einen das Schütteln, als hätte man einen Eiskeller betreten. Im Winter aber, in diesem Sandsteingemäuer, da strahlten die Wände wieder die ganze Wärme ab, die sich dort in den heißen Sommermonaten akkumuliert hatte, und so brauchten wir nicht einmal zu heizen. Vladimír, der heizte im Winter überhaupt nicht, höchstens im Sommer, während der Sommerkälte. Vladimír, da er damals den Leonardo da Vinci studiert hatte und auch ein Erfinder und Neuerer sein wollte, der hatte also das sogenannte Vladimírsche Fensterspiegelsystem eingeführt, das sich sehr bewährt hatte, irgendwo, da hatte ich, sei es gefunden, sei es mitgehen lassen, ich weiß nicht mehr, vielleicht fällt's mir gelegentlich wieder ein, wie ich an diese Spiegel gekommen war, kurzum, ich hatte zehn große reckteckige Spiegel herangeschleppt, die exakt zwischen die Fenster paßten und auf das Brett innerhalb unserer Zimmerfenster, und so warf das Reflexionsgesetz durch Bandenspiel Licht aus dem Hof an die Decke, und diese Decke erstrahlte in den dunklen Zimmern so sehr, daß jeder, der hereinkam, zusammenfuhr. Außerdem hängte Vladimír von den restlichen Spiegeln je zwei auf zwei Türen, wodurch jeder, der zu uns hereingekommen war und wieder hinauswollte, getäuscht wurde, denn im Spiegel sah er den Raum hinter sich, und überdies hatte Vladimír auf die Rückwand zwei riesige Spiegel aus liquidierten Restaurants geschraubt, wodurch jeder, der vom Hof heraufsah, immer wieder erschrak, da er Vladimír oder mich gleich zweimal oder eine ganze riesige Gesellschaft zu sehen vermeinte, während wir nur zu dritt waren. Und so geschah, als einmal Frau Šulcová kostenlos zum Saubermachen kam, jene, die Vladimír am liebsten als Priester gesehen hätte und ihm immer Kleidungsstücke von diesen Ermordeten brachte, die sie im Krankenhaus an der Bulovka von den jeweiligen Diensttuenden als Nebenprodukt tragischer Begebenheiten erhalten hatte, nachdem sie also hereingekommen war, stellte sie den Eimer mit dem Lappen neben die Tür und hielt immerzu ihre Hand am Türgriff und wiederholte ihre alte Leier von der göttlichen Bestimmung, daß sie in der Nacht irgendwas von Vladimírchen geträumt hätte, und dieser Spiegel in der Tür hatte sie also dauernd irritiert, so daß sie meinte, der Eimer, der sich dort spiegelte, sei noch auf dem Flur, daß sie ihn dort vergessen habe, da beugte sie sich also immer wieder in den Spiegel vor und holte sich immer wieder einen enormen Schlag gegen die Stirn dabei, dann, als sie endlich gesehen hatte, daß der Eimer ihr zu Füßen stand, da hob sie ihn auf, und als sie sich mit dem Eimer in dem riesigen Rückspiegel sah, wollte sie direkt durch diesen Spiegel in den Hof, und Vladimír mußte sie zur Tür zurückbringen, damit sie endlich die Tür zu waschen begänne, sie aber, als sie einen Blick in den Spiegel an der Tür warf und unten in dem Spiegel den Eimer stehen sah, da beugte sie sich vor und griff nach dem Eimer in dem Spiegel, und wieder tappte sie mit der Hand in den Spiegel, so wie junge Katzen das tun, endlich dann, als sie annehmen mußte, daß der Eimer, der ihr zu Füßen stand, eigentlich im Spiegel war, stolperte sie über ihn und schlug mit dem Kopf gegen die Tür, und dann gossen wir ihr den Eimer lieber wieder aus und mußten sie nicht nur in den Hof hinausbegleiten, sondern überhaupt ins Freie, aber auch dort unterliefen ihr lauter Fehlleistungen, weshalb sie Vladimír bis in jenes Lagerhaus führen mußte, wo ihr vorige Weihnachten eines

Nachts die Ratten den ganzen Weihnachtsstollen aufgefressen hatten, obwohl sie doch mit ihm auf der Brust im Bett gelegen hatte. Als Egon Bondy Vladimírs Spiegelsystem gesehen und die Story von der Frau Šulcová gehört hatte, rief er aus: Aha! Darauf soll ich reinfallen! Ich, der den Morgenstern übersetzt hat! So hatte er sich also noch bei Tageslicht so viel Bier geholt, daß er dann auf dem Stuhl saß, Vorlesungen über den Surrealismus und über Dostojewskij hielt, ein Bein übers andere gelegt, und starrte vor sich hin, er konnte sich an seinem Spiegelbild nicht satt sehen, er war wie behext von seinem Bild in dem großen Spiegel, er konnte von ihm nicht die Augen lassen, kokettierte mit sich selbst, senkte immer wieder seine Blicke, aber schon war er wieder zurück, um seinen Anblick, der es ihm offensichtlich angetan hatte, um so mehr zu genießen.

Und so wurde ich um Mitternacht, nachdem wir uns hingelegt hatten, von einem Geräusch geweckt, als flösse da Wasser aus der Leitung ... dann noch einmal, ich machte Licht, und Egon seichte gerade von den fünfzehn Bier die Reste des dreizehnten zufrieden auf den Teppich. Ich sagte, Sie Arschloch, können Sie denn nicht rausgehen? Und er legte sich wieder hin und sagte: Ja ja, und dann renn ich noch irgendwo gegen einen Spiegel! Und schlief zufrieden wieder ein, seine Schuhe prangten mitten in einer riesigen Urinlache wie zwei Barken in einer Bucht, und da pinkelte ich ihm erzürnt in jeden der beiden Schuhe hinein. Am Morgen, als Egon gegen zehn Uhr erwachte, wir waren schon längst zur Arbeit, stand er versonnen vor der Tür, blickte in den Spiegel und streichelte sein Kinn, und plötzlich, wie er so abwesend in den Spiegel sah, fielen ihm seine beiden Schuhe auf. Wer hat sie mir in den Flur gestellt? Verdammte Scheiße! Bestimmt der Vladimír! brüllte er, und wie er sich vorbeugte, schlug er mit der Stirn gegen den Spiegel. Zuerst sah er sich um, ob Herr Kaifr, der eine Nachtschicht hinter sich hatte, noch schlief, dann zog er sich leise die Schuhe an und ging ebenso leise aus dem Haus. Am Nachmittag hatte ich drei Kilo Sauerkraut gekauft und schrubbte dann aus dem roten Teppich à la Perse, der der Hausherrin gehörte, die eingetrocknete Poetenpisse heraus. Und dabei lächelte ich, weil ich ja den Egon Bondy so gern hatte, fast noch lieber als den Vladimír, und das will schon was heißen ...

Einmal fuhren Vladimír und ich nach Hradové Střimelice, dort sollte es die älteste Wirtin Mitteleuropas geben, seit einundneunzig Jahren sollte sie schon dort in dem Gasthaus sein, das Bier ausschenken, Hálek rezitieren und alles auswendig wissen, was sie aus irgendeinem schwarzen Roman herausgelesen hatte. Vladimír war begeistert. Die schönste Erzählung erzählte sie aber keinem außer Vladimírchen, wie sie zwanzig Jahre lang so viel zu tun gehabt habe, daß sie nicht einmal zur Beichte hätte gehen können, so habe sie denn alle ihre Sünden dem Pfarrer einfach aufgeschrieben, und der Pfarrer, der gekommen war, um ihr die Absolution zu geben, der habe sie ihr auf der Bockleiter geben müssen, denn sie hatte damals gerade oben die Fenster geputzt ... Wir tranken ein grünes Schnäpschen, und dann zog so ein Mummenschanz vorüber, und vom Dunkel der Schenke aus sahen draußen alle aus wie glitzernde Tiroler Tischdecken mit Marmeladeklecksen und Geleeflecken ... Alle nasenlang tauchte in der Schankstube das Gesicht der Alten auf, sie trug ein Kleid von der Farbe der Dämmerung, und so konnten wir trotz aller Mühe nur ihr Gesicht und darunter das Bierglas erkennen ...

Als wir dann bergab gingen, irgendwohin nach Čerčany zur

Bahn, sahen wir auf dem Gut ein Frauenzimmer stehen, aber nur, wenn sie sich regte, das Tor hinter ihr war grün und hatte graue Längsstreifen, und das Frauenzimmer hatte ein ebenso gestreiftes und grünes Kleid an, so daß vor dem Tor nur ihre Totenmaske schwebte. Als wir dann, beinahe schon im Wald, einen Bach, ein Bächlein übersprangen, es durchfloß eine Sandbank, in der Ferne brannten Feuer, da hörten wir dort jene Masken singen, sie tanzten und huschten und machten einen Heidenlärm ... Vladimír stand wie angewurzelt ... Jener, der den Umzug mit der Klubstandarte angeführt hatte, lag jetzt auf dem Rücken in dem seichten Bach und war betrunken, und das Wasser kräuselte über ihn hinweg, fältelte sich über ihn wie eine Jalousie, nur wenige Zentimeter über dem Trunkenbold wellte sich die Wasserschicht, der lächelnd dalag, und unter dem Kopf hatte er einen glatten Geröllbrocken aus Quarz, und sein Atem ging ruhig, während über seiner Brust eine nasse Wasserfahne flatterte ...

Einmal erzählte Vladimír während einer Zechtour: Meine nächste Graphik wird samtig sein. Kennen Sie das? Man kickt automatisch zuerst mit dem linken Fuß, dann mit dem rechten Fuß in ein kleines Steinchen. Ein Häuflein Messingspäne. Fünfzehn Minuten, und ich guck hin. Herrlich! Doktor! Und samtig! Wissen Sie, am Ende bin ich froh, meschugge zu sein ... Und wir bogen in die Skořepka-Gasse ein und wollten ins Konvikt. Herr Fišer, Ringer a. D. vor fünfzig Jahren, heute Ringer mit Sklerose, saß vor dem Fenster auf einem Stuhl, und weil Herr Fišer nirgendwo anders Bier zu trinken pflegte als beim Tiger, winkte er uns ab, so wie er den ganzen Tag schon allen Passanten abgewunken hatte, und rang die Hände. Zurück, zurück, heute ist Großputz! Katastrophe! ...

Eine Zeitlang, als Vladimír und ich noch an der obszönen Phase litten, sammelten wir Material, denn wir wollten eine Hommage für Georg Grosz zusammenstellen und suchten nach Latrinenaufschriften in Fabriken und Gasthäusern und hatten schon einige Dutzend beisammen, wir gingen in Veleslavín auf dem Bahnhof irrtümlich auch in eine Damentoilette, die Angestellten aber stürmten uns hinterher, wir verriegelten uns dort, und ein großes Geschrei und Rufen hoben an, und sogar der Bahnhofsvorsteher kam, und so entriegelten wir uns wieder, und alle fielen über uns her wie über zwei Pornographen und Perverslinge und beschuldigten uns, wir hätten auf der Toilette schulpflichtige Mädchen abpassen und sexuell mißbrauchen wollen. Als wir unsere Sammlung der Latrinenaufschriften vorgezeigt hatten, nahm der Herr Bahnhofsvorsteher die erste Behauptung zurück, bestand aber auf seiner Ansicht, daß wir zwei Homosexuelle seien und daß wir unsere Begierden hier auf der Damentoilette in Veleslavín befriedigen wollten und die Sammlung der pornographischen Aufschriften wäre nur eine Klapper, um die Aufmerksamkeit abzulenken ... und zuerst spuckte uns der Herr Bahnhofsvorsteher ins Gesicht und dann auch die Angestellten, denn bei einfachen Leuten erfreut sich die Homosexualität einer außerordentlichen Geringschätzung. Aber kaum hatten wir uns erholt von dem Schrecken, schon sammelten wir weiter, und so gelangten wir in die Damentoilette der Philosophischen Fakultät, wo wir unter dem Vorwand von Vorlesungen über revolutionäre Aktivitäten in Afrika Zugang gefunden hatten. Dort fanden wir die herrliche Aufschrift: Mädels, gestern hat mich ein Neger gefickt! Und darunter stand mit Mädchenhand geschrieben: Was hatte der für einen Pint? Mindestens ein Kilo schwer! Vladimír hatte die Aufschrift ganz wild gemacht. Er sagte: Bisher hab ich gedacht, nur ich hätte so geile Vorstellungen, aber wie ich sehe, ist es allgemein . . . Als Egon Bondy davon erfuhr, faltete er die Hände, und so gefaltet warf er sie über den Kopf und heulte los: Herrje, ihr beiden Halunken, ihr raubt mich ja dauernd aus und wißt nichts davon! Ich arbeite doch im Schweiße meines Angesichts an dem Satz: Der Sexus ist anonym, der Eros adressierend . . . Wir sitzen alle in einem Sexualboot, aber jeder unter einer privaten erotischen Flagge . . . Scheiße, verdammt! Da werd ich heute kiloweise Tabletten schlucken müssen, um in der Nacht wenigstens ein bißchen pennen zu können! . . .

Vladimírs Graphiken hinken nie . . . zum einen, weil der Goldene Schnitt des Gleichgewichts durch sie hindurchzieht, vor allem aber, weil Vladimír Parallelen weder voneinander unterscheidet – noch vorzeitig miteinander kreuzt, weil die Kontradiktionen, mit denen die Welt steht und fällt, es nie erlauben würden, daß der Himmel, der sich in Vladimírs graphischen Botschaften spiegelt, zusammenbräche. So lebt der Makrokosmos in Vladimírs Mikrokosmos fort, Vladimírs Graphiken sind Entwürfe, Baupläne für die von Vladimír geliebten Dinge . . .

Vladimír war immer arglos. Einmal war er mit seiner Tekla zu uns nach Nymburk gekommen. Tekla fuhr dann mit meinem Vater in einem Laster der Marke Whist den Škoda holen, der irgendwo steckengeblieben war. Wir warteten am Elbufer auf sie, und als der Whist sich näherte, war Vladimírchen zu Tränen gerührt. Vater chauffierte den Laster, der den Škoda 420 geladen hatte, und darin saß Tekla und machte am Lenkrad die gleichen Bewegungen, die man fürs Rückstoßen, Anfahren und für das Zurückstoßen in den Hof gebraucht hätte. Dann ging sie mit Vladimír zum

Floßplatz baden. Meine Mama und Frau Schuldirektorin sahen Vladimírchen mit einem Feldstecher zu und konnten sehen, wie Vladimír am Vormittag um halb elf, an einem Sonntag, während in der Kirche die heilige Eucharistie gefeiert wurde, unter der durchsichtigen Flußdecke Geschlechtsverkehr hatte. Auch der Herr Direktor Cyril tat einen Blick durch den Feldstecher und sagte dann klagend: Ich weiß nicht, ich weiß nicht, aber diese Generation scheint nicht den Weg von Comenius zu gehen. Als ich dann Vladimír das, was er da während der Eucharistiefeier im Fluß getrieben hatte, leise zum Vorwurf machte, sagte er mit großem Gelächter: Ich hab's gesehen, ich hab's gesehen, daß ich beobachtet werde, aber ich wollte Ihrer Mama eine Freude machen! Egon Bondy, als der das erfuhr, da hielt er sich die Ohren zu und schrie: Scheiße verdammt! Um Himmels willen, Doktor, hören Sie auf! Hören Sie auf! Dieses Vladimírchen erfüllt das Wort der Bibel: Und viele werden kommen aus Ost und West und werden mit Abraham tafeln. Das ist die reine, absolute Paranoia, dieser Vladimír! . . .

Einmal saßen wir Bei den Spatzen und sprachen über die Expansion des Alls, und proportional dazu tranken wir Bier. Ach dieser Vladimír! Von sich aus wäre der nie aufs Pissoir gegangen, und wenn er auf Besuch war, ging er nicht austreten, selbst wenn er geplatzt wäre. Und als wir dann also nach fünf Mollen zum ersten Male gingen, setzten sich zwei Brüder an unseren Tisch und unterhielten sich lebhaft und mit viel Elan, besonders der mit der dunklen Brille. Seine Stimme donnerte, und jedes Wort von ihm rundete das Thema Zeichen so herrlich ab, daß wir nur der Donnermelodie lauschten. Vladimír lutschte an einem Brötchen, weil er so lockere Zähne hatte. Aber als auch unsere beiden neuen Tischgenossen aufs Pissoir gingen, da sahen wir: der Donnerer war blind. Als sie zurückgekommen waren, verknüpften sich unsere Gespräche, und am Ende erfuhren wir, daß diese beiden Brüder, als sie noch Buben waren, bei einer Tollerei vom Baum gesprungen wären, und dabei hätte einer den Ast losgelassen und so dem anderen die Augen ausgeschlagen.

Als Vladimír dann von mir auf der Verkehrsinsel sechzig Heller für die Straßenbahn geschnorrt hatte, sagte er: Wenn ich wieder bei Kräften bin, werd ich mal den Blinden fragen, ob sie sich, diese Augen, als sie ihm ausgeschlagen wurden, ob sie sich ihm nicht verdreht hätten und ob die Augen nicht in der letzten Sekunde zum ersten und letzten Mal ihr eigenes Gesicht gesehen hätten, die leeren Augenhöhlen ...

Tags darauf saßen wir in der Slawischen Linde in Vysočany, und Vladimír jammerte, er würde erblinden, der Trigeminus würde ihm unterhalb der Augenbraue gegen die Schläfe drücken, wenn er jetzt ordentlich mal niesen würde, flögen ihm die Vorderzähne raus, als er dann durch das Fenster die Straßenbahn sah, stöhnte er auf und griff nach seiner rechten Seite, und während die Schaffnerin die Fahrkarten im Block lochte, spürte er den Biß seiner Gallenblase. Und darüber hinaus griff und betastete er seinen Kopf, sagte ein Gewitter voraus, wie gewöhnlich drang ein fünf Zoll langer Nagel in seinen Schädel, bis er die Spitze mit der Zunge fühlen konnte. Und darüber hinaus, vorgestern, da war er mit den Lehrlingen um die Wette gesprungen, wer vom Stand direkt auf die Werkbank hüpfen würde, auf der eine Stahlplatte lag, Vladimír hatte gewonnen, hatte sich aber an der Kante jener Stanze das Schienbein aufgeschlagen, es begann schon zu eitern, so daß er abwechselnd nach diesem Schienbein griff, nach seiner Seite, mit dem Finger gegen den Trigeminus drückte, oder er ruckelte und versuchte sich zu überzeugen, wie schrecklich locker seine Vorderzähne wären. Da stand vom Nachbartisch ein Mann auf und sagte leise, während er auf die Wanduhr schielte: Mein Name ist Duže, wie Dusche, sagen Sie sich immer, sachte, sachte, sachte... sollten Sie mesmerische Bewegung brauchen, ich wohne in Horní Počernice, fragen Sie nach meinem Namen, ich wohne gleich hinterm Garten. Und der Zeiger bedrängte eine Minute vor neun, und Herr Duže rief: Entschuldigen Sie, ich verpasse den Bus... und er rannte los, stieß aber in der Pendeltür mit dem Kellner zusammen, der wirbelnd das Tablett mit dem Bier hereintrug. Herr Duže fiel hin, vom Bier begossen und geblendet lag er auf allen vieren in einer Bierlache, brüllte und fluchte. Vladimír staunte, sichtlich erquickt. Er stand auf, knöpfte seinen Mantel zu, beugte sich über Herrn Duže und sagte leise zu ihm: Sagen Sie sich immer, sachte, sachte, sachte... Sollten Sie was brauchen, mein Name ist Vladimír, ich arbeite beim ČKD... fragen Sie dort nur, Krähwinkel heißt's dort... Und er nahm Herrn Dužes Hand, besah sich die Kraftlinien durch die Brille, hob dann den Blick und sah Herrn Duže überrascht in die Augen und sagte: Der Lebenslinie nach hätten Sie Förster werden sollen.

Ein andermal saßen Vladimír und ich bei den Horkýs in der Liebener Judenstadt, wir hatten uns jeder zehn Hörnchen gekauft und tranken nun zu jedem ein Smíchover Bier, das Gasthaus dröhnte vor Reden und Lachen, weißgeschrubbte Arbeiterinnen, die am Fenster saßen, tranken Kaffee mit Rum, als plötzlich einer zu uns kam und sagte: Herrschaften, ich bin ein verheirateter Mensch, das ist aber im Grunde genommen gar nicht so interessant, aber Herrschaften, ich wohne mit meinem Schwiegervater in einem Zimmer, das Zimmer ist nur durch einen Vorhang geteilt. O. K., daß mein Schwiegervater meine Mahlzeiten ißt, das ist im Grunde genommen gar nicht so interessant, aber Herrschaften, wenn ich in der Nacht hinter dem Vorhang mit meiner eigenen Frau bumse, so sehe ich auf dem Vorhang die Silhouette meines Schwiegervaters, der mir zu Häupten so geschickt onaniert, daß es ihm, wenn's mir kommt, zur gleichen Zeit kommt, Herrschaften, wo findet man denn so einen Schwiegervater noch auf der Welt? Auf meinen Namen kommt es nicht an, ich bin bloß ein Lackierer. Egon Bondy, als er von den ausgeschlagenen Augen hörte, winkte nur ab, dies sei gar nichts, sollte das wohl heißen. Als er das von Herrn Duže und von Vladimír hörte, rieb er sich die Hände, das sollte wohl heißen, unsere Begegnungen mit phänomenalen Ereignissen wären schwächer geworden, wären keiner Steigerung mehr fähig. Doch als er von dem Schwiegervater erfuhr, der hinter dem Kopf seiner beischlafenden Tochter onanierte, nahm er mich an der Schulter und schielte, blickte in mich hinein, packte mich am Kopf, als wollte er mich küssen, so fest blickte er mir in die Augen, mit der Absicht, die Wahrheit zu ergründen. Und dann brüllte er los: Wo ist dieser Mensch? Ich sagte: Vladimír ist wahrscheinlich schon zu Hause. Bondy brüllte weiter: Wo ist denn der Lackmann? Und dann drohte er mir mit dem Finger vor den Augen: Spielt nicht mit mir, ich weiß schon, ihr wollt mir das Schreiben vergällen, aber da werdet ihr euch gewaltig täuschen! Mit diesem Lackierer müßt ihr mich bekannt machen. Ich sagte: Der ist jetzt am Cukrák und streicht den

Fernsehturm an, er hängt dort am Seil und taucht mit der Hand den Pinsel in die Farbe und singt dazu ... Bondy plärrte: Her mit dem Lackmann! und er hielt sich die Ohren zu und quiekte: Das alles muß der Vladimír aufschreiben, und wenn nicht er, dann Sie, so wie's die Božena Němcová mit den Märchen oder dieser Jirásek mit den alten Sagen gemacht haben. Und Vladimírchen richten Sie von mir aus: Je näher der Berg an der Sonne ist, um so größer der Frost da oben ... und nur die Sonne hat ein Recht auf ihre Flecken, wie Goethe von Friedrich, dem Preußenkönig, den ich jetzt studiere, sagte. Aber mit diesem Lackmann, da müßt ihr mich bekannt machen! Verstehn Sie doch! Das könnte doch ein Märtyrer sein, als Lackierer verkleidet! Darum geht's! Dann sagt der Papst: die Kirche braucht keine Märtyrer mehr! Wir brauchen sie mehr denn je, her mit dem Lackmann! Verdammte Scheiße! ...

Einmal ging ich Vladimír auf dem Konstanzer Platz besuchen, im dritten Stock, als mir Vladimírs Mama geöffnet hatte, sah man im Zwielicht des Vorzimmers Tränen in ihren Augen glänzen ... und ich sah, wie eine Tür aufflog, und im Licht, das aus dem Raum fiel, flog eine Kasserolle durch die Luft, sie kippte ein wenig, und durch den Schwung kam glänzendes Sauerkraut herausgeflogen und ihm, wie die Bierdeckel, vier fünf Knödelscheiben hinterher. Das alles flog aus der einen Tür durch den beleuchteten Gang hindurch und stürzte dann ganz im Sinne der Ballistik in die Tür der Frau Boudníková, die im Gang aber rief: Aber das ist ja wunderbar, daß Sie uns besuchen kommen, da wird sich das Vladilein aber freuen! Und ganz leise fügte sie hinzu: Das war wieder eine Nacht, ich sag Ihnen, was der wieder getobt hat! Und wieder laut und deutlich: Aber Herr Doktor, Sie sehen wunderbar aus, da waren Sie sicher beim Baden ...

und ganz leise: Das war ein Gedöns, im ganzen Haus hat man ihn gehört ... und wieder laut: Kommen Sie nur weiter, Vladimírchen hat einen neuen Pulli, hallo, Vladimírchen ... na, der wird eine Freude haben! Und ganz leise: Er ist in einen Spiegel gefallen und hat sich ordentlich geschnitten dabei und hat mit dem Blut die Wand beschmiert und dann noch einen ganzen Bogen Papier ... und da hat er reingeschrieben: Ich werde zum Priester des Wahnsinns ... Vladimírchen fand ich in depressiver Stimmung vor. Er äußerte nur: Mutter hat mir vorgeworfen, ich soll mehr Dankbarkeit zeigen, wenn sie mich schon durchfüttert, da hab ich mit der Kasserolle geworfen. Ich sagte: Das war ein unvergeßliches Bild, wie bei Salvador Dalí, als der sich hat photographieren lassen, wie er durch die Luft fliegt, und jemand schüttet ihm durch eine Tür ein ganzes Aquarium mit Fischen hinterher, und dazu fliegt ein Kater, der wahnsinnig geworden ist wegen einer Schweinsblase am Schwanz ... Vladimírchen frohlockte: Sie haben also die Kasserolle durch die Luft fliegen sehen und das Kraut? Und beleuchtet, war das nicht schön? Ich sagte, daß ja, daß es schön gewesen sei und daß wir jetzt aber auf ein Bier gingen, Zum Rosenstrauch, daß dort der Wirt und die Wirtin jeder seinen Wellensittich hätte, und die Wellensittiche würden lächeln ...

Als ich das mit der Kasserolle und dem Sauerkraut dem Egon Bondy erzählt hatte, war er zunächst erschrocken, dann aber jubelte er: Verdammte Scheiße! Nietzsche hat immer wissen wollen, wo die Barbaren des zwanzigsten Jahrhunderts wären ... Vladimír. Tja, ist nun mal so! Vladimír.

Einmal streiften Vladimír und ich durch die Elblandschaft, dort ragte ein einsamer Baum empor und bot sich in allen Richtungen der Sonne an, dahinter war ein Wald. Vladimírchen blickte wieder einmal tief bewegt, lächelte und nickte übereinstimmend in Übereinstimmung mit sich selbst. Guck mal, sagte er, dieser Baum da, das ist Goethe, er hatte gute Bedingungen, wuchs in die Breite, schöpfte hellenische Sonne aus allen Richtungen, seine Wurzeln holten sich aus der Erde alles, was sie brauchten. Ich aber bin ein Baum aus diesem Wald dort, meine Schultern sind zerschunden, für meine schmale Baumkrone hab ich nur mit so viel Sonne zu rechnen, wie für mich übrigbleibt, wir stehen uns in diesem Wald alle im Wege, einer behindert den andern, aber wir leben. Ich behaupte, daß ich dank der Imagination und dank der Berührungen genauso breit bin – er zeigte auf den einsamen Baum – wie dieser Goethe da. Ich habe den Unterschied zwischen der starken Persönlichkeit und der Masse aufgehoben . . . chachacha!

In jener Zeit damals begann ich zu begreifen, daß Vladimírs graphische Blätter eine Apotheose des vierten Standes sein wollten, des Waldes der Arbeiterklasse, daß wir, während einer den anderen mit den Ästen berührt, auf Kosten des Weltalls und der Schönheit lebten. Und Vladimír stand immer noch tief bewegt vor dem einsamen Baum und sagte sanft: So wie dieser Baum hier, so habe auch ich alles in den Blättern geerdet. Der Baum ist für mich aus Glas, ich seh, wie die Säfte durch das Glas im Baumstamm steigen, wie sie durch Röhren in die Äste fließen, ich sehe die Blüte, ich sehe die Frucht . . . auch die Erde ist für mich durchsichtig und aus Glas, ich sehe genau, wohin die Wurzeln und die Wurzelhaare reichen, ich sehe, wie sie Wasser und Mineralien aus der Erde saugen, ich sehe das verglaste Gesamt darüber, ich sehe den Baum in allen seinen Phasen, zu jeder Jahreszeit, ich sehe die Kreisbahn, auf der sich jedes Baumteilchen dreht, ich sehe die Harmonie der Kräfte und Säfte . . . ein wenig

Vorstellungskraft, und alles wird klarer und damit menschlicher, verstehen Sie, Doktor? Kapieren Sie? Doktor! Und mir wurde in diesem Augenblick bewußt, wie herrlich die graphischen Blätter Vladimírs skelettiert und geerdet waren, wie jedes gute Radio, wie jedes Telephon, wie die Zisternen der Tankfahrzeuge mit Benzin, die eine funkensprühende Kette hinter sich her über das Pflaster schleppen, damit die Brennflüssigkeit bei Gewitter nicht in die Luft geht. Ich sah, wie auch Vladimír, wenn er zerschlagen war, wie er sich immer wieder erhob, nachdem er sich zuvor gebeugt und die Erde mit dem Finger berührt hatte, die Erde gab ihm neue Kraft, und mit ihr stand er in einer mythischen und dennoch ganz realen Kommunikation. Egon Bondy, als er davon hörte, was Vladimír während des Spaziergangs gesagt hatte, versetzte der Rippe einer Zentralheizung einen Tritt, hielt sich den zerrissenen Schuh mit der Hand fest, hüpfte in der Imbißhalle Welt auf einem Bein herum und schrie: Hermes Trismegistos! Hermes Trismegistos! Das ist ja die reinste Antike! Das mit dem Baum, das ist der alte Jakob Böhme, dieser geniale Schuhflicker aus Görlitz, auch der hat die Erde von den Bäumen gegraben, um zu erkennen, wie die Materie mit dem Denken zusammenhängt, um den Satz zu erfinden: Der Mensch gewordene Gott! Aiaiai! Ich hab mir eine Zehe abgestoßen! Aber so eine gesengte Sau, dieser Vladimír! Das ist ja ein richtiges Substrat der Hegelschen Philosophie, dieser Baum! Unsereiner muß sowas jahrelang büffeln, und Vladimír, diese Bestie, der sagt das nur so, beim Spazieren, als würde er rotzen! Die reinste Paranoia, sag ich! Und den ganzen Schuh hab ich mir aufgerissen, und dabei bin ich so heikel beim Schuhwerk! Sie kaufen mir neue Schuhe und basta! ... Schimpfte Bondy, der schimpfend immer nur schmeicheln wollte ...

Dann hatte sich Egon Bondy entschlossen, einzig und nur noch Kunst zu betreiben. Um der Arbeitspflicht zu entkommen, beschloß er, in ein Irrenhaus zu gehen. Am ersten Tag war er nur voller Lob und beschwor Vladimír: Guck mal, Vladimírchen, Vladilein, das wär doch was für Sie, so eine schöne Anstalt, ganz nah bei Prag, warm ist es da, reichliche Kost, Sie bekommen auch einen Malkasten und Papier oder eine Leinwand, Ausgang bekommen Sie auch und können schaffen. Und wenn Sie verrückt spielen wollen, haben Sie die Papiere dazu, nix kann Ihnen passieren. Aber Vladimír, von wegen die Fabrik verlassen, die war mehr für ihn als eine Klapsmühle, sie war für ihn Sinngehalt, Lehranstalt, Geliebte, mit der er in Liebesbeziehung stand. Er sagte, daß nie und nicht und nimmer.

Nach einem Monat kam Egon Bondy an, obwohl früher immer blaß, jetzt braungebrannt, wetterhartes Gesicht, aber wütend, und gleich ließ er sich aufs Sofa fallen und grölte: Scheiße, verdammt! Der Deibel soll das Irrenhaus holen! Die haben jetzt eine sowjetische Methode eingeführt, daß für die leichten Diskordanten Arbeitstherapie das beste wär! Und da hab ich jetzt eine Hacke dort und behacke damit Rüben! Und werde von Tag zu Tag gesünder, und Gesundheit ist ein wahres Gift für Poesie, verdammte Scheiße! Und er ließ sich auf das Sofa fallen und schlief ein, schlief drei Stunden lang, und als er erwachte, fragte er: Doktor, haben Sie nicht 'ne Milch da? Und 'n Vollkornbrot dazu?...

Vladimír hatte beschlossen, unter die Turmspringer zu gehen. Und zu diesem Zweck fertigte er sich eigenhändig Badehöschen an, drei Tage lang nähte er daran, eine machte er aus Mull, die andere aus schwarzem Cloth. Eigentlich waren das nur zwei kleine Dreiecke, mit einem dünnen

Zwirnband verbunden, das Gewand mußte aber sitzen, und so nähte Vladimír fleißig, zog sich die Badehöschen an und probierte sie vor dem großen Spiegel, und damit er sah, wie sie ihm auch hinten saßen, kaufte er sich einen kleinen Taschenspiegel für vier Kronen sechzig, ab und an konnte ich beobachten, wie er diesen kleinen Spiegel nach hinten hielt, um in dem großen Spiegel zu sehen, ob er auch von hinten eine gute Figur machte. War das ein Hallo, als Vladimír dann in seiner Badehose vom höchsten Brett sprang! Er war nie zuvor gesprungen, genauso wenig, wie er je zuvor Geige oder Mandoline gespielt hätte, und dennoch konnte er beides mit Gefühl. Es war herrlich, wie begeistert Vladimír Anlauf nahm, mit beiden Fußsohlen aufs Brettende klatschte, emporschwebte und mit ausgebreiteten Armen, die er dann langsam anlegte, nachdem er zuvor vornüber gekippt war, und jetzt flog sein zwei Meter langer Körper ins Wasser. Als er wieder an die Oberfläche kam, machte er einige Schwimmbewegungen und klatschte mit der Hand gegen den Beckenrand, das Wasser rann ihm übers Gesicht, und Vladimír erteilte Ratschläge an Jungen: Hört mal, wenn ihr hochspringt, da paßt vor allem auf, wie der Vyšehrad dahinten zuerst nach unten rutscht, aber wenn ihr dann die Drehung macht und mit dem Kopf nach unten absackt, da macht die Augen auf und schaut, und ihr werdet sehen, wie der Vyšehrad, während ihr immer näher kommt ans Wasser, mit der gleichen Geschwindigkeit nach oben schießt und über dem Horizont verschwindet ... Warum ich euch das sage? Paßt immer auf, was um euch herum geschieht ... Und dann kletterte Vladimír aus dem Wasser und stieg wieder ganz ernst, ganz wissenschaftlich die Treppe hoch bis zum letzten Brett, nahm Anlauf und erzwang's, daß der Vyšehrad im Hintergrund ein wenig in die

Knie ging und dann in Vladimírchens Augen jäh nach oben schoß, die Augen flogen immer mit und teilten sich Vladimírchens Sprünge vom Brett, von der höchsten Turmetage, mit dem Körper. Als Egon Bondy das erfuhr, begann er zu toben: Verdammte Scheiße! Dieser Vladimír macht sich ja immer lächerlicher! Jetzt soll ich auch noch einen Kopfsprung ins leere Becken wagen oder vom Veitsdom springen! Na, wenn ich das dem Zbyněk Fišer erzähl, der wird Augen machen!

In jener Zeit damals habe ich Vladimír ein Buch geliehen, wo beschrieben wurde, warum die ungarische Nationalmannschaft die beste auf der Welt sei, warum sie die Jahrhundertkämpfe mit England gewonnen habe. Vladimírchen gab mir das Buch zurück und war ganz begeistert: Doktor, da haben Sie mir eine Freude gemacht! Dieser sogenannte Hidekuti-Haken auf einem Quadrattaschentuch, der das ganze Spiel im Handumdrehen wenden kann, das ist ja nichts anderes als meine Aktivgraphik auf der gleichen Fläche. Als ich das dem Egon Bondy erzählt hatte, da blieb der eine Weile still und schien für eine Weile um zehn Zentimeter kleiner. Dann sagte er leise mit einer müden Stimme: Dieser Vladimír ist, wie ich schon sagte, eine echte Paranoia ... Das mit dem Hidekuti-Haken auf einem Quadrattaschentuch Aktivgraphik, na damit darf ich Zbyněk Fišer überhaupt nicht kommen! Der würde mich glatt zur Schnecke machen, weil's nich von mir ist!

Einmal, da hatte sich Vladimír in ein pausbäckiges Mädchen aus Čimice verliebt. Ihr zu Ehren hatte er auf der Hütte Poldi während einer Pause den Maschinenhammer genau auf die Höhe seiner Nase eingestellt, legte sich unter den Hammer, und als einer seiner Freunde den Knopf gedrückt hatte, blieb der Hammer exakt so stehen, daß er ganz leicht Vladimírs Nase berührte. So bereitete sich Vladimír auf den Nachmittagstreff mit dem geliebten Mädchen vor. Als er mit ihr in der Abenddämmerung auf der Čimicer Straße wandelte, nahm er ihr zu Ehren seine Krawatte ab, band sie an einem Apfelbaumast fest, wand sie sich rasch um den Hals und erhängte sich ein ganz klein wenig, während das Mädchen die Flucht ergriffen hatte und durch die Dämmerung nach Hause lief. Am nächsten Tag ging Vladimír mit seinem Photographen zu diesem Čimicer Gehölz zurück, wo auf einem Ast noch die Krawatte hing, und Vladimír rekonstruierte seine Liebeserklärung, und der Photograph photographierte ihn mit leicht herausgestreckter Zunge. Ich saß in Schlafrock und Pantoffeln zu Hause, und als Vladimír kam und mir die Geschichte erzählt und die Photographie gezeigt hatte, schüttelte ich den Kopf und scheuchte sowohl den Schlag mit dem Maschinenhammer als auch das Erhängen mit der Krawatte von meinem Ohr. Vladimír sagte: Was sollte ich denn tun, ich wollte dem Mädl doch die Freude machen! Damit sie was vom Leben hat, oder? Als ich das dem Egon Bondy erzählt hatte, hielt er sich die Ohren zu und trampelte und schrie: Hören Sie auf, Doktor, um Gottes willen, hören Sie auf! Diese Vladimír-Geschichten rauben mir die letzte Kraft, Doktor, ich werde schlapp wie ein Reifen, dem die Luft ausgeht, in Gottes Namen, hören Sie auf! Daweile, daweile fahr ich ja schon nix wie nackte Felgen. Eine seelische Reifenpanne hat er mir verpaßt, Aaskerl, diese verdammte Scheiße!

Manchmal brachte Vladimír seinen Arbeitskollegen, den Kadel, mit. Vladimír machte sich immer lustig über ihn, nicht um sich selbst zu belustigen, sondern weil er wußte, daß es dem Kadel guttat. Da kamen sie also mal, und Kadel war ganz aus dem Häuschen, Vladimír sagte: Hast du gemerkt, Kadel, wie dieser Kerl mit der Fahrermütze dauernd hinter uns her war? Und Kadel nickte und schaute ganz belämmert, er hatte immer eine Mütze mit Ohrenklappen auf, um sich nicht zu erkälten. Und Vladimír: Wenn was wäre, Kadel, wo hast du gesagt, daß du begraben sein willst, in Zbraslav oder in Modřany? Und Vladimír legte den Finger auf den Mund, dann schlich er sich auf den Fußspitzen zur Tür, riß sie auf und lief in den Abend hinaus, in den Hof, als er zurückkam, hatte der Kadel die Augen voller Fragezeichen, sie reichten sich die Hände und blickten sich in die Augen und schworen einander: Wenn was wäre, dann hast du, Kadel, nichts gehört und nichts gesehen! Und der Weg von der Arbeit war immer voller Geheimnisse, immer, wenn sie kamen, war Kadel vor lauter Schreck halb tot, er nahm immerzu nur seine Mütze ab, und sein Haar wurde davon ganz schütter, er wischte sich den Schweiß von der Stirn, und so, wie er den Vladimír ansah, wußte ich, daß er ohne Vladimír nicht leben konnte ... können hätte er schon, aber er und Vladimír hatten ein Geheimnis, nicht nur tagsüber, sondern auch in der Nacht, dauernd in Gefahr ... einmal saßen sie wieder in meinem Zimmer am Damm zur Ewigkeit Nr. 24 und hielten sich an der Hand. Vladimír lief hinaus, um zu kontrollieren, ob keiner im Hof war, und dann sagte er, sagte es feierlich: Kadel, unsere Parole ist ab heute: Auf der Punkva ab nach Dneprostroj. Und dann saß Vladimír wieder und bemerkte nur so nebenbei während des Gesprächs: Hör mal, Kadel, zieh dir jetzt lieber immer warme Wäsche und ein Unterhemd an, im Knast, da ist es kalt, kapiert? Oder, Kadel, tut dir nicht der Kopf da drin im Nacken weh, nämlich so fängt

Paralyse an, kapiert? Und hör mal, Kadel, hast du deinen Letzten Willen schon gemacht? Und was denkst du, Kadel, was ist besser deiner Meinung nach, von einem Hai gefressen zu werden oder zu verkalken? Und dann gingen sie beide wieder in die Nacht hinaus.
Einmal, da war Vladimírchen ganz allein gekommen und war begeistert. Hören Sie mal, Doktor, hätten Sie das gedacht von diesem Kadel? Mir fallen einfach keine weiteren Geheimnisse und Parolen für ihn ein, da wollt ich ihm explosionalistische Graphik beibringen, und der hat plötzlich so eine Wut, daß er den Eisenzirkel geradespreizt, der wiegt ja mehr als ein Kilo, und schmeißt mir glatt das Ding nach, und das Ding streift mich am Haar überm Ohr und bleibt im Wandschrank stecken, und hat dort eine ganze Weile so gewippt. Hätten Sie das gedacht? Der Junge hat fast den gleichen Charakter wie ich, mit diesem Zirkel hat er mir echt 'ne Freude gemacht. Als Egon Bondy davon gehört hatte, sprach er, das Auge direkt ins Herz der Unendlichkeit verdreht, ganz, ganz leise: Ich ärgere mich nicht mehr rum damit. Also auf der Punkva ab nach Dneprostroj! Beherrscht denn dieser Vladimír Zen ... oder was? ... Ein Glück, daß ich das Prager Leben geschrieben hab, ein Glück, daß ich Das Große und Das kleine Buch und andere Gedichtbände geschrieben hab ... aber was nun? Wir legen unser Schreibzeug langsam weg, sperren langsam die Schreibmaschine in den Schrank, mit Zbyněk Fišer machen wir jetzt indische Philosophie, Zbyněk Fišer bringt mir Sanskrit bei, der Zug fährt in den Tunnel, und in ein paar Jahren werd ich als mystische Saat aufgehn ... Also auf der Punkva nach Dneprostroj? Doktor, in Gottes Namen, was quält mich dieser Vladimír denn so, aber so, ooo verdammte Scheiße!

Als der Direktor vom Schiefen Rad die Graphiken von Vladimír und dem Dichter Kolář gesehen hatte, hatte er sofort beschlossen, in Warschau eine Ausstellung zu machen. Er faltete die graphischen Blätter ungestempelt zusammen, knöpfte den Hosenschlitz und das Hemd auf, legte sich die graphischen Blätter auf den Bauch, knöpfte den Hosenschlitz und das Hemd wieder zu, und so flog Vladimír aus Prag ins Schiefe Rad in Warschau. Und weil es kein Papier gab für den Katalog, fand der Dichter Kolář heraus, daß man mit Luftpost nach Warschau Briefe bis zu einem Gewicht von 4,50 kg schicken könne, und so wurden 4,50 kg schwere Packen Packpapier geschnitten, und von den Postämtern der Prager Randbezirke wurden Briefe mit dem Gewicht von 4,50 kg in Richtung Warschau, Schiefes Rad, zu Händen Herrn Bogusch, losgeschickt, der dann verfügte, daß von diesem Papier Kataloge gedruckt wurden. Und auf dieser Ausstellung im Schiefen Rad hatte die graphischen Blätter Direktor Davis vom Modern Institute in Miami gesehen, und so flogen Vladimírs Graphiken über den Ozean, wo sie eine erfolgreiche Ausstellung hatten.

Seit jener Zeit wollte sich Vladimír die Haare nicht mehr schneiden lassen. Kaum sah er die Schere in der Hand eines Friseurs, begann er zu zittern, was wenn der Friseur nach Feierabend Graphik machen würde und eifersüchtig wäre auf Vladimír und ihm wie aus heiterem Himmel die gespreizte Schere in die Augen und bis ins Hirn rammen würde? Deshalb wurde Vladimír von Mamachen geschoren, und später von seiner geliebten Frau Tekla. Das war immer ein Ereignis, dieses Scheren, das war ein Geschrei, das war ein Hin und Her mit den Spiegeln, bis Vladimír überzeugt war, sein Haar sei so geschnitten, als wäre es gar nicht geschnitten, er liebte seine Dandyfrisur, das Lässige

an der Bekleidung Baudelaires oder Brummels. Aber als seine Frau Tekla die Kleider geschnitten und zerschnitten hatte, um sie dann fortzubringen und als Altmaterial zu verkaufen, hatte sie dabei immer wieder auch Vladimírs Augen attackiert. So nahm er jedesmal, als er dann von der Tekla geschoren wurde, immer im voraus an, er würde blind sein nach der Schur, denn die Tekla fuchtelte beim Schneiden mit der Schere herum und hielt Vladimír vor, warum er denn nicht mehr Geld nach Hause bringe, warum sie denn gerade jetzt insgesamt nur zwei Kronen fünfzig in bar hätten? Als Egon Bondy davon erfuhr, ließ er das Kinn hängen, und seine berühmte herrlich rote Lippe glänzte wie das Fruchtfleisch einer Kirsche, seine blauen Augen verdrehten sich kläglich, und er sagte: Daß die Luft ohne besondere Genehmigung über Staatsgrenzen strömt, daß das Wasser fließt, daß die Vögel am Himmel ohne Paß fliegen können, wohin sie wollen, das weiß jeder, aber in Gottes Namen, wie komme ich dazu, daß der Vladimír ohne Genehmigung in einem Hosenschlitz über die Staatsgrenze fliegt, wie ein Gott? Aber das ginge ja noch, aber verdammt: Warum muß ich von diesen herrlichen Vorfällen mit der Schere wissen? Wem hab ich denn was getan, daß mir kein Weib aus Liebe die Augen ausstechen will! ...
Vladimír liebte Kneipen, wo Kohle oder Holz in Öfen des Typs Musgraves 14 oder in jenen riesigen schwarzen Öfen des Typs Filakovo, die an feuerfeste Safes erinnerten, verfeuert wurde. So saßen wir also am Fenster bei den Horkýs, draußen schneite es, und Vladimír blickte melancholisch in die Schankstube, wie dort der Schankwirt, der Herr Šoler, nachlegte und dann weiter vor sich hinpfiff und seine legendären unvergeßlichen Smíchover Möllchen einschenkte, draußen schneite es schon seit Morgen, eben kamen Haufen

von Jungen angerannt, zwei gegnerische Banden, die sich mit Schneebällen bewarfen, der eine Haufen trat unter dem Kugelhagel des anderen den Rückzug an. Vladimír sagte: Dieser Ofen da in der Ecke, das bin ich, wenn Sie nicht nachlegen, heiz ich nicht . . . jetzt aber passen Sie auf, sagte er, während er die Schneeballschlacht verfolgte, und lief, so wie er war, in das Schneetreiben hinaus, dort kniete er sich zuerst hin, dann stützte er sich mit den Ellbogen im Schnee ab, so kniete er dort auf allen vieren, den Rücken wie eine Bank. Jetzt ist es soweit, sagte ich mir, jetzt ist er verrückt geworden, wie Egon Bondy immer sagt, die reinste Paranoia, ein klassischer Schizo. Vladimír aber lächelte, ein Lächeln, scharfsinnig wie immer, wenn ein Geheimnis vor ihm stand. Und so lächelte auch ich bereits, denn als die schneeballwerfenden Jungen zurückwichen, kam einer von ihnen im Rückwärtsgang Vladimír gefährlich nahe, Vladimír wartete geduldig, wie die Sternforscher auf eine Sonnenfinsternis warten, die sie vorausgesagt und auf den Tag und die Sekunde genau berechnet haben. Und so geschah es auch. Vladimír, ohne daß er nur ein Stück hätte weiterkriechen müssen durch den Schnee, erlebte seine ersehnte Finsternis, der Junge stieß, als er seine Schneekugel geworfen hatte, zurück und fiel über Vladimírs Rücken nach hinten, herrlich wie ein Fußballer, der über dem Kopf einen Scherenschlag macht, er fiel auf den Rücken und blieb, erschrocken über das unerwartete Hindernis, so liegen. Vladimír gab ihm die Hand, stellte ihn mit einem Ruck wieder auf die Beine und nahm dann selbst Schnee in seine Hände, und den drückte er zu sanften Bällen zusammen, und der Junge schloß sich ihm an, und so wendete sich das Blatt, und bald hielten die anderen Jungen der Übermacht nicht stand und verschwanden hinter der Ecke des Konditors

Václav Šimůnek, Handel mit Öl, wie noch heute die Stuckschrift auf jenem Hausgiebel verkündet.
Vladimír litt an einem Komplex wegen mangelndem politischem Engagement. So folgte er also dem Aufruf und fuhr für eine Woche zu einer Brigade. Als er zurückkam, war er ganz begeistert, geheiligt, hinkte aber. So erzählte er: Herrlich, Doktor! Den ganzen Tag mit den Händen in der Erde, wir haben Kartoffeln gebuddelt, ich habe den ganzen Erdball in mir, Mütterchen Erde, Lehm. Aber! Die Freude! Ich binde mir gerade einen Schuh zu, und plötzlich so eine Wucht, daß ich im hohen Bogen zehn Meter weit fliege, ich lande, drehe mich um, und da ist ein wutschnaubender Bock, na, Sie wissen doch, auf mich sind alle Männer eifersüchtig. Der Hirte, ein Deutscher, kommt angerannt und sagt: Er das machen immer so, und treibt die Schafherde weiter. Einfach herrlich! Aber in Ohnmacht gefallen bin ich nur einmal. Eines Abends, das Wasser mußte immer ins Dorf gefahren werden, weil Wasser gab's da keins, ich nehm in einem Bottich ein Fußbad, sitze auf einer Bank, und plötzlich treibt der Hirte eine Kuhherde vorbei. Eine schaut mich an, startet los und direkt zu mir, so wie Weiber eben auf mich fliegen. Ich staune, schon ist die Kuh da und schnaubt mich an, schon begeifert sie mein Knie, aber da bremst sie mit einem Pflug ab, bückt sich und trinkt das ganze Wasser ex, und dann hat sie mir noch die Zehen gelutscht. Der Hirte kam angerannt und versuchte mich zu beruhigen: Hier wenig Wasser ... Das sie machen immer so. Und ich bin in Ohnmacht gefallen, mein Leben lang hat mir noch keiner die Zehen gelutscht. Wie gesagt, Doktor, das nächste Mal mach ich wieder eine Brigade mit. Später, als Vladimír zum zweiten Mal geheiratet hatte, nahm er seine Braut auf

Hochzeitsreise zu einer Landbrigade mit, auch zur Kartoffelernte. Er kam enttäuscht zurück ... Doktor, das Glück hat mich im Stich gelassen, kein Bock, keine dürstende Kuh, lauter Pech, kein besonderer Vorfall, wie gesagt, das Glück läßt mich im Stich, hat mich vielleicht für immer im Stich gelassen. Als Egon von dem eifersüchtigen Bock und der durstigen Kuh erfahren hatte, stupste er gleich auf der Straße mit dem Köpfchen gegen die Wand und trommelte mit seinen beiden Fäustchen gegen den Putz und rief: Scheiße, verdammt! Das ist ja ganz der heilige Franziskus! Dieser Vladimír, der ist ja dauernd im Zustand der Gnade! Und diese Gnade hört und hört nicht auf, mit ihm zu kokettieren. Verdammte Scheiße, da ist der Schlaf heute wieder im Eimer!

Vladimír fing immer gleichsam neu an, wie ein Ausländer, wie ein Kind. Wenn wir zu einem Fußballspiel gingen, schaute er zunächst ganz erstaunt, dann begann er zu fragen, welchen Dreß die Slavia trage, welchen ihr Gegner, was Abseits bedeute, was ein Tor sei, was ein Aus sei, was ein Foul sei. Als die Zuschauer den Vladimír genug angebrüllt und angeschrien hatten, erklärte Vladimír am Ende, daß so ein Match genau dem Zustand in einem Magnetfeld entspräche, und war das Spiel mal unentschieden, stellte er mit Vergnügen fest, dies entspräche seiner Vorstellung von richtiger Graphik, einem Zustand des Gleichgewichts der Kräfte, und daß man die Bewegung von Angriff und Abwehr als Kraftlinie darstellen könne, das größte Vergnügen für ihn aber war, wenn der Ball mal so ins Spiel geriet, daß er beide Mannschaften in Bewegung hielt. Das Schönste am Fußball war für ihn, wenn die Spieler gleichsam ins Vakuum strömten und flossen, wenn die eine und die andere Mannschaft den Gegner durch rastloses Hin und Her numerisch zu übertrumpfen suchte. Schließlich kam er zu der Erkenntnis, daß der Fußball ein Spiel sei, wie eine Tür in einer Kneipe, eine Tür, die dem Andrang von zehn Leuten, die aus der Kneipe hinaus wollen, standhält, während gleichzeitig zehn Leute alle Kräfte aufbringen, um durch die gleiche Tür in die Kneipe hereinzukommen. Einmal waren wir auf dem Platz des Slavoj VIII, wo ein Fußballwettkampf der Taubstummen stattfand. Da bekam der Fußball auch noch etwas von Ballett und Bewegungsgestik, bei jedem Foul bemühten sich die Spieler, dem Schiedsrichter durch Gestikulation zu erklären, was da passiert sei, wie sehr sie jetzt im Nachteil wären, das alles wie in einem herrlichen Stummfilm, mit Pantomime und Tanzeinlage. Die ganze Nacht und dann noch lange danach erzählte Vladimír von der Beziehung zwischen Fußball und Explosivgraphik, und abends Beim König Wenzel, wo herausgeputzte Damen in feierlichen Roben und Frisuren und ehemalige Fußballer des Meteor und des S. K. Lieben und der Čechie Karlín herbeikamen und auf einen schwarzhaarigen Fußballer warteten, der in der Judenstadt wohnte und der, als er kam, den Stuhl umgedreht hatte, sich setzte und alle Fußballspiele nacherzählte, und alle hatten nur auf diesen ehemaligen Prachtkerl und auf dessen Kommentar gewartet, da setzte Vladimír, als er seinen Bericht von dem einzigen Spiel, das er im letzten Vierteljahr gesehen hatte, zum besten gab, alle durch herrliche Spielerportraits, durch herrliche Bemerkungen zu wichtigen Spielmomenten in Staunen ... und kaum war er fertig damit, wurden schon stärkende Liköre für die Damen und ein großer Kognak für Vladimír aufgetragen, als Dank für seine fesselnde Erzählung, und die ehemaligen Spieler zwinkerten einander zu, weil sie den Vladimír für einen Narren hielten, so fesselnd und aus

einem ganz anderen Blickwinkel hatte er das Fußballspiel geschildert, ganz anders, als sie es gewöhnt waren.
Die normale Welt war für Vladimír ein Sanatorium, die Welt der strebsamen Bürger, die sich nur nach Konsum sehnen, nur auf den arithmetischen Durchschnitt projizieren. Wenn er mal richtig bis zum Wahnsinn geschafft war, nahm er das Spiel dieser Welt an, um sich auszuruhen, um neue Kräfte zu sammeln. Er zog den Docht seiner glutweißen Lampe zurück, damit ihr Glaszylinder nicht später riß, er ging einkaufen, ins Kino, auch zum Angeln. Da war er immer ein ganz anderer, und so spielte er, obwohl er sonst auf die Konsumgesellschaft von einer Satellitenbahn herabsah, manchmal auch gern mit, so wie Kinder gern ins Panoptikum, in einen Spiegelsaal, ins Planetarium oder in einen Vergnügungspark gehen. Und so kann man sagen, daß ihn die Durchschnittsmenschen aufwärts trieben, daß sie ihm durch ihren beschränkten Egoismus die Sporen gaben, er war ein anderer, um, gekleidet wie sie, wie sie auch zur Arbeit zu gehen, er verachtete alles Allzumenschliche, um sich auf der ausziehbaren Leiter seiner Imagination hochzuschieben und bis zur letzten Sprosse hoch in schönste Gewitterwolken zu klettern ...
Als Vladimír die Tekla geheiratet hatte, beriet er mit ihr zuerst, ob Tekla jetzt Ästhetik oder lieber Sprachen studieren oder ob sie auf eine Graphikschule gehen sollte. Am Ende arbeitete Tekla dann dort, wo Vladimír arbeitete, sie ließ sich an einer Drehbank anlernen, und weil sie einen Overall mit Hosenträgern trug, wurde sie dank ihrer schönen Brüste zum Liebling der Fabrik. Vladimír pflegte nach der Schicht in der Frauenabteilung unter einer Uhr herumzusitzen und mit den frischgebadeten Arbeiterinnen über sein Eheleben zu sprechen, und er sprach über solche De-

tails, daß die Arbeiterinnen bis über die Ohren rot wurden. Vladimír bedauerte es sehr, daß Tekla nun in der Fabrik baden mußte. Als sie noch nicht zur Arbeit gegangen war, hatte er sie immer selber in einem Zuber gebadet. Und damit das Mädel etwas vom Leben hatte, pflegte er vor ihr nackt herumzustolzieren, mit einer prächtigen Erektion. Als die Arbeiterinnen erschrocken fragten, ob das den Vladimír nicht zu sehr angestrengt hätte, beruhigte sie Vladimír, daß er dieses und noch anderes vor seiner Frau nur deshalb getan habe, damit sie ihre Freude und etwas vom Leben hätte. Am liebsten aber saß Vladimír mit jener Arbeiterin zusammen, die eine Lesbe war und die immer gern mit der Tekla zusammen badete, und so unterhielt sich Vladimírchen, der Bewunderer des Körpers seiner Frau, leise mit der Lesbierin, die beiden Verliebten tauschten ihre Erfahrungen und Erkenntnisse aus, und sie verstanden sich immer, obwohl jeder vom anderen Geschlecht war. Sie flüsterten aber so laut miteinander, daß die Arbeiterinnen immer röter wurden und Vladimír bewundernd anblickten, und jede wünschte sich, zu Hause auch so einen verliebten Kerl zu haben, wie Vladimír einer war. Als Egon Bondy davon erfuhr, schrie er: Das macht ihr wieder mit Absicht, diese Lesbe hat mit Absicht nur geflüstert mit Vladimír, damit ich nichts erfahren kann! Dieses Vladimírchen! Scheiße, verdammt! Ich, der ich mir immer eingebildet habe, daß ich gerade da ein Spezialist bin, weil ich's mit den alten Gnostikern halte, daß erst sexuelle Abartigkeit geistiges Leben erlaubt, mich also macht dieser Vladimír auch in der Fabrik lächerlich? Das will und will kein Ende nehmen mit diesem Vladimír! Ich flüsterte Egon zu: Wie ich so nachdenke, da fällt mir ein, einmal, da hat sich Vladimír am Damm zur Ewigkeit eine Kerze vom Weihnachtsbaum genommen und ganz tief in die Nase gesteckt... Egon Bondy jaulte auf: Himmel Arsch, eine Kerze vom Weihnachtsbaum und in die Nase? Ich sagte: In die Nase... Und Egon Bondy lief herum und trat in die Luft und hielt sich am Knie fest: Ich habe davon einen Wadenkrampf gekriegt, aber warum in die Nase? Himmel Arsch! Ich sagte: Wegen dem homosexuellen Berührungserlebnis... ich mußte sie ihm mit einer Kombizange aus der Nase ziehen, zum Glück schaute ihm da der Docht noch raus... Und Egon Bondy warf mich zu Boden, fuhr mir mit dem Kinn im Gesicht herum und rief: Ihr beiden nehmt euch nicht in acht, und ich werde töten und töten und töten... Dann schob er mich weg und schaute zur Decke hoch und rief in Ekstase: Paris ist hier in Prag, in Lieben. Und das alles zusammen ist Galizien. Ein Sohn von einem Rabbiner aus Nikolsburg ist dieser Vladimír. Wie ich schon sagte, die reinste, absolute Paranoia!...

Einmal wollte Egon Bondy Vladimírchen und seine Tekla wenige Wochen nach der Hochzeit besuchen. Ich sagte: Na da müssen wir zur Brandopferstraße, dort wohnt er in einem Keller, da wo auch dieser Jiří Šmejkal wohnt, der den Keller gerade geweißt hat. Es war Abend, als wir vor der Tür ankamen. Die Fensterläden waren geschlossen, lagen aber nicht gut an, so konnte man durch einen fünf Zentimeter breiten Spalt sehen, wie Vladimír im Neonlicht hin und her ging, seine goldenen Locken flammten immer wieder auf, es war herrlich, Vladimírs Büste, als wäre er bis zum Gürtel im Grab, huschte in Griffweite vorüber, Vladimír aber redete, lief umher in diesem langen Keller. Und dann tauchte auch Tekla immer wieder auf, diese Schöne, die einem Dämchen mit gräflichem Blut ähnelte, sie lief hinter Vladimír her und schien ihm irgend etwas zu erklären, aber Vladimír wurde immer erregter, aufgeregter, fast bis zum Wahnsinn gereizt, die weiße, mit frischem Kalk getünchte Wand blendete, und so liefen also Vladimír und Tekla herum, sie gestikulierten mit den Händen, Vladimír schien ihr etwas vorzuwerfen, und Tekla wehrte sich, der Keller war geladen wie eine Leydensche Flasche. Egon Bondy hechelte und keuchte in der Hocke: Himmel Arsch, das ist 'ne Nummer, dieser Vladimír! Da gibt es bald eine Katastrophe! Und er hatte recht, Vladimír, schön in seinem Zorn und ein einziger Vorwurf, wetterte und schleuderte Blitze aus seiner Hand nach Tekla, die einige Male vor ihm auf die Knie gefallen war, aber Vladimír riß sich brutal los von ihr, schleifte sie hinter seinen langen Beinen her. Und ich drehte mich um, und dort hinter dem Bahndamm, dort, wo sich die einstöckigen Häuser der anderen Straßenseite hinzogen, dort war im ersten Stock ein Fenster beleuchtet, in diesem Fenster stand unter einer Glühbirne ein angefangenes Portrait einer liegenden nackten Frau auf einem Sofa, an diesem Portrait arbeitete ein Maler, der der Straße den Rücken kehrte, und immer, wenn er sich ein wenig Ansicht aus der anderen Zimmerecke geholt hatte, deren Fenster geschlossen und von einer eisernen Jalousie geziert war, da hielt er seine expressionistische Ergriffenheit von dem Fleisch dieser Frau malend fest und hieb und schmetterte das Fleisch in großer Leidenschaft mit dem Pinsel auf die Leinwand. Ich sagte: Bondy, schauen Sie mal ... und packte Egon an der Schulter, aber in diesem Moment fuhr eine Lokomotive in die Brandopferstraße, mit weißem Rauch, einem majestätisch fetten, weißen Rauch, sie hüllte damit nicht nur die gegenüberliegende Straßenfassade ein, sondern auch uns. Als sie weggefahren war und der Qualm sich gelegt hatte, richtete Egon Bondy seinen Blick auf das offene Fenster, auf den Rücken des Malers, auf das abwechselnde Hin und Her seines Kopfes und dann die konzentrierte Arbeit an dem Portrait eines Frauenzimmers, das mit gespreizten Beinen irgendwo in den Tiefen des Zimmers lag. Egon Bondy legte begriffsstutzig den Finger auf seine rote Lippe, drehte sich dann um und lugte durch den Spalt auf Vladimír, der sich jetzt auf dem Höhepunkt seiner Erregung einen Teereimer geholt hatte, jetzt den Pinsel in den Teer tunkte und mit mächtigen Bewegungen schwarze Streifen auf die weiße Wand aufzutragen begann, er wichste die Kleckser auf die Wand, unterlag völlig dem Rhythmus seiner explosionalistischen Leidenschaft, wurde sogar ruhiger dabei, doch jetzt war er samt seiner Arbeit aus der Fensterladenspalte verschwunden, man hörte nur, wie der Pinsel in Abständen an den Eimer stieß ... aber jetzt tauchte Tekla auf in dem Spalt, stand dort und schaute auf den arbeitenden Vladimír, der Zorn und die Angst verließen sie etwa in dem Maße, wie ihr Gesicht und ihre Hände und ihre Gestalt uns wie beim Bandenspiel davon informierten, was dort, wohin wir nicht sehen konnten, geschah ... Egon lauerte beim anderen Kellerfenster, bis Vladimír dort erscheinen würde, der Spalt zwischen den Fensterläden war da größer, so liefen wir abwechselnd von einem Fenster zum anderen, weg von Tekla, die jetzt sogar zu reden begann, mit der Hand Ratschläge erteilte, Vladimír Kraft und Mut gab ... und so war's also ich, der Vladimírs langen Schatten und seine manische Arbeit erspäht hatte, eine Arbeit, mit der er Jiřís Keller verwüstete, sein Schatten näherte sich und kam immer näher, bis als erstes Vladimírs Hand aufgetaucht war und dann Vladimír ganz. Egon Bondy sagte leise: Doktor, also das hier, was wir da sehen, das ist eine echte Obszönität, die Enthüllung von einem Geheimnis, herrlich. Wenn ich mich da mit dem Zbyněk Fišer konsultiere ... Und Vladimírs Körper schien unter elektrischem Strom zu stehen, und so, wie er die drei Meter vorangekommen war, jetzt, als er auftauchte, begeistert, konzentriert, und sein erhelltes und aufgehelltes Gesicht vor Freude über den Höhepunkt strahlte, der immer näher kam, die Flecken und die Kleckse und die sich heftig entladenden Rhythmen des teergetränkten Pinsels glänzten so sehr, und so, wie er schon immer davon geträumt hatte, eine geteerte Latrine durch die Handpresse zu jagen, so arbeitete er jetzt und produzierte eine Teerwand, als ventilierte er irgendein Leid, dessen Inhalt wir nicht kannten, und kaum hatten wir uns dann umgedreht, sahen wir, wie sich der Rücken des Malers hob, und das Frauenportrait einer leuchtenden Fleischmasse, geziert von dichtem Haarfilz zwischen den Beinen und unter den Achseln und auf dem Kopf, loderte in vollen Farben, und in dem Maße, wie dieses Bild an Stärke gewann, wurde der Maler schwächer, er setzte sich hin, die Arme hingen ihm über die Knie wie zwei Handtücher, und eine Frauenhand nahm den Porzellangriff, zog daran, die Jalousie flog auf und wurde mit Riesenkaracho nach oben geschlürft ... Und dann kam Vladimír, als er offenbar bereits die ganzen Wände dieses riesigen Kellers beschmiert hatte, kam langsam, als würden seine Tritte von dem dickwerdenden Teer behindert, es dauerte eine ganze Ewigkeit, bevor er aus der einen Fensterladenspalte in die andere kam ... auch war er um zehn Zentimeter kleiner geworden, gebückt, die Falten um seinen Mund hingen ihm herab wie zwei Schnurrbärte ... Tekla ging langsam in Gedanken hinter ihm her, dann verschwanden sie über den Gang in einem zweiten Raum, dem sogenannten Büro, im Keller ging das Licht aus, Egon

Bondy drehte sich um, und auch das Licht in jenem ersten Stock war ausgegangen, Egon Bondy schwieg, streckte den Arm aus, reichte mir seine zarte Mädchenhand, damit ich mich überzeugte, wie seine Finger zitterten, er nickte immerzu nur mit dem Kopf, sein Haar fiel ihm in die Stirn, er sah aus wie Dionysos nach einem Katzenjammer . . .
Tags darauf kam Tekla angerannt und rang schon auf dem Hof die Hände. Doktor, Doktor, um Himmels willen, Doktor! rief sie. Kommen Sie schnell, Vladimír ist wahnsinnig. Und ich nahm meinen Mantel, und unterwegs versuchte ich herauszubekommen, was los war, aber Tekla rang nur die Hände und schlug die Hände über dem Kopf zusammen. Als ich in den Keller hinabgestiegen war, waren die Fensterläden immer noch geschlossen, die kalte Kellerluft war vom Geruch der knisternden Neonröhre erfüllt, während draußen die Sonne schien. Vladimír lag in dem Bett an der Wand, auf der Wand glitzerten Flecken und Striche von Teer, der ganze Keller ähnelte einem Pfahlbau, rundum schwarze Baumstämme, ein Zaun aus dunklen Brettern, die durchschossen waren von Kanonen- und Kartätschenkugeln der mächtigen Pinselschläge, in Asphalt getunkt. Und Vladimírs Kopf war über und über verziert und aufgeputzt mit finsteren Striemen und Beulen, die bedrohlich wuchsen, einige ragten heraus wie Hörner. Ich sagte: Um Gottes willen, Vladi, was ist los mit Ihnen? Und er, um zu erklären und sich das Reden zu ersparen, sprang auf und rammte seinen Kopf gegen die Wand, ließ sich mit Lust von dieser Wand, auf die sein Kopf einschlug, das Gehirn erschüttern, und seine Stirn war voll von Kalk und Teer. Ich sprang hin und riß Vladimírchen zurück, doch er entwand sich mir mit großer manischer Kraft. Tekla sprang herbei, er aber entwand sich uns beiden, als wären wir

Kinder, und wieder schlug er mit dem Kopf gegen die Wand, wir rissen ihn wieder zurück und schleppten ihn vom Bett in die Mitte des Kellers, er aber zog uns hinter sich her, als wögen wir nicht mehr als unsere Kleider, und schleppte uns zur Wand und schlug im Stehen mit dem Kopf gegen die Wand, und die mächtigen Schläge durchzitterten unsere Arme ... bis er beim letzten Schlag fast in Ohnmacht fiel, und so brach er zusammen und ließ sich ins Bett tragen. Ich legte meine Hand auf seine Stirn und spürte, wie sie durch das Anwachsen der Prellungen und Verletzungen anschwoll. Tekla tauchte Handtücher ins Wasser, und wir legten sie ihm abwechselnd auf die Stirn, wie Tekla die Umschläge durch den Raum getragen hatte, zog sich von der Wasserleitung im Gang ein Weg aus glitzernden Wassertropfen her ... Dann bat ich Tekla, sie möge essigsaure Tonerde und viel Watte und Verband holen ... als ihre Beine die Treppe hochgerannt waren und ihr rechter Schuh sich auf die Straße verzogen hatte, sah ich ihre Beine durch den Spalt an den Fensterläden vorbeilaufen ... Vladimír kam zu sich ... ich sagte, Vladimír, was haben Sie da wieder angestellt, was haben Sie sich so geschunden, warum? Vladimír drehte den Kopf ins Kissen und flüsterte, in Tränen aufgelöst: Sie hat mir von diesen Kerlen erzählt, die sie gehabt haben, wie die zum Schluß, wie die sie haben liegenlassen, und wie sie auf der Wiese lag, und wie sie vor Kummer diese Maulwurfhügel, diese Kräuselerde gegessen hat ... und da war ich so gerührt ... daß ich ihr helfen wollte ... dieses Unrecht, das man ihr angetan hat, auch auf mich nehmen wollte, damit's kleiner wird ... Und dann auch, damit das Mädl sieht, daß ich für sie alles tue ... damit sie auch mal 'ne Freude hat, damit sie auch mal erlebt, daß ich zu einer stolzen Generation gehöre, die das Leben ernst nimmt . . . verstehen Sie? Eine Weile war es still, auf dem Gehsteig das Hin und Her der Beine, hier schnell, da langsam, je nachdem, wie die Leute ihr Schicksal an Vladimírs Keller vorübertrugen . . . Dann flog die Tür auf, ich hatte gesehen, wie zuvor Tekla leichtfüßig vorbeigelaufen war, ich hatte gesehen, wie sie die Hände voll hatte mit Verbandszeug und Wattepäckchen . . . ich hatte gesehen, wie sie sich vor der verschlossenen Tür flink wie eine Ratte orientiert hatte, jählings das Bein hochschwang und mit der Schuhsohle wie mit einer Hand die Klinke niederdrückte, und als sie hereingekommen war, stieß sie mit dem Hintern gegen die Tür, die sich hinter ihr schloß. Danach machten wir Vladimír einen Verband, und zuerst hatten wir Desinfektionspulver darübergestreut, dann Watte, getränkt mit essigsaurer Tonerde. Dann stand ich auf der letzten Treppenstufe, ich mußte mich vorbeugen, um auf das Bett zu sehen, Tekla saß häuptlings, und weil ihr nichts anderes in den Sinn kam, schüttelte sie das Kissen auf, bog über Vladimírs Kopf die Ecken gerade, und Vladimír erhob seine strahlenden Augen zu ihren Fingern . . . Alles klar? sagte ich. Alles klar, sagte Tekla, und Vladimír lächelte ein wenig und jauchzte dann ganz leise auf: Chachachaaa . . .

Ich habe zwei Menschen mit dem Daumenzeichen Gottes auf der Stirn gesehen: Vladimír und Egon Bondy. Zwei Paradepferde der materialistischen Denkart, zwei Christusse als Lenin verkleidet, zwei Romantiker, denen es gegeben war, mit fünfundzwanzig Jahren den Netzhauthintergrund einer Universitätsbibliothek durchforscht zu haben . . .

Die Imbißhalle Welt hatten Vladimír und ich deshalb so gern, weil Frau Vlaštovková immer gute Laune und noch besseres Bier hatte. Als wir aber die Geschichte der Imbißhalle und des Palais und des Restaurants und des Filmthea-

ters Welt erfahren hatten, gingen wir in jede Vorstellung. Dort, wo man V Židech sagt, da gab's mal ein Gut, und der Gutsbesitzer hieß Svět, also Welt. Er dachte nach und fand, daß das, daß er Welt hieße, nicht so ohne Bedeutung sei. Er verkaufte also alles und nahm noch einen Kredit auf und baute dieses Palais Welt. Bei der Eröffnung der Lichtspiele wurde die Sintflut gespielt, ein amerikanischer Monumentalfilm. Während es auf der Leinwand in Strömen goß und Noahs Arche durch einen Wolkenbruch trieb, drang in das Souterrain des Kinos das Unterwasser der Moldau ein, die Zuschauer bis an die Knie im Wasser, aber der Film mußte zu Ende gespielt werden. So hatte der Gutsbesitzer Svět durch das Filmtheater Welt einen Millionenverlust gemacht. Er hat sich dann erschossen. Jetzt hört man bei jeder Vorstellung die Pumpen arbeiten. Über dem Restaurant hängt ein eiserner Globus und die Aufschrift WELT. Egon Bondy, als ihn Vladimír mal in das Filmtheater Welt mitgenommen und er diese Pumpen und diese Geschichte gehört hatte, fluchte mitten in die Wochenschau: Jebem ti boga tryskoweho! Dreihundert Kinos in Prag und ein einziges dort, wo Vladimír wohnt! Scheiße, verdammt! Und pfui, und pfui! spuckte er und schrie, und weil's gerade während einer Wochenschau war, wo wir einen befreundeten Staatsmann begrüßten, machten die Veranstalter Licht und führten Bondy mit der Bemerkung hinaus, daß sein Geschrei für die ganze Welt unabsehbare Folgen haben könnte.
Wir saßen an einem Vormittag in der Slawischen Linde und tranken Pilsner. Im Gartenrestaurant, immer der Sonne nach im Hof, sahen wir zur Pawlatsche hoch, wo ein heiliger Johann Nepomuk stand, ein richtiges Mannsbild. Die Mannsbilder am Tisch führten schweinische Reden: Mann, die hatte aber eine, ein Fleischerhund, wenn der die als

Kummet hätte, Mensch, der würde abziehen. Männer, Geschlechtsverkehr mit der eigenen Frau nach fünf Jahren Ehe müßte zur Blutschande erklärt und mit Zuchthaus bestraft werden – hatte die aber eine, wie ein Ochse beim Gähnen.

Wir nahmen unsere Gläser und verzogen uns ins Lokal. Und ein frischer junger Mann mit frisch verbundenen Augen setzte sich zu uns, und wenn er trank, mußte er den Kopf heben, als würde er gurgeln. Macht nichts, wurde er gesprächig, als er zwei Bier geleert hatte, und sagte: Mich hat der Bogen erwischt. Bin Schweißer. Dann erzählte er lange von seinem Mädchen. Sommernacht. Hat sich zum Höschen vorgetastet. Aber der Gummi reißt. Hat's nicht weiter versucht. Sie war schön, aber mit dem gerissenen Gummi war's tote Hose. Würde mir sowas passieren, fügte er hinzu, ich hau mir selber in die Fresse. Vladimír ließ sich zu einer Erinnerung an Tekla inspirieren. Er sagte: Meine Stärke sind meine Schwächen. Manchmal, da hab ich so einen Überdruck im Kopf, daß ich ein Entlüftungsventil bräuchte. Was tun? Sie ist mir abgehauen ... Ich hab ihre Hose an, jetzt schon die zweite. Die erste hab ich schon zerrissen. Die ist im Kuvert. Jetzt, guck doch mal, trag ich ihren Pullover. Sie wollte Money, darum ist sie weg, derweil ich hier versumpfe ... Die Wichser hat sie angemacht, das Luder, mir hat sie nichtmal das gegeben. Ein Zeichen von ihr, und ich schreib ihr einen Brief mit der Nille, rief Vladimír und lief in den Garten hinaus, dann stand er im Hof in der Sonne an die Wand gelehnt, und die Tränen rannen ihm über die Wangen, er wischte sie nicht ab, ich zahlte, und wir gingen durch eine belebte Straße, die Leute meinten, dem Vladimír wäre die Mutter oder gerade ein Kind gestorben, wir gingen bei Rot über die Straße, aber der Verkehrspolizist schwang nur seinen gestreiften Marschallstab, damit wir weitergingen, er gab uns ein Zeichen, daß er verstehe, er hielt sogar die Autos an, wir gingen über die Straße wie ein Rettungswagen, wie die Polente, wenn sie zu einer Brandstelle oder zum Ort einer Autokatastrophe fährt. So kamen wir bis nach Lieben zum König Georg. Dort wischte sich Vladimír die Tränen ab, und wir setzten uns an einen Tisch, wo der betrunkene Tischler aus der Kotlaska-Straße schlief. Dann kam ein junger Mann mit einer Riesenglatze herein, sie stand ihm aber gut, er legte einen Sack mit jungen Tauben auf den Tisch, die Tauben rappelten sich immer wieder hoch und fielen, der junge Mann gab ihnen einen Klaps und die jungen Tauben wurden still, waren wohl eher umgekippt. Am Nachbartisch schloß jemand seine Rede ab: Also Herrschaften, dieser Hašek ist ein As, bis vierzig hat er einen Roman und mehr als tausend Erzählungen geschrieben, kann einer vielleicht mehr? Hä? Und da stand der betrunkene Tischler auf und sagte: Ich hab in meinem ganzen Leben um die tausend Schränke gebaut. Und dieser Hašek? Diese Karnalje? Meine Alte hat ihn gelesen und ist so verludert dabei, daß sie mir abgehauen ist. Der Hašek hat meine Ehe kaputtgemacht! sagte der Trunkenbold, und bevor er wieder niedersank, breitete er seine Ellbogen über das Tischtuch und schlug, um seinen Worten Nachdruck zu geben, mit der Faust auf den Sack, in dem die Tauben immer noch auf die Füße zu kommen versuchten. Der Sack wurde schlaff, und auf das weiße Tischtuch sickerte eine große Blutlache durch. Der kahle Schönling atmete erleichtert auf: Da muß ich sie wenigstens nicht erwürgen ... Vladimír richtete sich auf und sein Gesicht strahlte: Doktor, ich bin ein Taps! Kaufen Sie mir zehn Blatt? Kaufen Sie mir Farben? So viel ich

brauch? Los, gehen wir ... und er zeigte auf die Lache der schlaffgewordenen Tauben und auf den Saufbold, und in der Tür rief er aus: Die Wirklichkeit hat mich überholt ... heut abend noch will ich sie einzuholen versuchen ...
So ähnelte Vladimírs Leben der Arbeit eines Herzens, das denkt. Er zog nur solche Erlebnisse an und suchte sich nur jene aus, die zu seinem Typus paßten. Also nicht jedes Erlebnis, sondern nur das, welches eine schöpferische Regung und einen schöpferischen Gedanken gleichzeitig enthielt. Als Kriterium diente ihm stets das Schauern und Dröhnen in der Ganzheit von Leib und Seele, ein Signalsystem, das ihn seit seiner Kindheit begleitet hatte, etwas, das schon am Anfang seines Lebens da gewesen war, Plasma, rinnender Samen, der durch alle Nabelschnüre der Welt in den glatten, nabellosen Bauch der Urmutter Eva zurückfließt. So ist Vladimírs Werk ein Regressus ad originem, ein sich durch Ertasten und Erfühlen in den Mutterleib Zurücksaugenlassen, und, eine Vagina nach der anderen über den Kopf ziehend wie Pullover, ein Zurück zu den Großen Müttern, wie weiland Goethe. Doch Vladimírs Regressus ad originem ist zugleich ein Progressus ad futurum. Der Kreis schließt sich, der erste Tag der Schöpfung hat sein Ende erreicht ... die Ewigkeit.
Vladimírs Erektionen und Ejakulationen hatten transzendenten Charakter, sein Samen hätte auch eine Jungfrau schwängern können. Das ist die Einspritzung von Diesel direkt unter die Kerzen ohne Vergaser. Das ist einzig und allein eine Frage von Materialfestigkeit ... und Denkabsicht. Gnade! Auch der katholische Gott ist fähig direkt zu handeln, ohne Kausalnexus, ohne Vergaser. Lebe Ihn! Und so ist es, und es hält wie Pech und Schwefel. Anna Hea Mulge. Der Vater, der Sohn und der Heilige Geist. Die unbefleckte

Empfängnis der Jungfrau Maria, die befleckt worden ist ohne Vergaser unmittelbar durch die Kraft des Geistes. So auch Vladimír! Lebe Ihn! Gesalbt und sich immer wieder selber salbend mit dem eigenen Samen, so wie er arbeitete und seine Handpresse durch einen finnischen Hebel und einen Doppelnelson auf die Schultern zwang, befleckte er, sich selbst befleckend, alles immer wieder mit dem eigenen Samen, auch jenes Kindlein, das in Gestalt einer Graphik durch die Vagina der Handpresse auf die andere Seite hindurchgeflutscht war. Der kürzeste Weg zur Erde und in die Erde ist der Blitz . . .

So also endete das, was als extremes Subjekt zu enden schien, als Objektivierung, war zu einer eigenen, selbständigen Welt geworden, in der Vladimír von der Bewegung der Materie in der Materie unmittelbar getroffen, berührt und jenseits aller Gesetzmäßigkeit angesprochen wurde, er schoß sich durch sein Werk direkt in einen Raum, in dem das menschliche Denken gerade noch standhielt. Durch relative Freiheit erlangte er absolute Unfreiheit, eine Unfreiheit, die keiner Erklärung, keiner Begründung mehr bedurfte, eine Unfreiheit, in der der Mensch noch ist, der er ist. Eine Identität zwischen der Sphärenmusik und den über den Boden verstreuten Dingen. Ein absolutes Spiel, fruitio dei. Die Monade aller Monaden, Ens realissimum, Ding an sich, Höhle, in der man nicht die Schatten der Dinge, sondern die Ideen selbst sehen kann. So hatte er das überschritten und hatte sich dem genähert, was uns überschreitet. Vladimír hatte als erstgeborener Sohn Gottes die Materie und die Tat verherrlicht und das Drama wieder eingeführt als aktive Liebe zum Kosmos und zum Menschen.

Ich mußte Vladimír immer wieder zwei Geschichten erzählen, die ihn in einer unbegreiflichen Weise erregten. Die

Geschichte vom Sep Bruml, der einen Freund hatte, und die beiden unterhielten sich so gern, daß sie sich gegenseitig mehrmals über die Liebener Brücke heimzubegleiten pflegten, Herr Sep fuhr mit seinem Freund im Lift hinauf bis vor dessen Wohnung, aber der Dialog, den sie geführt hatten, war noch nicht abgeschlossen, so daß sie mit dem Lift wieder nach unten fuhren und über die Brücke gingen, um mit dem Lift vor die Tür des Herrn Sep zu fahren, der den Schlüssel bereits ins Schloß gesteckt hatte, aber das Gespräch nahm kein Ende, und so fuhren sie wieder mit dem Lift nach unten, und wieder begleitete Herr Sep seinen Freund nach Lieben... Aber für die schönste aller Geschichten hielt Vladimír die Legende von der Freundschaft des Klassenleiters Herrn Kocourek aus Velenka mit dem Schulleiter Herrn Telasko aus Semice, die einander, als sie in den Kneipen ihre Biere ausgetrunken hatten, von Sternen gekrönt heimbegleiteten durch den Tunnel der Nacht, stets einer den anderen vor dessen Gartentor, um jedesmal feststellen zu müssen, daß einer dem anderen einen Weg schuldig sei, und überdies, daß das Problem der Jugenderziehung noch einer so eingehenden Erörterung bedürfe, daß beide sich wieder von dem einen Gartentor zu dem anderen Gartentor drei Kilometer weiter begleiteten. So begleiteten sie einander in den Sommermonaten bis zur Morgendämmerung, und nur die Ermüdung hatte die beiden leitenden Freunde zwingen können, schlafen zu gehen. Wenn der Schulleiter Telasko von Poříčany nach Prag fuhr, verabredeten die beiden Freunde einen bestimmten Zug, mit dem der Herr Schulleiter zurückkehren würde, und der Herr Klassenleiter Kocourek verließ die Kneipe so pünktlich, daß sie sich in Chrást, in Manrštejn, in Manso auf halbem Wege trafen und besprechen konnten, was es Neues gäbe, und es gab immer so viel Neues, daß der Herr Schulleiter, als sie in Semice angekommen waren, seine Aktentasche ablegte und seinen Freund wiederum nach Velenka begleitete. Als Vladimír dies hörte, war er ganz gerührt, ohne mit der Wimper zu zucken sah er die Wege der beiden leitenden Lehrer und fand, daß diese Männer sehr glücklich gewesen sein mußten. Dann erzählte ich Vladimír davon, wie sich die Tochter des Herrn Klassenleiters Kocourek in einen hübschen Jungen aus Manso verliebt hatte, weil aber der Leiter dieser Liebe gar nicht gewogen war, schoß sich der hübsche Junge am Waldesrand in den Kopf, das Mädchen legte ihr Taschentuch unter seinen blutenden Kopf, und selber sprang sie in Přívlaky in die Elbe. Als Vladimír dies hörte, starrte er dieser unglücklichen Liebe direkt ins Herz und fragte: Haben sich die beiden Freunde auch dann noch begleitet? Ich sagte, so wie ich es gehört hatte, daß sie's auch weiterhin getan hätten, selbst noch im Ruhestand, da pendelten sie noch öfter zwischen dem Gartentor in Velenka und dem Gartentor in Semice hin und her, und als sie nicht mehr konnten, schrieben sie einander am Ende jeden Tag Briefe, sandten sich Nachrichten und Botschaften. Vladimír und ich sprachen dann später nicht mehr über diese Geschichten, wir hatten sie wohl ganz vergessen, doch wenn wir uns was zu sagen hatten, begleitete mich Vladimír nach Lieben, um von dort mit mir wieder aufzubrechen und vom Damm zur Ewigkeit zum Konstanzer Platz zu gehen, wo wir vor der Haustür stehenblieben, und Vladimír steckte den Schlüssel hinein, dann aber hatte er sich's überlegt, zog den Schlüssel wieder heraus und begleitete mich über die Pražačka zum Damm der Ewigkeit, während der Schulleiter Telasko und Herr Kocourek über uns schwebten wie eine Wolke des ideellen Überbaus auf einem barocken Gemälde.

In jener Zeit damals, als Vladimír seine Mutter verlassen hatte und in das Gebiet der Altstadt umgezogen war, um von da nach Lieben zu ziehen, um von da zu seiner Mutter wieder zurückzukehren, eingeholt an der Nabelschnur nicht etwa eines Ödipuskomplexes, sondern eines Mutterkomplexes, der die Mutter als Symbol der Schöpfung begreift, in jener Zeit, als wir uns gegenseitig begleitet hatten, sannen wir darüber nach, warum wir beide als uneheliche Söhne nicht an einem Vaterkomplex litten und daß es doch eine herrliche Aufgabe wäre, die Väter zu verachten und nur aus sich selbst heraus zu leben, einzig und allein durch einen Sohneskomplex, kein anderes Vorbild zu haben als sich selbst, selber aber nie ein Vorbild zu sein, und wenn, dann nur ein Vorbild, dem die Verachtung aller Vorbilder zugrunde läge, leben also nur auf Kosten seiner selbst und des Alls, einen nie endenden Krieg gegen sich selbst zu führen, einen Frieden zu schließen, der nie vollzogen würde, ewig in einem Zustand schöpferischer Spannung und Berauschung zu sein. Egon Bondy, als er von diesen Gesprächen hörte, schrie: Ich reg mich wegen Vladimír einfach nich mehr auf. Ich bringe ihn um und fertig! Das, was er da dreiste sagt, ist doch das gleiche, was ich lebe, als linker Marxist, im Zustand einer permanenten Revolution, im Zustand eines Daueraufruhrs gegen die Väter, weil jeder umgebrachte Vater bis jetzt immer von einem Sohn ersetzt worden ist, und dieser mußte, wenn er selber Vater war, wieder darauf warten, bis ihn einer umbringt . . . wir aber sind doch, verdammte Scheiße noch mal, alles bloß Söhne . . . es lebe die permanente Revolution . . .

Als Vladimír seine erste Hochzeit hatte, war ich als Zeuge zugegen. Kurz bevor der Hochzeitszug sich formierte, sagte ich: Um Gottes willen, Vladimír, Sie haben die Krawatte vergessen! Vladimír band sich also schnell irgendeine Krawatte um, weil er die weiße für die Hochzeit nicht finden konnte. Als wir ins Rathaus gekommen waren und der Zug sich aufzustellen begann, flüsterte die Beamtin Vladimír etwas zu, und siehe da, Vladimír hatte zwei Krawatten um. Am Morgen hatte er sich in der Aufregung die Krawatte zum Schlüsselbein hingeschoben, und so kam es, daß er dann zwei Krawatten trug. Ansonsten trug er Krawatten nur selten und im Sommer nur so auf Halbmast und in einer derart unnachahmlichen Manier, als hätte er die ganze Nacht über Gedichte geschrieben oder sich irgendwo herumgetrieben. Eines Morgens in Lieben, wir waren noch völlig verschlafen, erschraken wir schrecklich. Vladimírs Fuß war so angeschwollen, daß er nicht mehr in den Schuh paßte, also schlüpfte er in einen Pantoffel, und am Nachmittag brachen wir auf zur Poliklinik, direkt zu Doktor Adam. Durch die Tür hörten wir seine gutmütige, beruhigende Stimme: Na laß doch das Heulen, Muttchen, Mädl, zieh dich schon aus, ich werd dich schon nicht beißen, na los, Püppchen, du wirst doch keine Angst vor mir haben, ich bin ja auch schon so alt wie du, na mach schon... Und dann, als Vladimír, auf mich gestützt, das weiße Ordinationszimmer betreten hatte, Doktor Adam sah mit seinem Nasenkneifer und dem kahlgeschorenen Kopf so unnachahmlich menschlich aus, da sagte er: Na, ihr beiden Idioten, seid besoffen, was? Zeig her, du Sack... Und Vladimír streckte sein Bein aus, und Doktor Adam untersuchte den schmerzenden geschwollenen Fuß... Und dann riß er die Tür auf und schrie gutmütig durch den ganzen Warteraum: Dir werde ich die Hammelbeine langziehen, du dämlicher Dussel, mach eine Fliege, aber hopp hopp, sonst kriegst du einen Tritt, daß du über die Stiegen bis zur Palmovka unter die Straßenbahn abhebst ... Und wir rannten hinaus, und Doktor Adam erklärte dem Wartezimmer und unseren sich entfernenden Rücken: Dieser Blödmann hat sich im Suff drei Socken auf einen Fuß angezogen! Als Egon Bondy von Vladimírs geschwollenem Fuß hörte, rief er zum Himmel: Dem Vladimír kündige ich jetzt die Freundschaft, aber zuerst laß ich ihn in den Klub der Prager Jecken einschreiben, den der Sohn vom Besitzer der Bestattungsanstalt Schonbach führt ...

In der Bratrská-Straße saßen wir mit noch drei anderen Gästen auf dem Bordstein, es war halb eins nachmittags, Bierdeckel samt Bier hatten wir auf der Bordkante stehen und süffelten langsam vor uns hin, hinter uns war der Rolladen der Gaststätte Zum Přemysl herabgelassen, einer Kneipe, wo einst der Verein der Fuhrleute und Kutscher gewesen war, als von der Brandopferstraße Egon Bondy kam, der von weitem schon, kaum, daß er uns erblickt hatte, unsicher wurde in seinem Gang. Vladimír bot ihm einen Platz neben sich an, nachdem er zuvor ein Taschenbuch ausgebreitet hatte, denn Bondy hatte eine neue Hose, eine sogenannte Kurhose an.

Himmel Arsch, was macht ihr denn da? sagte Bondy und trank etwas von dem Bier, das wir uns zusätzlich auf den Bordstein mitgenommen hatten. Vladimír flüsterte: Der Wirt, wenn's den überkommt, dann jagt er uns zweimal die Woche raus, macht zu und sagt: Was soll ich mich quälen? Was soll das? tat Egon entsetzt. Er hat seine Olle noch so gern, flüsterte Vladimír, wenn's ihn also überkommt, dann müssen die Gäste ein halbes Stündchen draußen warten, klar? Himmel Arsch, verdammte Scheiße, ist denn der noch so jung? ärgerte sich Egon. Und plötzlich ein schreckliches

Gerumpel hinter uns, und der Rolladen schlurfte und fuhr mit einem donnernden Getöse nach oben, der alte Herr Bureš kam in einer weißen Schürze heraus, die Gäste standen auf, jeder nahm sich seinen Bierdeckel und das bereits geleerte Glas, und alle gingen in die Schankstube, jeder auf seinen Platz. Egon Bondy sah abwechselnd auf den alten Herrn Bureš, auf die Wirtin mit dem bereits ergrauten Haar, aber hochroten Wangen, sah hin, wie sie das Bier einschenkte, als wäre nichts passiert ... Und Bondy schrie leise: Das ist eine Falle. Vladimír! Doktor! Das habt ihr nur so bestellt, um mich kirre zu kriegen. Kaum tue ich eine Woche lang für euch am Zen-Buddhismus arbeiten und daran, daß Rußland nicht Dostojewskij, sondern Gogol ist, was macht ihr? Ihr geht mit einem Happening auf mich los, von dem ich mich nicht so schnell wieder erhole. Scheiße, verdammt! ...

Vladimír und ich gingen gern auch mal in die Destille Am Dorf. Nicht, daß wir etwa einem Korn in einem dieser kantigen Gläschen den Vorzug gaben, sondern weil's nur da, ausgenommen die Halaneks und die Destille am Anfang der Krimstraße in Vršovice, eine Schnapsbude ohne Fenster gab und weil Vladimír gerne im Schatten stand, vor allem wenn draußen schönster Sonnenschein war, das Licht drang nur durch die Glastür herein, und Vladimír hatte das Gefühl, als hätte er seinen schwarzen Hut tief über die Augenbrauen gezogen und ginge auf der Straße auf und ab. Später kamen wir zur Destille Am Dorf immer eine Viertelstunde, bevor der Destillenbesitzer den eisernen Riegel öffnete und herabließ und die schwere Eichentür in Gestalt zweier Engelsflügel öffnete. Die Viertelstunde vor der Öffnung kam auch eine alte Vettel her und hielt einen Blechnapf in der Hand, sie setzte sich auf die Treppe und wartete, fünf Minuten vor Öffnung hielt sie es nicht mehr aus und stellte sich an das Destillentor, legte das Ohr an und lauschte in Panik, ob der Besitzer denn gestorben sei, oder was? Als sie drinnen in der Destille Lebenszeichen vernahm, klopfte sie mit ihrem Blechnapf leicht gegen den eisernen Riegel, so als wäre sie in einem Bergwerk verschüttet und gäbe ihren Rettern ein Zeichen. Als die Tür dann geöffnet wurde, lief sie als erste in die Budike, kaufte sich ein Gläschen Kornschnaps und trank es gleich im Stehen aus, Tränen des Glücks rannen ihr über die Wangen, dann kaufte sie sich Schnaps noch in den Napf, diesmal bis an den Rand, auf der Treppe nippte sie daran und ging dann fort und trug ihr Näpfchen nach Hause, flink und munter, voller Glück. Vladimír fragte den Besitzer: Können Sie mir bitte sagen, wie alt die Dame ist? Der Besitzer spülte die Gläser und goß uns gegens Licht einen neuen Korn ein und sagte: Sechsundsiebzig, abends ist sie wieder da. Vladimír sagte: Doktor, denn stoßen wir also aufs Wohl dieser Dame an. Die, wenn sie mit neunzig einen Arzt hat, der's bringt, dann hält sie bis hundertdreißig aus, solche Leute haben eine unverwüstliche Plauze. Genau, sagte der Besitzer und schenkte sich einen Korn ein und fügte hinzu: Ich, also wenn ich sehe, wie die Alte so lustig an ihrem Blechding nuckelt, krieg ich plötzlich auch unheimlich Bock und muß mir einen hinter die Binde gießen! Und er hob das kantige Gläschen, das aufblitzte wie ein venezianischer Lüster, knallte die Hacken zusammen und kippte sich den Kurzen in die Kehle. Vladimír und dann auch ich gossen uns ein paarmal etwas von dem Korn in die hohle Hand ab, salbten uns damit das Gesicht und das Haar und rieben uns den Kornschnaps gründlich in den Nacken. Das ist gut für die Bandscheiben, sagte Vladimír, und derart nach Anis

duftend traten wir in die Sonne hinaus und gingen zu den Ferkls auf ein Bier, drei Häuser weiter, um etwas Bewegung zu haben.
Zu den Hausmans pflegten Vladimír und ich in Schlorren oder Pantoffeln zu gehen, weil's um die Ecke war. Als ich mir aus Nymburk ein Fahrrad mit nach Prag genommen hatte, lieh ich mir einmal auch noch ein Fahrrad zusätzlich aus, wir steckten einen Wecker in die Mappe, so einen schrecklichen Wecker der Marke Rosskop mit zwei Läutwerken, dessen Schrillen so laut war, daß es die Leute über mehrere Straßen hinweg aus den Betten zog, und auf ging's zu einem kleinen Ausflug zu den Hausmans. Und kaum fuhren wir an unserem Nachbarhaus vorbei, wo man ein Patent für die Herstellung von Grableuchten hatte, trafen wir auf Egon Bondy. Zum Teufel, tat Egon ungläubig, Vladimírchen, Sie auf 'nem Fahrrad? Wo fahrt ihr denn hin? Ich sagte, Egon, springen Sie auf den Gepäckträger auf, oder ich nehm Sie auf die Stange, wir machen eine Fitneßfahrt. Egon Bondy war gut gelaunt, und so sprang er auf den Gepäckträger auf, und wir bogen in die Ludmilastraße ab und gingen dann samt Fahrrädern in den Durchgang, lehnten die Fahrräder an die Wand und bestellten uns ein Bier. Herr Vaništa tat entsetzt: Was sollen die Fahrräder im Gang? Wo wollt ihr denn hin damit? Ich sagte: Der Arzt hat uns empfohlen, viel Fahrrad zu fahren. Und Herr Vaništa: Und von wo seid ihr losgefahren? Ich sagte: Von den Fialas bei uns! Und Herr Vaništa schrie: Das wird heute ein Scheißtag! Und plötzlich begann auf dem Gang draußen in der Mappe der österreichische Wecker der Marke Rosskop zu plärren, und Herr Vaništa merkte auf und erschrak, Bondy mit ihm. Ist das jetzt ein Alarm, die Feuerwehr, Himmel Arsch, verdammte Scheiße, oder was? Und Herr Vaništa lief

hinaus, und weil der Wecker so plärrte, riß er die Fahrräder herunter, und die Lenkstangen machten Striemen und einen Riß in den Wandputz am Gang. Und schon stand Herr Vaništa wieder da, hielt die Mappe in der Hand, in der der Wecker plärrte, er hielt die Mappe so, als wäre eine Bombe oder eine Höllenmaschine darin. Vladimír machte die Mappe seelenruhig auf und holte den immer noch plärrenden Wecker heraus, stellte ihn auf die Theke, die beiden Federn plärrten weiter, so sehr, daß der Wecker sich bewegte ... Und Herr Vaništa packte den Wecker und warf ihn ins Spülbecken, und der Wecker quarrte auch in dem Wasser, zwar nur so, als hätte man einem Flügelhorn einen Dämpfer aufgesetzt, aber er quarrte weiter ... und Herr Vaništa lachte, bis ihm die Tränen kamen: Wirklich wahr, eine herrliche Maschine, mit dem alten Österreich kann's keiner aufnehmen ... Als der Wecker ausgequarrt hatte, holte ich ihn heraus, das Wasser rann von ihm herab, ich zog ihn heraus, drehte den Weckzeiger ein kleines Stück weiter, und der Wecker kreischte mit noch größerer Hingabe und Lautstärke wieder los, wir legten den Wecker in die Mappe zurück, zahlten und fuhren dann mit unseren Fahrrädern hinaus, und Bondy sprang auf den Gepäckträger auf, und wir kehrten von unserer Fitneßfahrt eine Straße weiter nach Hause zurück. Egon Bondy hielt uns einen wunderbaren Vortrag darüber, daß, wenn es keinen Gott gäbe und wenn keine direkt einwirkenden Ideen existierten, daß dann ein Held der modernen Zeit, um überhaupt typisch zu sein, notwendigerweise psychopathologisch sein müsse ...

Eines Nachmittags gingen Vladimír und ich durch Karlín spazieren, und als wir am Grünen Baum vorbeigegangen waren, kehrten wir wieder um. Und gingen hinein in die Kneipe. Dort schwankte noch ein Maler auf seiner Bockleiter. Es war Herr Nejedlo, der bei den Vaništas im zweiten Stock wohnte, er litt ebenso wie Vladimír unter Strangulationszwang, er trank schrecklich gern und hängte sich einmal in einem Vierteljahr an einer Klinke auf, während seine Frau über die Pawlatsche kam, so daß sie ihn rechtzeitig losbinden konnte, er hatte herrliche braune Augen, wie ein Reh, und er hatte uns gern. Die Theke war mit einem Tischtuch abgedeckt, das von Kalkspritzern übersät war, die Regale standen ebenfalls unter einem Tischtuch, doch an einem der Tische saßen bereits zwei alte Herren, sie hatten sich etwas Platz gemacht auf dem Tisch und warteten, bis man in ein paar Stunden mit dem Einschenken beginnen würde, beide hatten sie keine Zähne mehr, weil es Sommer war, hatten sie nur Hosen und Pantoffeln an und hatten nicht einmal mehr ihre Hosenläden zugemacht, auf dem Tisch hatten sie jeder in einer Zeitung zwei Butterstullen liegen, zwei Stammgäste, die schon seit zwei Tagen darbten, weil gemalt wurde, so saßen sie also wenigstens da und stierten unverwandt auf die Tischdecke, die über der Theke hing. Herr Nejedlo sagte: Wo wollt ihr hin? und so antworteten wir, daß nur so, und Herr Nejedlo rief in die Küche, und der Herr Wirt kam heraus und brachte uns Flaschenbier, die zwei Alten falteten die Hände, so brachte er auch ihnen etwas ... und so saßen wir also mit den Alten zusammen, der Wirt war durch uns in Stimmung gekommen, trug Bier auf, Herr Nejedlo schwankte immer weiter, bespritzte die Alten und uns, und je bespritzter wir waren, desto mehr Begeisterung zeigte Vladimír und desto eingehender erzählte er, wie gern er sich seit der Graphikschule erhänge, ich stieß Vladimír mit meinem Fuß unter dem Tisch immerzu an, aber Herr Nejedlo hielt weiterhin seine großen Rehaugen auf uns gerichtet, die von Zimmerfarbe vollgespritzten alten Herren gingen dauernd brunzen, und sie knöpften sich nicht mehr zu, beide hatten sie ihre Lehre als Schmied am gleichen Tag abgeschlossen und waren am gleichen Tag in Pension gegangen, beide waren sie gleich dran, denn sie waren Witwer, und im Heim hatte man ihnen in der Früh die Brote geschmiert und sie dann vor die Tür gesetzt, damit sie erst am Abend wiederkämen. So ist es richtig, lobte Vladimír ihre Beichte. Und dann verabschiedeten wir uns von Herrn Nejedlo, Vladimír sagte zu mir, der Maler habe so schöne Augen wie ein Jugendstilmädchen, wie der ganze Jugendstil. Drei Tage später lud uns Herr Vaništa zu dem Begräbnis eines Wirts ein, der Wirteverband Hostimil beerdigte eines seiner Mitglieder, und der Herr Vaništa als Wirt hatte eine sehr schöne Stimme, fast wie Benjamino Gigli, danach gingen wir ins Hotel Splendid zum Leichenschmaus, und am Ende sagte Herr Vaništa, daß wir noch zu ihm in sein Gasthaus gehen würden, und dort würde er uns ein Tonband vorspielen, mit der Aufnahme seiner Stimme, die Addio mare sang, und dazu würde er uns frisch angezapftes Lagerbier einschenken. Und als wir mit dem Taxi in die Ludmilastraße kamen, stand das Haus, obwohl längst Mitternacht war, offen. Herr Vaništa sprang auf und schrie auf das ganze Haus zu: Was sind das für Manieren, das Haus so sperrangelweit offenzulassen, man wird mich noch ausrauben! Und er wollte schon die Tür abriegeln, doch da kamen von oben Bedienstete mit einem schwarzen Sarg, gingen auf dünnen krummen Beinchen, Vladimír hielt den Kopf hoch und starrte ohne mit der Wimper zu zucken hin, er war sogar zum ersten Mal erschrocken, weil er Bescheid wußte ... Und aus dem Schatten der Nacht fuhr ein Leichenwagen vor, und der glänzende Sarg wurde hineingeschoben, und die Hausmeisterin Frau Válečková kam die Treppe herunter, eine ehemalige Kohlenhändlerin, die immer noch Kohlenstaub unter den Augen hatte, sie schwankte, trat mit der Schuhsohle die Türriegel in den Boden und sagte: Láďa, ich bin echt fertig ... weißt du, wen die da rausgetragen haben? Den Maler, den Nejedlo, er hat sich irrtümlich an einer Klinke erhängt ... er dachte, daß Růža kommt, aber ich habe mit ihr ein Schwätzchen angefangen, sie hatte die Klinke in der Hand, während von der andern Seite ... er ... sich aufgehängt hat ... Hätte ich das nur gewußt ... sagte Frau Válečková, und ihre Hände waren so groß wie die Handschuhe eines Hockeyspielers ... Vladimír flüsterte mir zu: Doktor, wenn ich mich mal erschießen würde, würden Sie mir ein Taschentuch unter den Kopf legen?

Einmal hatte sich Egon Bondy bereitgefunden, uns etwas aus seiner Prosa vorzulesen. Zu diesem Zweck kaufte er sich eine schöne rotgepünktelte Krawatte, und dann erklärte er sich bereit, mit Vladimír zwei Eimer Bier zu holen, um sich vor dem Lesen zu beruhigen. So brachten sie also zwei Eimer Bier, zuerst von den Liškas, dann noch zwei Eimer Bier von der Alten Post. Und zum Schluß erklärte sich Bondy bereit, mit Vladimír noch zwei Eimer Bier von den Hausmans zu holen, weil er immer noch nicht in der Lage wäre, seine Prosa, sein Artefakt mit genügendem Nachdruck vorzulesen. Als sie aber zu den Hausmans kamen, war dort geschlossen. Egon Bondy schlug gegen die Tür zunächst mit einer Faust, dann mit beiden Fäusten, dann schlugen er und Vladimír gemeinsam mit den Zinneimern gegen die Glasfüllung der Tür, doch Herr Vaništa öffnete nicht. Herrgott nochmal, Kruzifix, schrie Egon Bondy, he, Kretschmer, steh auf, die Dichter wollen Bier!

Und mit einem Schlag des Eimers schlug er die Füllung heraus, die krachend auf den Betonboden klirrte. He, die Zierde der Nation will trinken, und du sielst dich noch rum? grölte Bondy, und als er sich vorbeugte, um durch das Lüftungsloch in der zerschlagenen Füllung in den Ausschank zu schauen, flog die Tür auf und Herr Vaništa kam herausgerannt, nur in der Turnhose, ein doppelzentnerschwerer, wutentbrannter Wirt mit einem Ochsenziemer in der Hand, doch als er den Vladimír sah, den er gern hatte, erstarrte er samt der ausholenden erhobenen Hand, in der dieser Ziemer schwirrte, diese Peitsche, dieser drahtgefüllte Schwengel eines Bullen. Was erlauben Sie sich! schrie Egon Bondy, während Vladimír in seinen Augen flehend die Hände faltete, Sie Kretschmer Sie, Ihre Hand gegen die Dichter zu erheben, hä! schrie Bondy, aber auch Herr Vaništa schrie los: Wer wird denn die kaputten Füllungen zahlen, wer, wer, wer? und Egon Bondy: Sie schenken uns jetzt sofort zwei Eimer Bier ein, Bier für die Dichter! befahl er, und Herr Vaništa hob wieder seinen Ochsenziemer, Vladimír aber flehte ihn mit seinen Augen an. Also auf diese Tour! geriet Egon in Rage, wissen Sie, wer ich bin? Ich bin der Dichter Egon Bondy! Aber Herr Vaništa: Damit können Sie mich am Arsch lecken, aber wer zahlt mir jetzt die Füllungen? So wie du ein Dichter bist, hau ich dir eins in die Fresse. Und Egon Bondy jaulte: Worin? Mir? Einem Dichter? Na warten Sie nur, ich sag's dem Philosophen Zbyněk Fišer und der poliert Ihnen die Schnauze ... schrie Egon Bondy, und da war ich schon angerannt gekommen und fing den Schlag mit dem Ziemer ab, diesem mit einem Stahldraht gefüllten Bullenschwengel, und rief: Láďa, ich bezahl ja alles, das ist wirklich ein Dichter, siehst du das denn nicht? Und Herr Vaništa ließ Dampf ab, sein geröteter

Hals entspannte sich, die Hand mit dem Ziemer sank hinab. Er lächelte und sagte: Und weißt du, Doktor, daß ja, daß er wirklich ein Dichter ist? Das hab ich gleich gesehen, wie er die Füllungen kapores gehauen hat, na kommt schon rein, Jungs ... also ein Dichter, sagst du? Ein bißchen nervös, aber wer hat denn heute eher nervös zu sein als die Dichter, was?

Und so las uns also Egon Bondy am Damm zur Ewigkeit seine wunderbare Prosa über Antonín vor, wie dieser über die Staatsgrenze nach Bayern geflohen war und was er innerhalb von vierundzwanzig Stunden alles erlitten hatte, wir liefen noch zweimal mit den Eimern Bier holen, und dann erst, nach all diesen Abenteuern, da hatte Antonín, als er schon dachte, die Hütte vor ihm sei ein bayerisches Gebäude, als er jubelnd auf die Hütte losgerannt war, da hatte er gesehen, daß er vor der gleichen Hütte stand, von der aus er losmarschiert war. Und Egon Bondy überkam Panik, daß alle Kneipen schon schließen würden und wir verdursten müßten, so weckte er also eine Frau im Erdgeschoß, dort, wo früher die Mangel gewesen war, und lieh sich von ihr eine Kanne und einen Kübel, und wir kauften alle drei noch mit diesen Gefäßen Bier für uns. Als wir alles ausgetrunken hatten und Egon Bondy, damit das Bier aus ihm nicht wieder herausfloß, erhobenen Hauptes einherging, als hätte er das Rückgrat in Gips, erst da hatte sich Bondy einverstanden erklärt, daß wir ihn zur Straßenbahn begleiteten. Und als wir an der Hauptstraße warteten, fiel Bondy hintenüber, rutschte mit dem Kopf auf einem Rolladen hinab, auf dem er zuvor mächtig aufgeschlagen war. Und das war der Rolladen, hinter dem sich die Büros einer Polizeiwache verbargen, und da kamen auch schon zwei Beamte herausgerannt und in einem offenen Mantel der

Hauptwachtmeister, Bondy lag auf dem Rücken, sie halfen ihm sich aufzusetzen, und alle dreißig Seiten des Textes über Antonín, der über die Grenze gehen wollte, diese Seiten lagen zerstreut auf dem Boden, als wären es Freilose einer Klassenlotterie. Vladimír und ich wagten vor Schrecken kaum zu atmen, aber Egon Bondy: Hauptwachtmeister, sehen Sie denn nicht, verdammt? Sammelt mir die Seiten auf, sammelt mir meinen Text zusammen, Himmel nochmal, macht schon, sonst fährt mir noch die Straßenbahn drüber, verdammte Scheiße! Und die jungen Polizisten klaubten die Seiten über Antonín auf, der sein Vaterland verlassen wollte, um in das feindliche Bayern hinüberzuwechseln, und der Hauptwachtmeister, so wie sie ihm die Seiten reichten, blätterte eine Weile in dem Text, las manchmal fast eine ganze Seite, nickte ab und zu mit dem Kopf, und als dann die fast leere Straßenbahn im Schrittempo herangefahren kam, gab er ein Zeichen mit dem Kinn, und die jungen Polizisten halfen Egon Bondy in die Bahn, und der anfahrende Egon Bondy sang, winkte mit den Seiten, die ihm der Hauptwachtmeister übergeben hatte, und Egon sang: Tschüs die Herren, angenehm, bin als Marxist linksextrem ... und der Hauptwachtmeister sagte traurig: Beide Hände linksextrem ... und winkte mit der Hand ab, und die jungen Polizisten schlüpften in ihre warmen Büros, und der Hauptwachtmeister drehte sich auf dem letzten Treppenabsatz um und sagte zu uns, da wir deprimiert waren: Ein Glück, daß das keiner von der Polizei gelesen hat, gute Nacht! und mit donnerndem Getöse ließ er den Rolladen herab. Vladimír sagte: Dieser Egon Bondy ist aber doch der allerliebste und allerhellste Pussel, hat für einen angenehmen Abend gesorgt ... ich muß mich jetzt aber übergeben, wollen Sie auch, Doktor?

Vladimír, als er noch am Damm zur Ewigkeit wohnte, und übrigens trug er seine Brille auch später noch so, . . . benutzte seine Brille eher wie eine Lorgnette. Wenn etwas seiner Aufmerksamkeit wert schien, benutzte er die Brille zusammengeklappt, wie sie war . . . wie irgendein vereidigter Schriftsachverständiger, oder wie ein Philatelist . . . er trug auch gern Brillen, denen etwas fehlte, entweder ein Glas, oder öfters noch eine von diesen Bügeln, die man hinter das Ohr schiebt. Manchmal, um seine natürliche Grazie zu steigern, verdrahtete Vladimír seine zerbrochene Brille, ein andermal band er sich den fehlenden Bügel mit einer Schnur an den Nasenquetscher, manchmal war die Schnur mit einem Knoten festgemacht, der mit der Schere knapp zurechtgestutzt war, ein andermal hing die Schnur fast bis auf Vladimírs Kinn hinab . . . immer war es aber so eingerichtet, daß es etwas Schöpferisches hatte, daß es hübsch aussah . . . denn nie hatte einer erlebt, daß Vladimír unschöpferisch, statuenhaft gewesen wäre, eher wie in der Natur der Rehbock oder die Wildkatze . . .

Als Vladimír in Krumlov seine zweite Hochzeit hielt, war ich als Zeuge geladen. Aber welch eine Überraschung, als ich den Wagen angelassen hatte, kam ich weder durch das Zentrum noch hintenherum aus Prag hinaus, denn es waren befreundete Armeen gekommen, um etwas, was es hier nicht gab, zu liquidieren. So fuhr ich also wieder heim und ging zu einer Ausstellung in der Waldsteinschen Reitschule, ich pochte gegen das Tor, aber die Ausstellung war verschoben worden, weil die Armeen gekommen waren. Als Egon Bondy davon erfahren hatte, schrie er: Scheiße, verdammt! Dieser Vladimír! Wann habe ich mal so viel Glück, daß um meiner Hochzeit willen so viele Armeen kommen. Das einzige, was dufte war, Doktor, als Sie diesen Rudi

Dutschke von mir haben grüßen sollen, daß Sie gerade da in sein Haus gekommen sind mit meinen Grüßen, als man den Rudi mit durchschossenem Kopf raustrug. Aber fünf Armeen in Bewegung, um eine Hochzeit zu stoppen, das ist was, wozu ich mich nie aufrappeln werde! Und warum? Weil Vladimír hat immer schon große Ereignisse und Unglücke angelockt. Das ist es. Scheiße, verdammt, hat der aber ein Glück.

... Wir saßen mit Freunden Beim Kater, direkt gegenüber dem Ausschank, Vladimír gleich neben dem Dichter Marysko, der in den Fünfzigern auch zum Damm zur Ewigkeit gekommen war, mit drei Koffern, um dort mit uns zu wohnen, er schlief hinter dem vorgerückten Küchenherd, weil ihm dauernd kalt war. Vladimír wollte den Dichter Marysko schon mehr als zehnmal ins Jenseits befördern, allein darum, weil ihm Herr Marysko bei jeder Begegnung immer die gleiche Frage stellte: Könnten Sie eine Hand malen? Und Vladimír wurde jedesmal schrecklich wütend und wetzte unter unseren Fenstern mit einer Feile sein Beil ... heute aber hatte er für die Frage des Herrn Marysko: Könnten Sie eine Hand malen? nur ein Lächeln übrig ... Und so saßen wir also gemütlich mit Freunden Beim Kater, Herr Číhák, der vom Goldenen Tiger hierher gewechselt hatte, schenkte phantastische Mollen ein, als plötzlich die Tür aufging, eine Hand den roten Vorhang zur Seite warf und der Regisseur Forman in den Ausschank trat, begleitet von seinem Assistenten Passer, und als der berühmte Regisseur zu unserem Tisch herübersah, schrie er begeistert auf: Bumskeule, Bumskeule, Bumskeule! Und Bumskeule! Und er blickte in die Ecke auf Vladimír, und wieder schrie er: Wissen Sie noch? Bumskeule. Na! Der glühende Schürhaken über meinen Knöcheln! Und wir sahen alle mit Bewunderung zu Vladimír, was für eine tolle Story da Beim Kater wieder in der Luft hing, aber Vladimír konnte sich nicht erinnern, er stand bloß auf, streckte seine Hand aus, und der Herr Forman kam an unseren Tisch, reichte Vladimír die Hand, sah aber Herrn Marysko an, den Dichter, der niedergebeugt von der Schwere seiner sexuellen und erotischen Probleme neben Vladimír saß, und Forman setzte sich hin, legte seinen Arm um die Schulter des Poeten und begann voller Begeisterung nicht nur unserem Tisch, sondern auch allen Tischen nebenan zu erzählen: Sind Sie der Herr Marysko? Sie sind's! Haben Sie im Protektorat in Čáslav Musik unterrichtet? Sie haben! Ich also bin Ihr Schüler, der damals zehnjährige Miloš Forman! Herrschaften! Herr Marysko hat mir bei jeder Tonleiter sanft eine übergezogen, mit so einem Eichenstock, den nannte er Bumskeule. Na doch, Bumskeule! Und ich sagte einmal zu ihm: Herr Lehrer, ich spiele so schlecht, weil's hier so kalt ist. Und Herr Marysko sagte: Richtig, Schüler Forman, geh ans Fenster und sage mir, was du dort siehst? Und ich sah aus dem Fenster zum Marktplatz hinaus und antwortete: Ich sehe dort, Herr Lehrer, die Statue des Priesters und Rebellen Ulický. Und der Herr Marysko: Richtig, Schüler Forman, und was ist das Wesentliche an dieser Statue? Und ich sagte: Daß er keine Hände hat, weil sie ihm seine Feinde abgehackt haben. Und der Herr Lehrer Marysko rief: Richtig, Schüler Forman, und du, wenn du so weiterspielst wie jetzt, endest genauso . . . und komm jetzt üben, eine glühende Bumskeule wartet auf dich! Und ich spielte dann die Tonleitern, und Herr Marysko zog einen glühenden Schürhaken aus dem Ofen und ließ ihn über meinen kleinen Fingern schweben und wetterte los: So, wenn dir kalt ist, müssen wir die Knöchelchen schön warm halten, schön warm halten . . . Rief Herr Forman allen zu, und alle waren hell begeistert und grölten vor Lachen, sie gratulierten Herrn Marysko, der vor Glorie ganz gerade wurde, und keiner hatte bemerkt, daß Vladimír immer noch dastand, immer noch hielt er seine Hand vorgestreckt wie zu dem Zeitpunkt, als Herr Forman ihm seine Hand wieder entzogen hatte, Vladimír starrte ins Zentrum irgendeiner Katastrophe, dann bezahlte er, keiner beachtete ihn, und Vladimír ging leise hinaus, mit der Tür klemmte er hinter sich das schallende Gelächter und Lärmen und Rufen ab: Bumskeule! Bumskeule! Bumskeule! . . . Als Egon Bondy das alles erfuhr, dem man zur Probe gerade acht Zähne gezogen hatte, jubelte Egon: Chachachachaachaachaaa! Endlich! Endlich! Endlich! Endlich hat die poetische Überwirklichkeit ihren Zauberhahn zugedreht, endlich hat sie Vladimírchen verlassen, endlich ist Schluß mit seinem Chachachaaa! jubelte Bondy mit seinen geschwollenen Backen, doch er hatte schnell ausgejubelt, und er sagte dann mit einer Stimme, die von einer bösen Vorahnung erfüllt war: So hätte ich vor zehn Jahren noch gejubelt, aber heute juble ich nicht, weil das, was Beim Kater passiert ist, das ist nicht bloß eine Einleitungspauke für Vladimírs Schicksalssymphonie, das sind auch Paukenschläge in meine perlende und heilende melancholische Imagination . . . weil ich und Vladimír, wir sind wie zwei Brennpunkte einer einzigen Ellipse, wie zwei Kuppelachsen . . . wir sind wie eine eingetragene und protokollierte Firma, so wie Wichterle & Kovařík, Laurin & Klement . . . Aiaiai! heulte Egon Bondy auf und faltete seine weißen und zarten Hände und warf sie hoch über sich in die schwarze Luft der Gaststätte Beim Bonaparte, und leise klagend warf er seinen Kopf zurück, um dann, mit einer schnellen und heftigen Dirigentengeste, zum Zeichen seiner galizischen Trauer, mit einem einzigen Ruck an seinem Mantelaufschlag alle seine Knöpfe abzureißen und einen ganzen Aschenbecher samt den noch glimmenden Kippen über seinen Kopf zu schütten ... so daß seine herrlichen, vor Herzensschmerz ölig gewordenen Haare zu brennen anfingen und die Gäste sie mit Bier löschen mußten. Scheiße, verdammt! schrie Egon leise, das alles wegen dem Jüngelchen Vladimír!

In jener Nacht, als Vladimír das passiert war, an jenem Morgen sah ich Doktor Drvota, wie er die Treppe zum Hof hochgerannt kam, von weitem schon sah ich das Unglück in seinen Augen, er rüttelte an der Klinke, dann schlug er gegen das Fenster, schattete mit der Hand seine Augen ab, um besser durch das Glas zu sehen, ob ich zu Hause sei, ich stand in der Tür, die Vladimír und ich vor Jahren mal zugemauert und dann wieder aufgemauert hatten, ich stand im Schatten und mein Herz schlug mir bis zum Hals, dann sah ich den sich entfernenden Rücken des Psychiaters, des Leiters beim Telephon-Notruf, wie er hinunterstieg, und jetzt schon nur noch Büste, und jetzt schon nur noch Kopf und ein sich entfernender Hut ... und ich legte mich auf den Boden und lauschte der vergangenen Zeit, die so farbenprächtig und satt wiederkehrte, einer Zeit wie ein Tunnel, der mit meiner ersten Begegnung mit Vladimír auf dem Altstädter Ring begonnen hatte, ich hatte mich damals um vier Uhr in der Früh im Brunnen bei den Fischlein gewaschen und Vladimír ebenso, dieser immer wieder unterbrochene Tunnel, da wir uns nicht gesehen hatten, um wieder zusammenzufinden, den Faden wiederanzuknüpfen und wieder fortzufahren, wo wir aufgehört hatten, ich sah, während ich rücklings auf dem Teppich lag, daß der Tunnel kein Ende nahm, sondern sich nur aufgerichtet hatte, und daß Vladimír heute nacht in den Kosmos gestartet war, auf einer Startbahn, die er längst schon vorbereitet, auf der er sich trainiert, eingeübt hatte ... Und dann hämmerte wieder jemand grauenhaft gegen die Tür und dann wieder gegen das Fenster und dann abwechselnd gegen das Fenster und gegen die Tür, wie auf verschieden gestimmte Pauken, durch die Gardine sah ich den bestürzten und aschfahlen Kopf von Vladimírs Kusinchen, der ganz gesträubt war vor Angst und Entsetzen, und so hatte ich schon von zweiter Seite bestätigt und versichert, daß es definitiv aus und vorbei war mit Vladimír, und ich stellte fest, daß ich nicht mehr aufstehen konnte, daß ich nur noch auf dem Rücken liegen und mit reglosen Augen zur Decke hochstarren mußte ... Und dann lief auch das Kusinchen die Treppe hinunter, ich half ihr dabei mit meinen Augen und schob mit meinen Blicken ihren Rücken fort, dann war es lange still, und auf den Hof glitt über die hohe Mauer die Sonne, blendend, feierlich ... und in diese Sonne lief Egon Bondy hinein, er blickte feindselig zum Fenster und zur verschlossenen Tür, dann schlug auch er dagegen und rief, dann horchte er in die Stille hinein, dann lief er in die Mitte des Hofes, drehte sich um, breitete seine sanften Arme aus, bot seine Handflächen und seine Schlagadern der Sonne an, warf seinen bärtigen Kopf nach hinten, jetzt einen Kopf mit Gloriole, duftend und sprühend von Urquell, und rief in höchster Ekstase wie ein Doktor ekstaticus: Mein gutester Herr Vladimír! Jetzt ist es vorbei mit dem phänomenologischen Streß, aus und amen ist es mit der Adaptation, jetzt interessiert dich nicht einmal mehr Metaphysik! Mister Vladimír! Jetzt fliegst du direkt dorthin, wo der Grund all jener unmenschlichen Dinge lebt und weilt, die die Menschheit so bitter nötig hätte! Ich nehme von dir nur für eine kurze Weile Abschied, denn auch ich finde Trost nur in der Ontologie, diesem unsichtbaren und doch so wirklichen Königreich, in das du jetzt vordringst mit einer weit stärkeren Rakete, als es die Rakete von Apollo 12 war! Du brauchst dich nicht zuerst in eine Umlaufbahn tragen zu lassen, denn du fliegst direkt, ohne umzusteigen, auf einem Weg der Gnade, so wie einst, als noch der alte, aber tote Gott einzugreifen pflegte. Monsieur Vladimír! Jetzt sehe ich dich, wie du auf dem Rücken liegend fliegst, in den Hosenladen der Ontologie geknöpft, direkt in den Mittelpunkt des gleichseitigen Dreiecks, direkt ins Zentrum und in die Zentrale des Seins! Panje Wladimirze! Panje Wladimirze! Panje Wladimirze! Was schreien Sie denn so, was plärren Sie denn so und wecken hier mein Kind beim Schlafen? rief Frau Slavíčková, die gute Mutter, vom Pawlatschenbalkon, wollen Sie, daß mein Hänschen wieder einen Schreikrampf kriegt? und sie hatte recht, dieses wunderbare Recht einer wachenden Mutter, genauso wie auch Vladimír recht hatte, das Recht all jener, die uns in der Kunst vorangehen, so wie auch ich recht hatte, reglos und von Unglück gelähmt am Grunde meines Zimmers liegend, genauso, wie auch Egon Bondy recht hatte, der, in Zbyněk Fišer verwandelt, sein Recht und seine Wahrheit von der Abschußrampe im Hinterhof am Damm zur Ewigkeit Nr. 24 in Lieben gegen den Himmel schleuderte ...

Ein Brief an die Gäste der Vernissage

Ihr, die ihr diesen Text lest, ihr alle, die ihr Vladimírs Graphiken betrachtet, denkt nicht immer nur an Kunsttechniken, versucht nicht herauszufinden, was Vladimír mit seiner Graphik sagen wollte in bezug auf die Realität, denkt auch an den Glanz und an das Wunder der Wirklichkeit, Sekunde um Sekunde, und so bis in alle Ewigkeit. Ihr alle, denkt auch an Vladimír selbst, der sich ja überall heimisch fühlen konnte, denkt daran, wo auch immer er sich befand, da war sein Atelier, denkt an seine kindlichen und zugleich wissenschaftlichen Augen, die voll Aufmerksamkeit das Erdenrund überblicken, und daß eben stets das Ohnmächtige und Unscheinbare, das, was die Menschen immer verachten, daß ebendies verdammenswerten Glanz und monumentale Schönheit annehmen kann, und sei es auf einer Fläche, die nicht größer ist als ein Taschentuch. Ihr alle, die ihr bildende Künstler werden wollt, wartet nicht erst ab, bis ihr ein Atelier habt und in Prag seid, denkt daran, daß Vladimírs Atelier so winzig war, daß nur drei Personen darin Platz hatten, die vierte mußte schon im Gang stehen ... und dennoch erreichte in diesem Kämmerlein im Prager Vorort Žižkov Vladimír mit seiner Aktivgraphik die gleiche Größe wie Pollock und Mathieu mit ihrer gestischen Malerei. Ihr, die ihr bloß Betrachter seid, auch ihr seid aufgerufen, wie Vladimír die Haut der Materie zu lüpfen, versucht doch auch ihr, die Schönheit der Schleimhäute der lebenden und toten Formen zu erkunden, fürchtet euch nicht und betreibt Vivisektionen, nicht nur an euch selbst, sondern überhaupt an allem, denn nur so werdet ihr bis an euer Lebensende Spaß finden an der erstaunlichen Erkenntnis, daß die Materie nur deshalb Menschenaugen schuf, um auf diese Weise ihre eigene milliardenwandige Schönheit zu entdecken und zu betrachten. Ihr alle, die ihr Vladimírs Graphiken betrachtet, wißt, daß Vladimír ein gelernter Dreher war, daß er alle Ausdrucksmittel dieser Arbeit und all das Material liebte, aus welchem und durch welches man nützliche Dinge samt Zubehör herzustellen vermag, daß Vladimír gerade durch perfekte Kenntnis dessen, was unter den Begriff Dreherwerkstatt fällt, all das zur gegebenen Zeit schöpferisch in seine Graphik einfließen lassen konnte, und zwar so, daß kein Graphiker auf der ganzen Welt je hätte derart entrückende und schöne und herrliche Kunstwerke schaffen können wie er. Seine Aktivgraphik mag sowohl einen Kunstästheten als auch einen Arbeiter der Schwarzen Kunst begeistern, seine aktivgraphischen Blätter halten der penibelsten Betrachtung durch den Geist ebenso stand wie der detaillierten Betrachtung durch die Sinne. Ihr alle, die ihr Vladimírs Graphiken betrachtet, wißt, daß Vladimír auch mich zu erschrecken pflegte, weil er blitzschnell auf Materialien und Ereignisse zu reagieren vermochte, die ich gar nicht erst bemerkt hatte. Immer, wenn er auf etwas Staunenswertes stieß, flog ein jähes Lächeln über sein Gesicht, und wenn ich der Blickrichtung seiner Augen folgte, ließ ich meine Blicke schweifen ... bis auch ich es sah! Und immer waren es irgendein Splitter oder Späne, ein umgekippter Wagen mit erstarrtem Asphalt, Staub auf einem Balkengerüst, die Hochöfen der Poldi-Hütte oder ein Vogel, der in der Diagonalen einen Halm für seinen Nestbau schleppte ... Und überhaupt, das ganz gewöhnliche Wunderbare, die ganz gewöhnlichen Wunder waren stets per du mit Vladimír. Wenn wir unser Bier getrunken hatten und unterwegs waren oberhalb von Vysočany, setzten wir uns gelegentlich

mal hin, und unter uns donnerten die Züge dahin, und
Vladimír betrachtete den groben Sand unter seinen Schuhen, und wie von einem Skylab aus beobachtete er ganze
Gebirgszüge und Hochgebirge, er sprach leise über das,
was er auf der Erde unten sah, sprach über die Schönheit
der Alpen und der Pyrenäen, verschob mit dem Schuh den
Sand und fuhr fort mit einer Besteigung der Anden und des
Himalaya, ohne den Berghang von Vysočany je verlassen zu
haben. Wenn wir am Navigationsdamm in Lieben baden
waren, saß Vladimír auf dem untersten Treppenabsatz, ließ
sich von den Wellen die Füße umspülen und sprach davon,
wozu er denn in der Weltgeschichte herumfahren solle, wo
er doch hier und jetzt in Lieben das Schwarze Meer und den
Atlantischen Ozean mit dem gleichen Genuß überqueren
könne, wie Rimbaud, der doch auch Das trunkene Schiff
auf dem Boden einer Flußbarke hockend geschrieben hätte.
Vladimír hättet ihr wohl kaum in einem der berühmten
Bierlokale finden können, etwa Beim Tiger oder Bei den
zwei Katzen oder Bei den Pinkas oder Bei den Schnells.
Wann immer ich Vladimír hatte suchen wollen, ich mußte
jene Kneipenrouten nehmen, die man auch als Ergänzung
zu Vladimírs Poetik betrachten könnte. Wenn er nicht in
der Vysočaner Haltestelle war, ging ich zu den Čížeks, war
er auch da nicht, suchte ich im Kastanienbaum, war er auch
hier nicht, hatte ich noch Hoffnung, daß er im Stehausschank Zum russischen Hof sein Bierchen trinken würde,
war er auch dort nicht, sprang ich in die Straßenbahn und
suchte ihn im Žižkover Rosenstrauch, sagte man mir dort,
daß Vladimír schon seit zwei Tagen nicht mehr da gewesen
sei, fand ich ihn am Abend dann bestimmt, wenn nicht Bei
den Omas, so doch im Malvasier, wo er immer den Plattenspieler bediente. Manchmal saß er in der Ludmilastraße in

Lieben bei den Hausmans, oder eine Straße weiter Beim Přemysl, und all die Kneipen dufteten nach vergossenem Bier, und die Tischtücher waren voller Verwüstungen, die entstanden waren durch vergossene Kaffees und alkoholische Getränke, und all die Kneipen hatten anscheinend ganz schreckliche Toiletten, doch mit so kunstvoll rostigen Röhren und so herrlich erstarrten Teerkaskaden, überall verziert von kanariengelben Urinflecken, daß Vladimír immer wieder stehengeblieben war, in die Rinne auf Streichhölzer und Kippen und Desinfektionskugeln und Zitronen starrte und schrie, wie schön es doch wäre, wenn er Kraft und Kunst genug hätte, um diese ganze Teerwand durch seine Handpresse zu jagen und auf einem graphischen Blatt als Abdruck zu verewigen. Einmal kamen wir aus dem Blauen Stern, und kaum hatten wir den Gehsteig betreten, blieb Vladimír plötzlich wie gelähmt stehen. Und wieder sah ich auf seinem Gesicht jenes erstaunte und freudige Lächeln, und wieder war ich ganz eifersüchtig geworden und zitterte, Vladimír könnte da etwas entdeckt haben, woran ich seit langem schon vorbeigegangen war, ohne es zu bemerken. Und als ich wieder genügend Kraft hatte und der Blickrichtung seiner Augen folgen konnte, sah ich am Ende dieser Blicke riesige Buchstaben aus Blech, in den Giebel eines vierstöckigen Hauses eingelassen, Buchstaben, die Ergriffenheit einfach erzwingen mußten, da sie die Gestalt des Worts SCHÖNHEIT bildeten. Und ich wußte sofort, dies war der klägliche Rest vom Ruhm des tschechischen Philosophen Ladislav Klíma, der in diesem Hotel Schönheit zu wohnen pflegte, und so beschlossen Vladimír und ich, daß er mir seinen Overall leihen würde und daß wir gleich am nächsten Tag die Buchstaben abnehmen und in der

Roten Ecke des ČKD wieder anbringen würden, und wenn man sie dort nicht haben wollte, würden wir sie ins Künstlerhaus Mánes bringen. Und als wir dann also tags darauf kamen, wollten wir unseren Augen nicht trauen. Als wir in dem Haus nachfragten, sagte man uns, daß Hilfsarbeiter der Hausverwaltung die Buchstaben vormittags abmontiert und zum Schrott gefahren hätten, weil diese Schönheit die Passanten durch Sturz gefährdet habe ... Und wiederum, ihr alle, die ihr Vladimírs Graphiken betrachtet, wißt, daß Vladimír weder enttäuscht war noch schimpfte, noch jene Hilfsarbeiter verfluchte, sondern vielmehr den ganzen Abend über lächelte und schwieg, er war sogar sehr glücklich darüber, daß die Hilfsarbeiter für eine Pointe in einer so schönen Story gesorgt hatten. Und so zogen wir durch die Kneipen und warteten auf weitere Verschwörungen und Hinterhalte, die uns die Wirklichkeit bereithalten würde. Und wieder standen wir herum und tranken im Stehen das herrliche Bier in der Imbißhalle Welt, und wieder hatte ich in Vladimírs Gesicht jenes Lächeln erblickt, irgend etwas Gewaltiges mußte da am Ende seiner Blicke sein, denn er hatte dem Stoß der Wirklichkeit nicht standgehalten und senkte seine Augen. Als er wieder zu sich gekommen war, schaute er, als wollte er's nicht glauben, wieder über meine Schulter hinweg, und diesmal hielt er das Kokettieren mit diesem Irgendetwas dahinten in der Passage, die zu dem Kino Welt führte, aus. Vladimír pflegte Dinge und Ereignisse, die seiner Poetik entsprachen, immer so anzusehen, als wäre er verliebt und als würde sein verliebter Blick von den Augen einer schönen Frau erwidert. Und ich drehte mich um und sah dorthin, wohin auch Vladimír gesehen hatte, und ich sah, wie eine kleine Zigeunerin mit einer Stecknadel in den Farbanstrich auf der Glaswand etwas kritzelte ... und Vladimír brachte zwei Glas Bier, und wir gingen mit den Gläsern in die Passage hinaus, und was wir dort sahen, erschütterte uns. Dem Vladimír klapperte, während er trinken wollte, das Glas gegen die Zähne, so herrlich war dieses gigantische Bild, von Tausenden von Menschenhänden in die Glaswand eingeritzt, die von außen weiß gestrichen war, Kinder und Liebespaare, Kinobesucher, alle hatten sie unter dem Eindruck des Augenblicks seit Jahren mit einem Geldstück oder einem Messer, einer Stecknadel oder der Kante eines Lippenstifts die ganze Wand mit Symbolen und Zeichen, Monogrammen und Botschaften bedeckt, meist aber nur kalligraphisch etwas hingezeichnet, so, wie man in Gedanken auf den Zeitungsrand oder ins Schulheft kritzelt ... Vladimír mit dem Bierglas in der einen Hand breitete seine Arme aus und erklärte, daß wir, sobald wir etwas Geld aufgetrieben hätten, diese Glaswand, dieses Fenster zum Magazin der Imbißhalle Welt, kaufen und die ganze Pracht nach Hause tragen würden. Und in der Tat, als wir tausend Kronen beisammen hatten und am nächsten Tag kamen, brach Vladimír schon an der Schwelle Zur Passage in ein siegreiches Gelächter aus: Chachachaachaa! ... Und als wir beim Magazin der Imbißhalle Welt ankamen, maserte und übermalte ein Lackierer sorgfältig mit Emailfarbe die letzten Kritzeleien, und die ganze Glaswand war weiß wie eine grundierte Leinwand und wie eine Tabula rasa, bereit, alles von neuem beginnen zu lassen. Ihr alle, die ihr Vladimírs Graphiken bewundert, wißt, daß solche kleinen Geschichten auch euch passieren können, ich meine, wenn ihr ihnen die Schicksalsmacht einer erstaunlichen Begegnung zuerkennt, daß auch ihr euer Leben für einmalig und also herrlich halten werdet. Springt also nur mutig und kopfüber in die unwiederbringliche Gegenwart hinein, und ihr seid im Nu direkt im Herzen der Ewigkeit. Ich erinnere mich, wie wir nach Pikovice fuhren, der Vladimír und ich, seine Tante besuchen. Aber als wir aus dem Zug gestiegen waren und auf die über die Ufer getretene trübe Sázava sahen, dauerte es kaum eine Minute, und wir waren fasziniert und zogen uns schweigend aus und glitten einer nach dem andern in das reißende Hochwasser des Spätfrühlings, das uns davontrug mit der Geschwindigkeit eines Radrennfahrers, Hügel und Wege jagten an uns vorbei nach hinten, und Vladimír war wieder einmal mehr begeistert und schön, und als uns die Fluten des Frühlingswassers mit erhöhter Geschwindigkeit über die Stelle, wo normalerweise das Wehr war, gedonnert hatte, schrie Vladimír: Chachachachachaachaachaa!, und als uns der Fluß mehr als einen Kilometer weit von unseren Kleidern weggetrieben hatte, spülte er uns an einer stillen Stelle ans Ufer . . . und wir gingen stromaufwärts zurück, um diese schöne Kunstfahrt zu wiederholen. Vladimír bedauerte nur, daß es viel schöner gewesen wäre, wenn er sich, als wir über das Wehr dahingejagt waren, den Schenkel an einem Nagel etwas aufgerissen hätte, denn dann hätte er das gleiche Erlebnis gehabt wie Albert Burri, der mit Absicht ein ausgestelltes Gemälde zerschnitten habe. Dann fügte er hinzu, daß er nicht unbescheiden sein wolle, daß ihm auch schon das Erlebnis einer Matrize genügen würde, die er über das Wehr seiner Handpresse jagte. Das war diese herrliche Zeit, als Vladimír noch jene Kompression beherrschte, die proportional war zu der Expression seiner graphischen Blätter. Damals machten wir Motorradausflüge nach Nymburk. Ich mußte die höchste Geschwindigkeit herausfahren, deren mein Feuerroß fähig war. Aber Vladimír erzählte am liebsten davon, wie wir gemeinsam auf diesem Feuerroß auf einem Waldweg durch die Walddünen der Elblandschaft fuhren und ins Schleudern kamen. Ich erinnere mich, wie Vladimír über mich hinwegflog und ganz langsam mit dem Kopf voran in das Gebüsch tauchte, bis er am Ende samt den Schuhen verschlungen war. Entsetzt lief ich um das Gestrüpp herum, und als ich dann rief: Vladimír, um Gottes willen, ist Ihnen was passiert?, fand ich Vladimír im Sand mit einer Beule auf der Stirn, aber wiehernd vor Lachen und Begeisterung, weil ich ihm einen so schönen Sonntag bereitet hätte und weil er unter dem Eindruck dieses Sturzes in das Gebüsch einen Graphikzyklus machen wollte, exklusiv für mich. Aber die schönste Serie dieser Mototypen, an die fünfunddreißig riesige Graphiken, sie repräsentierten Vladimírs letzte Schaffensphase, hatte Vladimír unter dem Eindruck einer Fahrt mit dem Motorrad Typ Jawa 500 gemacht, gesteuert von dem Dreher Kotrč, mit dem er zu mir nach Nymburk gekommen war, in einem winzigen Beiwagen sitzend wie in einer Sitzbadewanne. Unter dem Eindruck einer einzigen Fahrt, eines so unbedeutenden Darlehens, arbeitete Vladimír für Herrn Kotrč zwei Tage lang, die einzige Bedingung war, daß Herr Kotrč ihm die Farben kaufen und ihn die achtundvierzig Stunden über mit Bier versorgen würde. Herr Kotrč war klein von Wuchs, wortkarg, ängstlich, er hatte den schlimmsten Kampf in seiner Ehe durchzustehen, bevor er von den fünfunddreißig Juwelen ... ein einziges ... an die Wand hängen durfte.

Ihr alle, die ihr Vladimírs Graphiken bewundert, wißt, daß Vladimír, obgleich Proletarier, ein Aristokrat war, der durch seine Art zu leben all diejenigen zur Nachahmung bewegen will, die noch daran glauben, daß das Leben es wert ist, voll und ganz gelebt zu werden.

Abdankung

Es bleibt nur noch mitzuteilen, was wir wollen. Alles andere ist bereits geschehen. Sagen, was wir tun, wie wir leben, wie wir denken wollen. Was wir lieben wollen.
Alle Ideologien, alle Weltanschauungen zeichnen sich ausnahmslos durch Unverträglichkeit aus. Alle werden sie durch eine bestimmte Gruppe der Gesellschaft entwickelt, für diese Gruppe selbst oder für eine andere Gruppe, doch alle maßen sich das Recht an, für die ganze Menschheit zu gelten. Man braucht sich nur umzusehen, man braucht nur einen Blick auf die ferne oder nahe Vergangenheit zu werfen.
Wir wissen, daß wir einer bestimmten Gesellschaftsschicht angehören. Unser Platz war bisher wie folgt: Wir gehörten dem Bürgertum an. Innerhalb des Bürgertums gehörten wir dem Kleinbürgertum an. Innerhalb des Kleinbürgertums gehörten wir der Intelligenz an. Innerhalb der Intelligenz gehörten wir ... wohin gehörten wir eigentlich? Wohin gehören wir? Wir wissen nur folgendes: Unsere Beziehung zu den Produktionsmitteln ist keine, denn wir arbeiten nicht und haben auch nicht vor, irgendwann zu arbeiten. Falls wir jemals ein solches Ansinnen gehabt haben sollten oder falls wir je zur Arbeit gezwungen wurden, geschah dies stets gegen unser Wissen und gegen unseren Willen. Wir wissen, daß dem auch in Zukunft so sein wird, das heißt, wir werden arbeiten, aber auch in Zukunft wird dies gegen unseren Willen sein. Es geht nur darum, daß es nicht auch gegen unser Wissen geschehen darf, daß wir uns dessen verdammt bewußt sein müssen, so wie wir uns zunehmend auch anderer Dinge bewußt werden.

Aber es bleibt noch zu sagen, was wir wollen. Und hier sollten wir vor allem ein für allemal einen Grundsatz festlegen, ein für allemal ein Prinzip aussprechen: Sollten wir unbewußt, aus einem inneren Bedürfnis heraus oder zum Selbstschutz, je eine Ideologie entwickeln, wollen wir uns nie einbilden, daß diese Ideologie außer für uns selbst auch noch für andere gültig sein könnte. Eventuelle Berührungspunkte, die es immer geben wird, sollte man lieber vergessen. Wir suchen nicht nach Verbündeten, wir genügen uns selbst, weil wir uns selbst genügen müssen. Alles andere ist Illusion und deshalb Lüge. Dabei wollen wir uns keineswegs aus der Gesellschaft, in der wir leben, ausschließen, wir wollen keineswegs die Augen schließen vor einer Wirklichkeit, die uns umgibt. Das würde den Tod bedeuten, und wir lieben das Leben so sehr, daß es ein anderer kaum begreifen mag.

Es wäre gut, sich bewußt zu machen, wie wir bis an diesen Punkt gekommen sind, was vorher gewesen ist, welchen Weg wir bisher zurückgelegt haben. Und auch, und das ist nicht unbedeutend, ob wir ein reines Gewissen haben.

Gewiß ist, daß es solche Menschen, wie wir es waren und noch sind, auch vor uns schon gegeben hat. Das war in einer anderen historischen Situation, und deshalb waren diese Menschen auch anders. Auch sie haben Dinge abgelehnt, die wir ablehnen, oder zumindest ähnliche Dinge. Wissen wir doch zum Teil gerade durch sie, was wir tun sollen. Der Unterschied, wenigstens der Hauptunterschied liegt darin, daß ihre Hoffnung ganz anders gelagert war als unsere Hoffnung heute. Sie haben sich erhofft, daß die proletarische Revolution alle Schwierigkeiten lösen würde, daß all das, woran sie erstickt sind und was sie verachtet haben, verschwinden, daß es endlich möglich sein würde, so zu leben und zu atmen, wie man will. Einige davon haben dann schließlich die traurige Wahrheit entdeckt, daß dem nicht so ist. Sie machen aber den Fehler, ihre Erfahrung zu verallgemeinern, ihre Ideologie zu einer Ideologie für alle zu erheben, oder besser gesagt, auf alle auszudehnen, ihre Enttäuschung und ihre Katastrophe für die Enttäuschung und Katastrophe aller zu halten, oder zumindest den anderen einzureden, daß dem so sei. Darin irren sie.

Wir wollen uns nicht einreden, daß durch die proletarische Revolution nur wenig verändert worden sei oder verändert werde. (Nur damit es klar ist, wollen wir hier anmerken, daß wir das kapitalistische System dem Untergang geweiht wissen und daß uns diese Tatsache mit Befriedigung erfüllt. Wenigstens hat sich etwas getan.) Wir wissen im Gegenteil, daß die Veränderungen, die bereits eingetreten sind oder zu denen es noch kommen wird, tatsächlich so bedeutsam sind wie keine revolutionäre Veränderung je zuvor. Der Fehler jener Verzweifelten, die übrigens Achtung und Bewunderung verdienen, jener Verzweifelten, die wir abgelöst haben, besteht darin, daß sie, ihre eigenen Hoffnungen und Enttäuschungen mit den Hoffnungen und Enttäuschungen der anderen verwechselnd, durch eigene Schuld in eine Isolation geraten sind, die sie ihre Umwelt zunehmend ungenau und verzerrt sehen ließ. Und dennoch können wir, auch wenn wir Hilfe und Applaus von welcher Seite auch immer ablehnen, die Dinge objektiv betrachten. Das ist es ja gerade, daß die Mehrzahl der Menschen, die sich plötzlich in diesem Gesellschaftssystem eingefunden hat, keinen Deut unglücklicher ist als früher, ja sie ist und wird immer glücklicher und zufriedener.

Was könnte es bedeuten, wenn wir unsere Mißbilligung, unsere Enttäuschung und unsere Abneigung in ihre Reihen

tragen wollten? Wir würden sie an ihrem Glück hindern. Wir würden Verwirrung in ihr ansonsten doch recht geordnetes, arbeitserfülltes Leben bringen. Und wir würden nichts erreicht haben damit. Es fällt uns nicht im Traum ein, als Desperados anzutreten. Ganz abgesehen davon, daß eine Durchsetzung unserer Gedanken gar nicht möglich wäre, ja es ist völlig ausgeschlossen, daß Gedanken, die uns und einigen beunruhigten Zuschauern eigen sind, die Reihen ihrer Träger bedeutend vermehren könnten.
Wie waren eigentlich unsere Hoffnungen? Riesengroß, und die Enttäuschung war entsprechend. Wir haben es hinter uns, aber es kann nicht schaden, wenn wir alles ein wenig rekapitulieren.
In jener Zeit, als das Leben der Menschen unserer Ära und auch unser Leben entschieden wurde, waren wir noch Kinder oder hatten die Kindheit gerade erst hinter uns. Das, was unsere Zeitgenossen plagte, erlebten wir noch blöder, stumpfer, brutaler und zugleich anmaßender, unser Widerstand war deshalb grimmiger, rigoroser, aber auch . . . anmaßender. Wir haben nicht wissen können, wie das Ganze ausgeht. Deshalb verbanden wir, irrtümlich, versehentlich, oder wie man es bezeichnen könnte, unsere Hoffnung mit den Hoffnungen der anderen (wir wußten noch nichts voneinander, wir wußten noch nicht, daß wir zahlreicher waren), obwohl hier von Ähnlichkeit überhaupt keine Rede sein konnte. So ist es aber immer.
Aber wozu darin wühlen, wir vergessen es ja ohnehin nicht, man sollte sich möglichst wenig daran erinnern. Und doch läßt es uns keine Ruhe. Wie war es damals?
Damals haben wir doch an alles geglaubt, haben alles erkannt, haben alles verstanden, alles ist möglich gewesen. Unsere Hoffnung! Mit Verachtung oder Mitleid wenden

wir uns ab von jenen, die sich nun doch noch irgendwie einrichten wollen und sich entweder prostituieren, in der Hoffnung, bewundert oder geachtet zu werden, was ihnen aber immer weniger zuteil werden wird, oder sie haben ihre ohnehin schon monströse Überheblichkeit ins Unsinnige gesteigert und halten es für unerläßlich und für alle anderen überaus nützlich, immer wieder neue Kommuniqués über den Zustand ihrer höchst interessanten und außergewöhnlichen Persönlichkeit, ihrer Seele, oder Mitteilungen über ihre schmutzigen Aventiuren zu verbreiten. Niemals hatten wir Ähnlichkeit mit ihnen, und sollten wir je in Gefahr gewesen sein, ihnen ähnlich zu werden, wir haben sie überstanden, und es kommt nie wieder vor. Wollten jene aus ihrer Situation irgendwie heraus? Nun dann, viel Glück! Ist irgendwo ein Fehler passiert? Hat uns einer betrogen, hat man uns denn versprochen, was man nicht halten wollte? Keineswegs! Der Fehler lag in uns. Alles ist völlig in Ordnung. Wir dürfen uns von einigen Widersprüchen, die den wahren Zustand der Dinge bisher verhüllen, nicht in die Irre führen lassen. Alle Bindungen, die diese Gesellschaftsordnung noch an die Vergangenheit fesseln, tragen das Zeichen eines Übergangsstadiums, sie machen die Verwandlung nur leichter, diese in der Tat kolossale Verwandlung der Menschen, die unter Zwang arbeiten, in Menschen, die freiwillig arbeiten. Das ganze alte Arsenal, das von den heutigen Ideologen benutzt wird und von den bürgerlichen Demokraten entliehen ist, ist nur der Zucker, der die Drogeneinnahme versüßen soll, und diese Droge wird – aber nicht nur zum Schein, sondern wirklich – in das gelobte Land führen. Alle Erscheinungen, die charakteristisch sind für die Phase der NEP oder für den Aufbau des Sozialismus, was ja das gleiche ist, sind nur provisorisch.

Von daher ist also wirklich alles in Ordnung. Unsere Mißbilligung gilt also nicht dem, was ist, sondern dem, was sein wird. Und diese Haltung repräsentiert wiederum nicht alle, sondern nur uns wenige. Damit es klar ist: Wir haben dem vergangenen System nie angehört... Und bitte... wir gehören auch dem künftigen nicht an. Das ist unser Los, ein am Anfang sehr schweres und für manchen von uns sehr gefährliches Los, ein Los, das leicht zu Resignation, Selbstbetrug und Kompromissen führen kann, ein Los, das aber zugleich auch unsere Hoffnung, unsere Zukunft und schließlich, in letzter Konsequenz, unsere Art von Unsterblichkeit ist. Das haben wir bereits erkannt, doch Folgerungen haben wir noch keine daraus gezogen.
Resignation: das bedeutet Flucht, Verdrängung, sinnlose Gedankengebäude, bedeutet aber auch den Tod. Und wir lieben das Leben, wir wollen so sehr leben, daß uns vor lauter Liebe zum Leben die Stimme versagt.
Unsere Hoffnung steckt aber nicht in folgendem: Immer wird es Menschen geben, die eine Zeitlang oder gar für immer begreifen, daß sie mit den anderen Menschen nichts gemein haben. Das heißt: Anfangs werden sie sich nur schwer damit abfinden, bis zum Tode so leben zu müssen wie die anderen, bis zum Tode wie jene arbeiten zu müssen. Für uns bedeutet das nur, daß wir nicht am Aussterben sind, aber das ist auch schon alles. Damit fertig zu werden wird die Sache derer sein, die uns ablösen werden, derer, die aber schließlich und endlich wieder ganz anders sein werden als wir. Das ist weder eine Sorge noch eine Hoffnung für uns. Werden sie über uns doch am Ende nur lachen oder weinen müssen, denn ihr Leid und ihre Hoffnung werden größer sein als die unseren.
Finden wir etwa die Wirklichkeit zum Lachen? Ist denn

unser Verhältnis zu ihr ironisch? Oder paßt etwa die Rolle erhabener Kritiker zu uns? Auf keinen Fall. Deshalb sind auch Begriffe, die noch bis vor kurzem unsere Beziehung zur Wirklichkeit bestimmen und definieren sollten, weil sie den Beigeschmack von Absichtlichkeit und Ironie hatten, ungenau, auch wenn vor allem an den Folgerungen aus diesen Begriffen, die ein Programm sein wollten, viel Wahres sein mag. Wir stehen also erst am Anfang unseres Weges. Wir müssen ihn möglichst bald antreten und verfolgen, müssen ihn bewußt antreten, müssen bereit sein, bevor es zu spät ist. Das mag dann Ideologie sein, unsere Weltanschauung, wenn ihr wollt. Wir müssen uns der Wirklichkeit allen Ernstes stellen, nur bei uns ist so etwas wirklich möglich. Man muß bestrebt sein, das Maximum dessen, was uns umgibt, in Erfahrung zu bringen, man muß alles möglichst genau registrieren, alles in richtigen Zusammenhängen begreifen. Das mag am Anfang schwer erscheinen, aber man muß endlich einmal anfangen damit und einen Schlußstrich ziehen unter das ängstliche Zögern, unter das ewige Auf-der-Stelle-Treten, unter das ewige Zurückschauen oder das ewige Wiederkäuen von Protestlitaneien, die sowieso nichts nützen und eigentlich schon längst nicht mehr wahr sind. Des weiteren sollte nicht damit gerechnet werden, daß irgend jemand anders uns akzeptieren würde als wir selbst. Nicht, daß es auf die anderen nicht ankäme, es kommt auf sie an, für sie selbst, aber auch für uns sind sie nützlich, sind sie doch das Material, das sich tagaus, tagein bereitwillig unter unsere nüchternen Finger zu den herrlichsten Sezierungen einfindet. Vivisektion. Es hängt von jedem von uns ab, wie weit es ihm gelingt, sich von den Interessen, die er mit den anderen Menschen gemein hat, frei zu machen. Niemandem sollte auch nur im Traum

einfallen, irgendeine Kirche zu gründen. Das ist nur den Kommunisten gelungen, und die hatten Voraussetzungen dazu, die im Wesen ihrer Dinge lagen. Nicht, daß es uns schaden würde, aber es würde jeden von uns vernichten, der es versuchte. Und so ein Mensch würde bestimmt nicht nur sich selbst, sondern auch dem anderen, oder beiden zugleich, sehr viel vorlügen müssen.
Wir wollen unseren eigenen Weg gehen, den wir noch kaum kennen. Wir wollen nicht den anderen Menschen ähneln, deren Gesichter mehr und mehr den Gesichtern von Idioten gleichen. Diese Feststellung hat übrigens nicht viel zu sagen, halten doch auch sie uns für Idioten, so war es schon immer. Wir wollen nicht glücklich sein nach ihrer Art. Wem von uns es schwerfallen sollte, diesen Weg weiter zu gehen, der ist noch nicht verloren. Ihm eröffnet sich eine glückliche Zukunft im Sozialismus.
Das Tor ist weit geöffnet.

P. S.
Dieser Traktat wurde mitgebracht und vorgelesen vor mehr als zwanzig Jahren in Lieben, am Damm zur Ewigkeit Nr. 24, vorgetragen von einem jungen Mann für eine Gesellschaft junger Leute, von denen einige sich schon auf dem Weg befanden, andere traten die Reise erst an. Als sie an die erste Kreuzung kamen, gaben sie sich die Hände, und jeder ging dann seinen eigenen Weg. Danach ging dieser Text verloren, wurde vergessen, um erst unlängst bei einem Umzug wieder aufzutauchen und für interessant befunden zu werden – inwieweit hatte er sich erfüllt, als Vorhaben, als Prophezeiung? Und so füge ich diese Abdankung, die eigentlich ein Vorwort zu den Sanften Barbaren sein sollte, hinten als Nachwort an. Wer sie so jung damals geschrieben

hat? Ich weiß nicht mehr genau. Vielleicht Egon Bondy, vielleicht Mikuláš Medek, vielleicht die Krejcarová, vielleicht Zbyněk Sekal.
Das ist nicht weiter wichtig, denn nur das überdauert, was anonym ist, das, was allgemein ist, auch wenn es unterschrieben sein mag . . .

ENDE

Inhalt

Allzu laute Einsamkeit 5
Adagio lamentoso 115

Der sanfte Barbar 125
Tagebuch in der Nacht geschrieben 128
Sanfte Barbaren 137
Ein Brief an die Gäste der Vernissage 245
Abdankung 253

Bibliothek Suhrkamp
Alphabetisches Verzeichnis

Abe: Die Frau in den Dünen 856
Adorno: Mahler 61
– Minima Moralia 236
Aitmatow: Dshamilja 315
Alain: Das Glück ist hochherzig 949
– Die Pflicht glücklich zu sein 470
Alain-Fournier: Der große Meaulnes 142
– Jugendbildnis 23
Alberti: Zu Lande zu Wasser 60
Alexis: Der verzauberte Leutnant 830
Amado: Die Abenteuer des Kapitäns Vasco Moscoso 850
– Die drei Tode des Jochen Wasserbrüller 853
Anderson/Stein: Briefwechsel 874
Apollinaire: Bestiarium 607
Aragon: Libertinage, die Ausschweifung 629
Asturias: Der Böse Schächer 741
– Der Spiegel der Lida Sal 720
– Legenden aus Guatemala 358
Bachmann: Der Fall Franza/Requiem für Fanny Goldmann 794
Ball: Zur Kritik der deutschen Intelligenz 690
Bang: Das weiße Haus 586
– Das graue Haus 587
Baranskaja: Ein Kleid für Frau Puschkin 756
Barnes: Antiphon 241
– Nachtgewächs 293
Baroja: Shanti Andía, der Ruhelose 326
Barthelme: Komm wieder Dr. Caligari 628
Barthes: Am Nullpunkt der Literatur 762
– Die Lust am Text 378
Baudelaire: Gedichte 257
Becher: Gedichte 453
Becker, Jürgen: Erzählen bis Ostende 842
Becker, Jurek: Jakob der Lügner 510
Beckett: Der Verwaiser 303
– Drei Gelegenheitsstücke 807
– Erste Liebe 277
– Erzählungen 82
– Gesellschaft 800
– Residua 254
Belyj: Petersburg 501
Benjamin: Berliner Chronik 251
– Berliner Kindheit 2
– Denkbilder 407
– Einbahnstraße 27
– Sonette 876
– Über Literatur 232
Bernhard: Amras 489
– Am Ziel 767
– Ave Vergil 769
– Beton 857
– Der Ignorant und der Wahnsinnige 317
– Der Präsident 440
– Der Schein trügt 818
– Der Stimmenimitator 770
– Der Theatermacher 870
– Der Untergeher 899
– Der Weltverbesserer 646
– Die Jagdgesellschaft 376
– Die Macht der Gewohnheit 415
– Einfach kompliziert 910
– Holzfällen 927
– Ja 600
– Midland in Stilfs 272
– Ritter, Dene, Voss 888
– Über allen Gipfeln ist Ruh 728
– Verstörung 229
– Watten 955

- Wittgensteins Neffe 788
Blanchot: Warten Vergessen 139
- Thomas der Dunkle 954
Blixen: Ehrengard 917
- Moderne Ehe 886
Bloch: Erbschaft dieser Zeit 388
- Die Kunst, Schiller zu sprechen 234
- Spuren. Erweiterte Ausgabe 54
- Thomas Münzer 77
- Verfremdungen 2 120
Böll: Wo warst du, Adam? 809
Borchers: Gedichte 509
Borges: Ausgewählte Essays 790
Bove: Armand 792
- Bécon-les-Bruyères 872
- Meine Freunde 744
Braun: Unvollendete Geschichte 648
Brecht: Die Bibel 256
- Flüchtlingsgespräche 63
- Gedichte und Lieder 33
- Geschichten 81
- Hauspostille 4
- Mutter Courage und ihre Kinder 710
- Schriften zum Theater 41
- Svendborger Gedichte 335
Brentano: Die ewigen Gefühle 821
Breton: L'Amour fou 435
- Nadja 406
Broch: Esch oder die Anarchie 157
- Huguenau oder die Sachlichkeit 187
- Die Erzählung der Magd Zerline 204
- Pasenow oder die Romantik 92
Brudziński: Die Rote Katz 266
Bunin: Mitjas Liebe 841
Butor: Bildnis des Künstlers als junger Affe 912
Camus: Die Pest 771
- Jonas 423
- Ziel eines Lebens 373

Canetti: Aufzeichnungen 1942-1972 580
- Der Überlebende 449
Capote: Die Grasharfe 62
Cardenal: Gedichte 705
Carossa: Gedichte 596
- Ein Tag im Spätsommer 1947 649
- Führung und Geleit 688
- Rumänisches Tagebuch 573
Carpentier: Barockkonzert 508
- Das Reich von dieser Welt 422
Carrington: Das Hörrohr 901
- Unten 737
Castellanos: Die neun Wächter 816
Celan: Gedichte I 412
- Gedichte II 413
- Gedichte 1938-1944 933
Ceronetti: Das Schweigen des Körpers 810
Cioran: Der zersplitterte Fluch 948
- Geviertelt 799
- Über das reaktionäre Denken 643
- Widersprüchliche Konturen 898
Colette: Diese Freuden 717
Colomb: Das Spiel der Erinnerung 915
Conrad: Jugend 386
Dagerman: Gebranntes Kind 795
Daumal: Der Analog 802
Ding Ling: Das Tagebuch der Sophia 670
Döblin: Berlin Alexanderplatz 451
Drummond de Andrade: Gedichte 765
Dürrenmatt: Monstervortrag über Gerechtigkeit und Recht 803
Duras: Liebe 935
Eich: Gedichte 368
- In anderen Sprachen 135
- Maulwürfe 312
- Träume 16
Eliade: Auf der Mântuleasa-Straße 328

- Das Mädchen Maitreyi 429
- Dayan / Im Schatten einer Lilie 836
- Fräulein Christine 665
- Nächte in Serampore 883
- Neunzehn Rosen 676

Elias: Über die Einsamkeit der Sterbenden in unseren Tagen 772

Eliot: Gedichte 130
- Old Possums Katzenbuch 10

Elytis: Ausgewählte Gedichte 696
- Lieder der Liebe 745
- Maria Nepheli 721
- Neue Gedichte 843

Enzensberger: Der Menschenfreund 871

Faulkner: Der Bär 56
- Wilde Palmen 80

Federspiel: Die Ballade von der Typhoid Mary 942

Ferlosio: Abenteuer und Wanderungen des Alfanhui 875

Fitzgerald: Der letzte Taikun 91

Frame: Auf dem Maniototo 929

Frank: Politische Novelle 759

Freud: Briefe 307
- Der Mann Moses 131

Frey: Solneman der Unsichtbare 855

Frisch: Andorra 101
- Bin 8
- Biografie: Ein Spiel 225
- Biografie: Ein Spiel, Neue Fassung 1984 873
- Blaubart 882
- Homo faber 87
- Montauk 581
- Tagebuch 1946-49 261
- Traum des Apothekers von Locarno 604
- Triptychon 722

Gadamer: Lob der Theorie 828
- Vernunft im Zeitalter der Wissenschaft 487
- Wer bin Ich und wer bist Du? 352

Gałczyński: Die Grüne Gans 204

Galdós: Miau 814

Garcia Lorca: Gedichte 544

Generation von 27, Gedichte 796

Gide: Die Aufzeichnungen und Gedichte des André Walter 613
- Die Rückkehr des verlorenen Sohnes 591
- Isabelle 749

Ginzburg: Die Stimmen des Abends 782

Giraudoux: Siegfried oder Die zwei Leben des Jacques Forestier 753

Gracq: Die engen Wasser 904

Green: Der Geisterseher 492
- Jugend 644

Grenier: Die Inseln 887

Gründgens: Wirklichkeit des Theaters 526

Guillén, Jorge: Ausgewählte Gedichte 411

Guillén, Nicolás: Ausgewählte Gedichte 786

Guimarães, Rosa: Doralda, die weiße Lilie 775

Gullar: Schmutziges Gedicht 893

Handke: Die Angst des Tormanns beim Elfmeter 612
- Die Stunde der wahren Empfindung 773
- Gedicht an die Dauer 930
- Wunschloses Unglück 834

Hemingway: Der alte Mann und das Meer 214

Herbert: Ein Barbar in einem Garten 536
- Herr Cogito 416
- Im Vaterland der Mythen 339
- Inschrift 384

Hernández: Die Hortensien 858

Hesse: Demian 95
- Eigensinn 353
- Glaube 300
- Glück 344
- Klingsors letzter Sommer 608
- Krisis 747

- Knulp 75
- Morgenlandfahrt 1
- Musik 483
- Narziß und Goldmund 65
- Siddhartha 227
- Sinclairs Notizbuch 839
- Steppenwolf mit 15 Aquarellen von Gunter Böhmer 869
- Stufen 342
- Unterm Rad 776
- Wanderung 444

Hessel: Alter Mann 939
- Der Kramladen des Glücks 822
- Pariser Romanze 877
- Heimliches Berlin 758

Hildesheimer: Zeiten in Cornwall 281
- Hauskauf 417
- Masante 465
- Tynset 365

Hofmannsthal: Buch der Freunde 626
- Das Salzburger große Welttheater 565
- Gedichte und kleine Dramen 174
- Lucidor 879

Hohl: Bergfahrt 624
- Daß fast alles anders ist 849
- Nuancen und Details 438
- Vom Arbeiten · Bild 605
- Weg 292

Horváth: Glaube Liebe Hoffnung 361
- Jugend ohne Gott 947
- Kasimir und Karoline 316
- Mord in der Mohrengasse / Revolte auf Côte 3018 768
- Geschichten aus dem Wiener Wald 247

Hrabal: Bambini di Praga 793
- Die Schur 558
- Harlekins Millionen 827
- Lesebuch 726
- Schneeglöckchenfeste 715
- Schöntrauer 817

- Tanzstunden für Erwachsene und Fortgeschrittene 548

Huch: Der letzte Sommer 545
- Lebenslauf des heiligen Wonnebald Pück 806

Huchel: Ausgewählte Gedichte 345
- Die neunte Stunde 891
- Margarethe Minde 868

Humm: Die Inseln 680

Inglin: Werner Amberg. Die Geschichte seiner Kindheit 632

Inoue: Das Tempeldach 709
- Eroberungszüge 639
- Das Jagdgewehr 137

Iwaszkiewicz: Drei Erzählungen 736

Jabès: Es nimmt seinen Lauf 766

Jacob: Höllenvisionen 889
- Der Würfelbecher 220

Jahnn: Die Nacht aus Blei 682

James: Die Tortur 321

Januš: Gedichte 820

Johnson: Skizze eines Verunglückten 785

Jouve: Paulina 1880 271

Joyce: Anna Livia Plurabelle 253
- Briefe an Nora 280
- Dubliner 418
- Porträt des Künstlers 350
- Stephen der Held 338
- Die Toten/The Dead 512

Kafka: Der Heizer 464
- Die Verwandlung 351
- Er 97

Kaschnitz: Beschreibung eines Dorfes 645
- Elissa 852
- Ferngespräche 743
- Gedichte 436
- Liebe beginnt 824
- Menschen und Dinge 1945 909
- Orte 486

Kästner, Erhart: Aufstand der Dinge 476
- Zeltbuch von Tumilat 382

Kästner, Erich: Gedichte 677

Kawerin: Unbekannter Meister 74
Kessel: Die Schwester des Don Quijote 894
Kim: Der Lotos 922
Kipling: Das Dschungelbuch 854
– Kim 890
Kiš: Ein Grabmal für Boris Dawidowitsch 928
– Garten, Asche 878
Kluge: Lebensläufe 911
Koeppen: Tauben im Gras / Das Treibhaus / Der Tod in Rom 926
– Das Treibhaus 659
– Der Tod in Rom 914
– Jugend 500
– Tauben im Gras 393
Kolmar: Gedichte 815
Kracauer: Über die Freundschaft 302
Kraus: Nestroy und die Nachwelt 387
– Sprüche 141
– Über die Sprache 571
Krolow: Alltägliche Gedichte 219
– Fremde Körper 52
– Gedichte 672
– Im Gehen 863
– Nichts weiter als Leben 262
Laforgue: Hamlet oder Die Folgen der Sohnestreue 733
Landsberg: Erfahrung des Todes 371
Lasker-Schüler: Mein Herz 520
Lawrence: Auferstehungsgeschichte 589
Leiris: Lichte Nächte und mancher dunkle Tag 716
– Mannesalter 427
von le Fort: Die Tochter Farinatas 865
Lem: Das Hohe Schloß 405
– Der futurologische Kongreß 477
– Die Geschichte von den drei geschichtenerzählenden Maschinen des Königs Genius 867

– Golem XIV 603
– Robotermärchen 366
Lenz: Dame und Scharfrichter 499
– Das doppelte Gesicht 625
– Der Letzte 851
– Spiegelhütte 543
Leonow: Evgenia Ivanovna 934
Lersch: Hammerschläge 718
Lispector: Der Apfel im Dunkel 826
– Die Nachahmung der Rose 781
– Die Sternstunde 884
– Nahe dem wilden Herzen 847
Loerke: Gedichte 114
Loti: Aziyadeh 798
Lovecraft: Der Schatten aus der Zeit 778
Lucebert: Die Silbenuhr 742
– Gedichte 259
Lu Xun: Die wahre Geschichte des Ah Q 777
Maass: Die unwiederbringliche Zeit 866
Machado de Assis: Dom Casmurro 699
– Quincas Borba 764
Majakowski: Ich 354
– Liebesbriefe an Lilja 238
Malerba: Die Entdeckung des Alphabets 752
– Geschichten vom Ufer des Tibers 683
– Tagebuch eines Träumers 840
Mandelstam: Die Reise nach Armenien 801
– Schwarzerde 835
Mann, Heinrich: Geist und Tat 732
– Professor Unrat 724
Mann, Thomas: Leiden und Größe der Meister 389
– Schriften zur Politik 243
Mansfield: Meistererzählungen 811
Marcuse: Triebstruktur und Gesellschaft 158

Mauriac: Die Tat der Thérèse
  Desqueyroux 636
Maurois: Marcel Proust 286
Mayer: Brecht in der Geschichte
  284
– Doktor Faust und Don Juan
  599
– Ein Denkmal für
  Johannes Brahms 812
– Goethe 367
– Versuche über Schiller 945
Mayröcker, Reise durch die
  Nacht 923
Mell: Barbara Naderer 755
Michaux: Ein gewisser Plum 902
Mishima: Nach dem Bankett
  488
Mitscherlich: Idee des Friedens
  233
– Versuch, die Welt besser zu
  bestehen 246
Montherlant: Die Junggesellen
  805
Morselli: Rom ohne Papst 750
Muschg: Dreizehn Briefe
  Mijnheers 920
– Leib und Leben 880
– Liebesgeschichten 727
Musil: Tagebücher 90
Nabokov: Lushins Verteidigung
  627
– Professor Pnin 789
Neruda: Gedichte 99
Niebelschütz: Über Barock und
  Rokoko 729
Nizan: Das Leben des
  Antoine B. 402
Nizon: Das Jahr der Liebe 845
– Stolz 617
Nossack: Das Mal und andere
  Erzählungen 936
– Das Testament des Lucius
  Eurinus 739
– Der Neugierige 663
– Der Untergang 523
– Interview mit dem Tode 117
– Spätestens im November 331
– Dem unbekannten Sieger 270
Nowaczyński: Schwarzer Kauz
  310
O'Brien: Aus Dalkeys Archiven
  623
– Der dritte Polizist 446
– Zwei Vögel beim Schwimmen 590
Ogai Mori: Die Wildgans 862
– Vita sexualis 813
Onetti: Die Werft 457
– So traurig wie sie 808
Palinurus: Das Grab ohne
  Frieden 11
Pasternak: Die Geschichte einer
  Kontra-Oktave 456
Pavese: Das Handwerk
  des Lebens 394
– Mond 111
Paz: Das Labyrinth der
  Einsamkeit 404
– Der sprachgelehrte Affe 530
– Gedichte 551
Penzoldt: Der dankbare Patient 25
– Die Leute aus der Mohren-
  apotheke 779
– Squirrel 46
– Zugänge 706
Percy: Der Kinogeher
Perec: W oder die Kindheits-
  erinnerung 780
Perse: Winde 122
Pilnjak: Das nackte Jahr 746
Plath: Ariel 380
– Glasglocke 208
Ponge: Das Notizbuch vom
  Kiefernwald / La Mounine 774
Portmann: Vom Lebendigen 346
Pound: ABC des Lesens 40
– Wort und Weise 279
Prevelakis: Chronik einer
  Stadt 748
Prischwin: Shen-Schen 730
Proust: Briefwechsel mit der
  Mutter 239
– Combray 574
– Der Gleichgültige 601
– Swann 267

- Tage der Freuden 164
- Tage des Lesens 400

Pynchon: Die Versteigerung von No. 49 950

Queiroz: Der Mandarin 956

Queneau: Die Haut der Träume »Fern von Rueil« 937
- Heiliger Bimbam 951
- Mein Freund Pierrot 895
- Stilübungen 148
- Zazi in der Metro 431

Quiroga: Geschichten von Liebe, Irrsinn und Tod 881

Radiguet: Der Ball 13
- Den Teufel im Leib 147

Rilke: Ausgewählte Gedichte 184
- Briefwechsel 469
- Das Florenzer Tagebuch 791
- Das Testament 414
- Der Brief des jungen Arbeiters 372
- Die Sonette an Orpheus 634
- Duineser Elegien 468
- Gedichte an die Nacht 519
- Malte Laurids Brigge 343

Ritter: Subjektivität 379

Roa Bastos: Menschensohn 506

Robbe-Grillet: Der Augenzeuge 931
- Djinn 787

Rodoreda: Der Fluß und das Boot 919
- Reise ins Land der verlorenen Mädchen 707

Rojas: Der Sohn des Diebes 829

Romanowiczowa: Der Zug durchs Rote Meer 760

Rose aus Asche 734

Roth, Joseph: Beichte 79

Roussell: Locus Solus 559

Sachs, Nelly: Späte Gedichte 161
- Gedichte 549

Sarraute: Martereau 145

Sartre: Die Wörter 650

Satta: Der Tag des Gerichts 823

Savinio: Unsere Seele / Signor Münster 804

Schneider: Die Silberne Ampel 754
- Las Casas vor Karl V. 622
- Verhüllter Tag 685

Scholem: Judaica 1 106
- Judaica 2 263
- Judaica 3 333
- Judaica 4 831
- Von Berlin nach Jerusalem 555
- Walter Benjamin 467

Scholem-Alejchem: Schir-ha-Schirim 892
- Tewje, der Milchmann 210

Schröder: Der Wanderer 3

Schulz: Die Zimtläden 377

Seelig: Wanderungen mit Robert Walser 554

Segalen: Rene Leys 783

Seghers: Aufstand der Fischer 20

Sender: König und Königin 305
- Requiem für einen spanischen Landsmann 133

Sert: Pariser Erinnerungen 681

Shaw: Candida 940
- Die heilige Johanna 295
- Frau Warrens Beruf 918
- Helden 42
- Pygmalion 66
- Wagner-Brevier 337

Shen Congwen: Die Grenzstadt 861

Simon, Claude: Das Seil 134

Simon, Ernst: Entscheidung zum Judentum 641

Solschenizyn: Matrjonas Hof 324

Stein: Zarte Knöpfe 579
- Erzählen 278
- Ida 695
- Jedermanns Autobiographie 907
- Kriege die ich gesehen habe 595
- Paris Frankreich 452

Steinbeck: Die Perle 825

Strindberg: Der romantische Küster auf Rånö 943
- Der Todestanz 738
- Fräulein Julie 513
- Plädoyer eines Irren 704
- Traumspiel 553

Suhrkamp: Briefe 100
- Der Leser 55
- Munderloh 37
Szaniawski: Der weiße Rabe 437
Szymborska: Deshalb leben wir 697
Tendrjakow: Die Abrechnung 701
- Die Nacht nach der Entlassung 611
Thoor: Gedichte 424
Trakl: Gedichte 420
Trifonow: Zeit und Ort 860
Ungar: Die Verstümmelten 952
Valéry: Die fixe Idee 155
- Die junge Parze 757
- Herr Teste 162
- Zur Theorie der Dichtkunst 474
Vallejo: Gedichte 110
Vallotton: Das mörderische Leben 846
Vargas Llosa: Die kleinen Hunde 439
Verga: Die Malavoglia 761
Vittorini: Erica und ihre Geschwister 832
Wagner: Gedichte 703
Walser, Martin: Ehen in Philippsburg 527
- Ein fliehendes Pferd 819
- Gesammelte Geschichten 900
- Meßmers Gedanken 946
Walser, Robert: An die Heimat 719
- Der Gehülfe 490

- Der Spaziergang 593
- Die Gedichte 844
- Die Rose 538
- Geschichten 655
- Geschwister Tanner 450
- Jakob von Gunten 515
- Kleine Dichtungen 684
- Prosa 57
- Seeland 838
Weiner: Spiel im Ernst 906
Weiss, Peter: Abschied von den Eltern 700
- Der Schatten des Körpers des Kutschers 585
- Fluchtpunkt 797
- Hölderlin 297
Weiß, Ernst: Der Aristokrat 702
- Die Galeere 763
Weiß, Konrad: Die Löwin 885
Wilcock: Das Buch der Monster 712
Wilde: Das Bildnis des Dorian Gray 314
- De Profundis 833
Williams: Die Worte 76
Wilson: Späte Entdeckungen 837
Wittgenstein: Über Gewißheit 250
Woolf: Die Wellen 128
Zweig: Die Monotonisierung der Welt 493
Zwetajewa: Auf eigenen Wegen 953
- Mutter und die Musik 941